Ouvrage publié sous la direction
du Service Historique de l'État-Major de la Marine

Lieutenant de Vaisseau G. DOUIN

La Campagne de Bruix en Méditerranée

Mars-Août 1799

PARIS

SOCIÉTÉ D'ÉDITIONS

GÉOGRAPHIQUES, MARITIMES ET COLONIALES

ANCIENNE MAISON CHALLAMEL FONDÉE EN 1839

17, RUE JACOB (VIᶜ)

1923

La Campagne de Bruix

en Méditerranée

DU MÊME AUTEUR

Ouvrages publiés par l'Association Franco-Chinoise
Paris, 1909-1910.

Biographies chinoises : *Li Hong-Tchang, Tseng Kouo-fan, P'eng Yu-lin, l'Impératrice Ts'en Ngan.*

Cérémonial de la Cour et coutumes du peuple de Pékin (récit traduit du chinois).

La Méditerranée de 1803 à 1805 : *Pirates et corsaires aux îles Ioniennes.* 1 vol. in-16, librairie Plon ; Paris, 1917.

L'attaque du Canal de Suez : 1 vol. in-8°, librairie Delagrave ; Paris, 1921.

La flotte de Bonaparte sur les côtes d'Égypte : *Les Prodromes d'Aboukir.* Mémoires de la Société royale de Géographie d'Égypte, tome III ; Le Caire, 1922.

Ouvrage publié sous la direction
du Service Historique de l'État-Major de la Marine

Lieutenant de Vaisseau G. DOUIN

La Campagne de Bruix

en Méditerranée

Mars-Août 1799

PARIS

SOCIÉTÉ D'ÉDITIONS

GÉOGRAPHIQUES, MARITIMES ET COLONIALES

ANCIENNE MAISON CHALLAMEL FONDÉE EN 1839

17, RUE JACOB (VIᵉ)

1923

PRÉFACE

Nous avons, dans un précédent ouvrage, étudié les prodromes de la bataille d'Aboukir [1] : le volume qui paraît aujourd'hui est destiné à en retracer les conséquences. Entre la fin du premier ouvrage et le début du second, un délai de quelques heures à peine s'est écoulé, pendant lequel les Français, montés sur les terrasses d'Alexandrie et de Rosette, purent assister, horrifiés, à l'embrasement des deux flottes aux prises dans les ténèbres. Quand le jour poignit, sa lumière éclaira sur la rade d'Aboukir un spectacle d'infinie désolation. Le flot charriait à la grève des grappes de morts et de mourants, tandis que les vaisseaux des deux flottes, cruellement abîmés, gisaient pêle-mêle, sans qu'on pût discerner qui des adversaires avait triomphé. Il y avait cependant un vainqueur et un vaincu : Nelson était victorieux, la flotte française anéantie.

En pareille occurrence, certains hommes, exceptionnellement doués, discernent de prime abord ce que les faits contiennent en puissance, et mus par une sorte de prescience, savent dérouler les suites de l'événement jusqu'à ses plus lointaines conséquences; ces hommes réagissent immédiatement et, par la vigueur et la

---

1. *La flotte de Bonaparte sur les côtes d'Egypte. Les prodromes d'Aboukir*, 1 vol. in-4° publié par la Société Royale de géographie d'Égypte; le Caire, 1922.

promptitude de leur riposte, arrachent à l'adversaire le bénéfice
de sa victoire. Il en est d'autres, au contraire dont l'esprit est ainsi
fait que les conséquences doivent se dessiner, se préciser, s'affirmer et frapper en quelque sorte à coups redoublés à la porte
de leur cerveau pour qu'il en jaillisse une idée capable de les
combattre : ces hommes n'ont ni imagination, ni intuition. C'était
le cas des Directeurs qui avaient le pouvoir en France, au moment
du coup de tonnerre d'Aboukir. Ils ne surent tout d'abord en
mesurer la portée ni concevoir autre chose que de courtes ripostes
bientôt à bout de souffle, et il fallut que l'Europe se dressât de
nouveau en armes contre la France pour qu'ils songeassent à
recourir à autre chose qu'à des expédients.

Encore la conception de la parade qu'ils décidèrent alors ne
leur appartient-elle pas en propre. Elle filtra à travers les dangers
et les écueils dont la mer était semée. C'est Bonaparte qui, d'É-
gypte, orienta la pensée des Directeurs et leur suggéra ce brusque
déplacement, du nord au midi, de nos forces navales de l'Océan
qui, confiées à un homme énergique, eussent pu accomplir de
grandes choses. Mais là ne s'arrête pas l'influence de Bonaparte :
toute la campagne maritime de l'année 1799 est, au fond, pleine
de lui. Il s'agit d'abord de ravitailler Malte et Corfou, ses propres
conquêtes, qui forment autant de chaînons le reliant à la France,
et de renforcer l'armée qu'il commande, à qui des secours sont
nécessaires pour s'affermir en Égypte. Puis, quand cette pensée
s'effondre sous le choc de la coalition, il s'agit pour la flotte d'atteindre à tout prix les rivages de l'Égypte et d'en ramener Bonaparte, afin que le tranchant de son glaive opère sur les champs
de bataille de l'Europe le miracle qui sauvera la France. La flotte
ne ramena pas Bonaparte ; la France se sauva sans lui ; mais
l'échec de la campagne n'en marque pas moins la fin d'un grand
rêve, dont Corfou, Malte, l'Égypte constituaient les jalons, dessein

que le Directoire avait hérité de la Révolution et qu'il léguera à son tour à Bonaparte : assurer à la France la suprématie dans la Méditerranée.

L'étude de la campagne maritime de l'amiral Bruix a déjà été abordée par deux historiens. Du côté français, l'aspect politique de cette campagne a été présenté, il y a une quarantaine d'années, avec autant d'exactitude que de bonheur, par le comte Boulay de la Meurthe, dans un récit qui ne laisse presque rien à glaner après lui [1]. Du côté anglais, le récit même des opérations maritimes a été narré depuis près d'un siècle par William James, dans sa *Naval History of Great Britain*, avec ce souci de l'impartialité qui distingue ce consciencieux historien. L'œuvre que nous présentons à notre tour a pour but d'établir le contact entre ces deux historiens, et, par un recours nouveau aux Archives, de jeter une lumière complète sur un épisode de notre histoire maritime que l'on s'accorde généralement à considérer jusqu'ici comme assez mal connu.

1. Boulay de la Meurthe, *Le Directoire et l'expédition d'Égypte*, 1 vol., Paris, Hachette, 1885.

LA CAMPAGNE MARITIME DE BRUIX

EN MÉDITERRANÉE

CHAPITRE PREMIER

La genèse de l'expédition

La campagne maritime de 1799 constitue une suprême et tardive tentative du Directoire en vue de ressaisir la maîtrise de la Méditerranée perdue à la suite de la défaite d'Aboukir.

Pour en expliquer la genèse, il convient de rappeler brièvement la situation politique de l'Europe après la conclusion du traité de Campo-Formio, l'inquiétude des grandes puissances devant la politique envahissante du Directoire, leur espoir de revanche dès l'annonce de notre désastre, les plans de guerre qu'elles ourdirent ainsi que les forces qu'elles mirent en ligne : armées et flottes dont l'action combinée creusa le nouvel abime où la France faillit être engloutie.

En dépit de critiques dont il avait été l'objet dans le sein même du Directoire [1], le traité de Campo-Formio avait porté la République à un point de puissance qu'elle n'avait point connu jusqu'alors. Par la suprématie qu'elle exerçait dans l'Italie du Nord, par sa présence aux Iles Ioniennes, la France tenait désormais la péninsule ; elle bridait la cour de Naples toute dévouée à l'Angleterre ; elle se rapprochait des Turcs que la Révolution avait éloignés d'elle, et ce voisinage lui valait bientôt de la part

1. Voir à ce sujet notamment Émile Bourgeois, *Manuel Historique de politique étrangère*, t. II, p. 136.

de la Sublime Porte « de la prédilection, des égards, et la plus entière bienveillance[1] ». Alliée à l'Espagne, la France ne comptait désormais, autour de la mer Méditerranée, que des rivages amis ou neutres. L'Angleterre, découvrant qu'il n'y avait plus aucune sécurité pour ses propres navires en Méditerranée ni dans l'Adriatique, sur les côtes de Morée ni dans l'Archipel, et que « tout s'y trouvait à la merci de la France[2] », renonçait à paraître dans ces parages. Jamais le mot de Talleyrand ne fut plus près de devenir une réalité : « La Méditerranée doit être exclusivement la mer française. »

Si la France avait su borner son ambition, elle eût sans doute, à la faveur de la lassitude générale que l'on ressentait en Europe, réussi à conserver ses conquêtes. Qu'une volonté de paix succédât à la volonté de guerre, que la politique du Directoire cessât d'être agressive, et il est probable que, la confiance renaissant peu à peu, le Gouvernement français serait parvenu à stabiliser l'ordre de choses existant. Mais les Directeurs allaient tout au rebours de cette politique. C'étaient des hommes qui n'avaient point de mesure dans l'esprit, ni de bornes à leur ambition, « concevant des entreprises démesurées, s'y engageant en aveugles, les poursuivant en brouillons[3] ». A l'Autriche qui s'était avouée lasse, mais non vaincue, et pour qui Campo-Formio n'était qu'une trêve, un répit reconnu nécessaire pour refaire ses forces, le Directoire ne fournissait que trop de prétextes à une reprise d'hostilités, en chassant le pape de Rome, en « vénétianisant » la Suisse, en étouffant le Piémont, ce petit État « si inconcevablement situé entre quatre républiques ». La paix avec l'Empire ne se concluait pas à Rastadt, où le Congrès, influencé par l'Empereur, poursuivait avec une lenteur voulue ses travaux. L'Angleterre, dont le Directoire avait repoussé l'offre de paix, alarmée des empiétements continus de la puissance française, inquiète surtout de la politique du Directoire en Hollande, se voyait contrainte de

---

1. Pallain, *Le Ministère de Talleyrand sous le Directoire.* Rapport de Talleyrand, 10 juillet 1798.
2. *The Spencer papers*, Jervis à Spencer, 10 janvier 1798.
3. Sorel, *L'Europe et la Révolution française,* t. V, p. 283.

rechercher dans une nouvelle coalition les moyens d'arrêter cette fièvre de conquêtes. La Prusse, repoussant les avances qui lui étaient faites, refusait de se lier avec nous. Plus à l'est, la Russie, tombée sous le joug du « moins habile et du plus capricieux des despotes », menaçait de sortir du rôle passif dans lequel elle s'était jusque-là renfermée. Le tzar Paul Ier, inquiet de l'occupation des îles Ioniennes, de la formation d'une légion polonaise en Italie, voyant dans ces actes un effort de la France pour tendre la main vers l'Orient et propager en Russie les principes révolutionnaires, ne déclarait-il pas nécessaire, pour la sécurité générale, de « dompter les Français, et de mettre fin à leurs desseins ambitieux et nuisibles[1] » ?

En regard des forces qu'il risquait de déchaîner contre lui, sur quels appuis pouvait compter le Directoire? En Italie, les Républiques « sœurs », abominablement exploitées par les agents du fisc et les généraux français, en révolte plus ou moins ouverte contre leur autorité dure et tyrannique, nous étaient plus à charge qu'utiles. L'Espagne, liée par le point d'honneur, nous restait fidèle sans doute, mais, tiraillée par des intérêts divers, son alliance demeurait froide, oisive, « improfitable[2] ». Des Bataves on pouvait peut-être espérer quelque coopération sur mer. A ces puissances se bornait d'ailleurs la liste de nos alliés. Maigre appoint. En dehors d'elles, la Turquie était le seul État que le Directoire n'eût pas encore tourné contre lui, et elle observait à notre égard une neutralité bienveillante.

Les Directeurs ne pouvaient ignorer les dangereux résultats de leur politique extérieure : Talleyrand les leur dévoilait avec une rare sagacité. Devant des symptômes alarmants, signes avant-coureurs d'une prochaine guerre, qu'eût conseillé la prudence? Ne convenait-il point de se préparer à affronter l'orage qui menaçait : consolider à cet effet les glacis dont nos conquêtes avaient pourvu nos frontières, ramasser notre puissance militaire au centre pour être prêt à résister sur tous les fronts? Cette politique défensive n'entrait pas dans la logique des Directeurs. « La lutte

1. Sorel, t. V, p. 354.
2. Rapport de Talleyrand au Directoire, 10 juillet 1798.

à outrance, la conquête, l'annexion constituaient, comme les coups d'État à l'intérieur, le ressort unique de leur politique au dehors : « c'étaient des hommes d'assaut non des hommes d'État[1] ». Avec une inconcevable légèreté, c'est le moment même où leurs empiétements soulevaient une réprobation générale en Europe que les Directeurs choisirent pour tenter l'expédition la plus hasardeuse dans ses chances, la plus chimérique dans ses résultats : 35.000 hommes, l'élite de l'armée française, conduits par les meilleurs généraux, guidés par le plus illustre d'entre eux, Bonaparte, débarquaient à Alexandrie et commençaient la conquête de l'Égypte (juillet 1798).

*
* *

Quand la nouvelle en parvint en Angleterre, le 21 août 1798, Woronzoff, ambassadeur du tzar à Londres, écrivit à Lord Grenville : « A tout événement, il faut se réjouir de ce débarquement en Égypte, car c'est une armée perdue pour la France ». Ce devait être pire : le 1er août au soir, l'escadre de l'amiral Brueys était anéantie dans la rade d'Aboukir. A la perte virtuelle d'une armée se joignait la perte, cette fois réelle, d'une flotte. La balance des forces en Europe pencha aussitôt contre la France, et le reflux commença.

Les puissances qui s'ébranlèrent en premier furent la Turquie et la Russie. Dès le 17 juillet, le bruit avait couru à Constantinople de la descente des Français en Égypte, mais ce ne fut que le 2 août que Ruffin, notre chargé d'affaires, avisa officiellement le reis-effendi du projet du Directoire. En dépit des sophismes de Talleyrand qui assignait à l'expédition la mission de restaurer en Égypte l'autorité légitime du Sultan usurpée par les beys, la Porte le prit très mal. Attaquée sans motif, elle décida des mesures immédiates de défense en Morée, en Albanie, en Dalmatie, partout où elle avait à craindre une attaque brusquée des Français postés aux îles Ioniennes. Les hésitations qui retenaient encore les

1. Sorel, t. V, p. 366.

ministres ottomans disparurent quand la nouvelle du désastre d'Aboukir parvint à Constantinople (12 août) : la Porte résolut dès lors de rompre ouvertement avec la France. Le 20 août, elle jetait avec la Russie les bases d'une alliance défensive et offensive ; Ruffin était arrêté et enfermé au château des Sept Tours (2 septembre). Le 9 septembre, la Sublime Porte énumérait, dans un manifeste, la longue liste de ses griefs contre la France et terminait par une déclaration de guerre, qui fut officiellement notifiée le 14 septembre.

Les Russes n'avaient pas attendu cette date pour mobiliser. L'annonce de la prise de Malte, dont l'armée française s'était emparée en faisant route vers l'Égypte, l'expulsion de l'ordre de Saint-Jean de Jérusalem, pour lequel Paul Ier s'était pris d'un beau zèle et qu'il rêvait de relever, achevèrent de décider le tzar. Dès la fin de juillet, la flotte de Sébastopol avait reçu l'ordre d'être prête à soutenir les Turcs. Le 5 septembre, six vaisseaux, sept frégates et trois avisos, sous les ordres de l'amiral Ouchakow, mouillèrent à Buyuk-Déré. Une foule immense garnissait les côtes du Bosphore et accueillit avec transport les navires russes. Le lendemain, le prince Ipsilanti, drogman de la Porte, fit visite à l'amiral russe et lui remit, de la part du Sultan, une tabatière enrichie de brillants ; les officiers reçurent des caftans garnis de fourrures précieuses, les matelots une gratification de 2.000 ducats ; de plus, les corps militaires de la ville envoyèrent aux équipages russes provisions et rafraîchissements. Ainsi le danger commun réconciliait ces peuples si longtemps ennemis. Alliance « monstrueuse », au dire de Talleyrand, mais alliance tout de même, dont M. de Tamara, ambassadeur de Russie à la Porte, s'empressait de tirer les fruits. Les chancelleries n'avaient pas encore ratifié la convention du 20 août, que l'on convenait, à Constantinople d'accorder aux vaisseaux de guerre et de transport du tzar le libre passage des Détroits, et de mettre à la disposition du chef de l'escadre russe toutes les ressources disponibles dans les ports et chantiers de construction de la Turquie [1].

---

1. Pisani, « Une expédition russo-turque aux îles Ioniennes (1798-1799) », *Revue d'histoire diplomatique*.

Retardée par le mauvais état des finances et la désorganisation des services de la marine ottomane, l'escadre turque ne se trouva en mesure d'appareiller que vers le milieu de septembre. Quelle mission allait-on assigner aux forces navales turques et russes? Le Conseil de guerre, réuni à Constantinople en présence des ministres de Russie et d'Angleterre, décida de grouper les forces navales des deux pays en une seule flotte et de lui assigner pour objectif la protection des côtes de l'Albanie turque contre une attaque des Français. La flotte combinée devrait, à cet effet, chasser ces derniers de leurs établissements d'Albanie, s'emparer des îles Ioniennes, puis entrer en Adriatique et tenter un débarquement à Ancône. Les Anglais seraient laissés maîtres d'opérer séparément sur les côtes d'Égypte et de Syrie, avec leurs propres forces, chacune des escadres turque et russe se bornant à détacher deux frégates à Rhodes, pour protéger, de concert avec les canonnières turques, Candie et l'Archipel. Le commandement supérieur des forces combinées était attribué à l'amiral Oucha-kow, et le Sultan, en donnant son audience de congé à l'amiral turc Cadir-bey, lui marqua fortement cette subordination par ces mots : « Allez vous instruire ». Enfin les Turcs consentirent à supporter les frais de l'expédition, et versèrent une première somme de 600.000 piastres pour l'entretien et la solde du contingent russe [1]. Ces dispositions arrêtées, l'escadre russe fit voile pour l'Archipel le 17 septembre, bientôt suivie de l'escadre turque forte de 4 vaisseaux, 6 frégates et 4 corvettes. Après s'être ralliée à Hydra le 27 septembre, ses approvisionnements au complet, la flotte combinée se dirigea vers le cap Malée et se porta à l'attaque de Cerigo, la plus méridionale des îles Ioniennes.

Dans le même temps l'incendie s'allumait en Méditerranée occidentale. A Malte, la nouvelle du désastre d'Aboukir avait été sue à l'arrivée du *Guillaume Tell*, de la *Diane* et de la *Justice*, seuls navires, avec le *Généreux* [2], échappés au désastre (28 août). La population maltaise, exaspérée par les mesures du Commissaire français Regnaud de Saint-Jean d'Angely, se soulevait

1. Pisani, *op. cit.*
2. Ce navire s'était réfugié à Corfou.

aussitôt (2 septembre) et bloquait dans la cité Valette la petite garnison du général Vaubois. Quelques jours après, la division navale portugaise du marquis de Niza paraissait devant la ville et la bloquait du côté de la mer (19 septembre), tandis que le capitaine anglais Sir James Saumarez, chargé de ramener en Angleterre les trophées d'Aboukir, s'arrêtait au passage devant l'île et fournissait aux insurgés les armes qui leur manquaient : un millier de mousquets, des balles, des cartouches à profusion et 200 barils de poudre, le tout tiré des soutes des vaisseaux français capturés.

La victoire de Nelson fut connue à Naples le 3 septembre. S'il était une cour où l'on haïssait la France, c'était celle des Deux-Siciles. « La reine exulte. Elle ne peut attendre le moment de voir son amie (Lady Hamilton); elle lui écrit, elle l'appelle en phrases haletantes : « Ma chère milady, quel bonheur, quelle gloire... J'ai pleine vie. J'embrasse mes enfants, mon mari. Quelle bravoure, quel courage... Puisse le ciel faire prospérer une nation aussi magnanime ». Lady Hamilton accourt et, dans une lettre à Nelson, décrit les transports de la reine : « Elle pousse des cris, elle embrasse son mari et ses enfants, court comme hors d'elle-même dans les appartements, crie encore, embrasse, étreint tout ce qu'elle rencontre. O brave Nelson ! Dieu garde et protège notre vaillant libérateur ! ». Il arrive enfin, le héros; le 22 septembre il est en vue de Naples. L'accueil est triomphal. Emma s'évanouit dans ses bras et l'enchaîne à jamais. Le roi monte à bord du *Vanguard*, tend la main à Nelson, l'appelle son libérateur. Comment résister à ce vertige? Nelson n'y résiste pas; il cède à la passion, il proclame son amour dans tout Naples, le crie à la nature entière, le déclare à sa femme, aux ministres mêmes du roi dans ses dépêches officielles. Croyant servir son pays et ne servant que sa passion, il excite à la guerre Marie-Caroline qui déjà ne se possède plus [1] ». Le cabinet de Saint-James n'a pas un mot de blâme à l'adresse de ces déportements; Nelson est devenu l'homme nécessaire, l'artiste prodigieux dont les coups

---

1. Sorel, t. V, p. 346.

d'éclat comme les coups de passion servent également bien les intérêts de l'Angleterre.

Le Gouvernement britannique était demeuré longtemps incertain des événements de la Méditerranée. S'il supportait la lourde charge de maintenir une escadre nombreuse dans cette mer, c'était dans l'espoir de frapper quelque coup décisif qui décidât les chancelleries hésitantes, et il spéculait, en attendant, sur les armements russes, sur l'attitude énergique tout à coup déployée par la Turquie, pour détruire les vues orientales de la « grande nation[1] ». Le 25 septembre, on apprit à Londres, par des extraits de journaux français, qu'il y avait eu combat dans la baie des Béquiers. Le 2 octobre, la victoire de Nelson devint officielle. La tâche de la marine anglaise se trouvait désormais simplifiée : plus de croisière improductive dans le fond de la Méditerranée[2]; l'escadre de Nelson allait pouvoir être ramenée sur un théâtre plus décisif en vue de la coalition européenne à nouer. Les instructions partirent le 3 octobre. L'Amirauté assignait désormais comme objectifs à son escadre de la Méditerranée : 1º la protection de la Sicile, de Naples et de l'Adriatique, et, en cas de guerre, la conduite d'opérations combinées avec les armées autrichienne et napolitaine; 2º la rupture de toute communication entre la France et l'Égypte; 3º le blocus de Malte; 4º une action concertée avec les escadres turque et russe qui allaient être envoyées dans l'Archipel, et dont les chefs devraient être traités avec beaucoup d'égards, en ayant soin d'éviter dans les rapports avec eux « tout soupçon, toute jalousie, toute offense[3] ». L'objectif désigné en premier lieu devait être considéré comme le principal. C'est sur Naples en effet que l'Angleterre compte faire pression, sachant les liens intimes qui unissent cette Cour à celle de Vienne, espérant la voir bientôt, aidée par l'Autriche, s'opposer effectivement aux progrès des Français en Italie, et

---

1. *The Spencer papers*, Spencer à Dundas, 30 août 1798.

2. On avait craint à Londres que l'escadre française ne s'enfermât à Alexandrie, où il aurait fallu la bloquer.

3. *Nelson's letters and despatches*, t. III, p. 143. L'Amirauté à Jervis, 3 octobre 1798.

entraîner dans son sillage ceux des États de la péninsule qui se soucient encore de défendre leur indépendance contre l'envahisseur[1]. Le 3 octobre, Lord Grenville transmit à Sir William Hamilton tous pouvoirs pour négocier et signer un traité d'alliance défensive avec le gouvernement de Naples[2].

Dans le même dessein, le cabinet de Londres dépêche à Constantinople Sir Sidney Smith, un marin estimé des Russes et des Turcs, capable tout à la fois de négocier et de combattre. Il part, muni des pouvoirs les plus étendus pour traiter, de concert avec son frère, ministre près de la Sublime Porte, en vue de détruire les Républicains dans la Méditerranée[3]. Et pour se concilier ces puissances, éviter tout froissement d'intérêts, gagner et surtout maintenir la bonne humeur de Paul Ier, afin de l'engager à fond dans la nouvelle guerre, l'Angleterre, avertie de ses desseins, fait profession de désintéressement en Méditerranée. Elle ne veut ni de Malte. ni des îles Vénitiennes; sa flotte n'entrera plus en Adriatique où l'escadre russo-turque est destinée[4]; le tzar, devenu Grand Maître des chevaliers de Saint-Jean[5] et protecteur de l'Ordre, aura toute latitude pour rétablir les chevaliers à Malte.

Cette politique de compromis n'est pas tout d'abord saisie par Nelson. « Je ne rentrerai pas en Angleterre, écrit-il, avant d'avoir repris Corfou et Malte ». Les îles Ioniennes rentrant, à son jugement, dans sa sphère d'action, il promet son concours aux députés de Céphalonie. Quand la flotte turque pénètre dans l'Archipel, il pense que ses opérations resteront localisées à l'Orient : n'est-il pas naturel qu'elle relève en premier lieu la croisière anglaise sur les côtes d'Égypte? Que viendrait faire la flotte russe dans la Méditerranée? « Ce serait, déclare Nelson, une mauvaise épine dans le flanc de la Porte. » Sa correspondance, à cette époque, témoigne d'une politique étroite, jalouse, toute inspirée par la

---

1. *The Spencer papers*, Spencer à St-Vincent, 16 septembre, à Dundas, 25 septembre.
2. Hardman, *A history of Malta*, p. 129.
3. Sorel, t, V, p. 350.
4. *The political history of England*, t. X, p. 423.
5. Depuis le 13 novembre 1798.

défiance des Russes qui lui paraisssent « plus disposés à saisir des ports sur la Méditerranée qu'à détruire Bonaparte en Égypte ». Lorsqu'il apprend que la flotte russo-turque se porte sur Corfou, il cherche à dissuader Cadir-bey de cette entreprise et s'ingénie à lui faire un petit cours de stratégie : « J'espérais, lui écrit-il, qu'une partie de l'escadre combinée s'en irait en Égypte, *premier* objectif des armes ottomanes. Corfou n'est qu'un *objectif secondaire* ». Il fait mieux : avec l'envoyé du Grand Vizir qui vient le complimenter sur sa victoire, il tient une longue et amicale conversation sur la conduite probable de la Russie à l'égard des bons Turcs, droits et sans soupçons. « Nos idées sur les Russes sont exactement les mêmes, » constate-t-il, et il ajoute : « J'étais en droit de m'attendre à ce que la flotte combinée prît soin de tout à l'est de Candie. Je ne l'ai jamais désirée à l'ouest de cette île. Toutes ces îles (Ioniennes) auraient dû être nôtres depuis longtemps ». Mais sa fureur n'a plus de bornes quand il apprend les visées des Russes sur Malte. Un navire moscovite ayant osé paraître devant l'île, Nelson s'écrie : « Je hais les Russes, et si ce navire a été envoyé par leur amiral de Corfou, c'est un goujat ».

Ainsi il n'existe véritablement aucune entente entre les flottes alliées. Si un même but les réunit, si l'expulsion des Français de la Méditerranée suffit à donner une orientation commune à leur action, une profonde défiance sépare les chefs et ruine entre eux par avance tout esprit de coopération. Qu'une escadre française paraisse inopinément dans cette mer, et elle ne rencontrera que des détachements isolés, des forces dispersées, trop faibles, individuellement, pour lui résister. Mais d'où viendrait cette escadre ? La Méditerranée est veuve de vaisseaux français, et s'ils accourent de l'Océan, un homme veille à l'entrée pour leur en interdire l'accès : ce chef, sur qui repose tout l'édifice de la politique anglaise dans cette mer, est Sir John Jervis, créé récemment comte de Saint-Vincent.

Il avait alors soixante-quatre ans [1]. De taille moyennne, mais

---

1. Sur Jervis, consulter Tucker : *Life of St-Vincent*. Brenton, *ibid.*, *Dictionary of national biography*, article de J. K. Laughton, et dans *Twelve english sailors*, l'article du vice-amiral Ph. H. Colomb.

fortement bâti, la tête enfoncée dans les épaules, les cheveux blancs
rejetés en arrière et retombant en touffes épaisses sur la nuque,
Jervis avait des yeux vifs et volontaires, un nez long et recourbé,
des lèvres minces, qui lui composaient un visage d'une merveil-
leuse mobilité. L'expression dominante était celle d'une confiance
sans borne en soi. Parfois, au repos, ses traits se détendaient, une
flamme d'humour dansait dans ses yeux bleus et l'aspect du visage, généralement rude et sévère, s'adoucissait en une expression
de bonté. Ses études et ses voyages avaient fait de lui un des amiraux les plus instruits de son temps. Il avait parcouru la Suède,
le Danemark, l'Allemagne, la Hollande, la France surtout dont il
avait particulièrement étudié le littoral et appris la langue. Au
courant des problèmes économiques de son temps, adonné aux
spéculations philosophiques, lecteur assidu de Locke, Jervis était
préparé, tant par ses études que par ses fréquentations politiques,
à envisager dans leur ampleur et leur complexité les grandes
questions politiques, qui se posaient alors en Europe. Au moral,
caractère dur et dictatorial, croissant en exigence à mesure qu'il
avançait en âge, incapable de souffrir la moindre résistance, prêt
à pousser aux extrêmes pour imposer sa volonté. Sir John Orde,
qui commandait en second la flotte, apprit à ses dépens qu'on ne
résistait pas à Jervis : « Sir John Orde s'est conduit de telle façon
avec moi, écrit Jervis au Ministre, que je le renverrai coûte que
coûte en Angleterre par le premier navire dont je pourrai me
dispenser [1] ». Et il part en effet, en septembre 1798. Un sens profond de la grandeur de sa tâche inspirait Jervis dans sa conduite
journalière. « Les temps sont critiques et dangereux, écrivait-il
au moment où Nelson gagnait la victoire d'Aboukir, l'esprit de
faction doit être supprimé, et ceux des commandants qui sont
incapables de maintenir l'ordre, la discipline et la subordination
à bord des bâtiments qu'ils commandent, doivent être destitués.
Sinon où trouvera-t-on un commandant en chef qui accepte la
responsabilité de diriger une flotte devant un port ennemi dont
elle fait le blocus permanent, avec un nombre de navires moitié

____

1. *The Spencer papers*, lettre du 12 août 1798.

moindre que celui que peut à tout instant lui opposer son adversaire ? »

Les responsabilités de Jervis sont immenses. Il commande 25, 30, puis 35 vaisseaux, et un nombre double de bâtiments plus petits, frégates, corvettes et sloops, répandus sur la vaste étendue de mer qui sépare l'estuaire du Tage des bouches du Nil. C'est à lui qu'incombe la charge de tirer les conséquences que l'Angleterre se promet de la vigoureuse intervention de Nelson en Méditerranée et qui consistent à renouer la coalition des puissances européennes contre la France : mission autant politique que militaire. Jervis donne la mesure de son sens politique dans la manière dont il se comporte avec les Espagnols. Leur flotte s'est réfugiée à Cadix après la bataille du Cap St-Vincent, et Jervis l'y tient étroitement bloquée; il évite toutefois de pousser à bout ces vaincus. En coquetterie réglée avec l'amiral Don Joseph de Mazarredo, il ménage la fierté castillane, rend hommage à la bravoure des officiers espagnols que les hasards de la guerre font tomber entre ses mains [1], et profite des rapports de haute courtoisie qui s'établissent ainsi pour nouer des intelligences dans la place, favoriser sous main le parti du Prince de la Paix, hostile à la France, et contenir des ardeurs qui ne se révèlent d'ailleurs pas très belliqueuses. C'est ainsi qu'avec des forces inférieures, il réussit à contenir un ennemi qui lui est fort supérieur en nombre.

Mais l'énergie humaine a des limites. Depuis trois ans qu'il commande en Méditerranée, Jervis est arrivé à ce degré d'usure qui impose le repos : son organisme toujours tendu a besoin d'une détente. Le moment n'est-il pas favorable? Nelson vient de détruire l'escadre française sur les côtes d'Égypte : le péril, à ce qu'il semble, n'est plus immédiat; le 6 octobre, Saint-Vincent demande à rentrer en Angleterre. Puis il se ravise. La tâche n'est

---

1. Jervis à Mazarredo, 4 mars 1799. « Don Juan Calbillo, blessé mortellement dans la belle défense du chebek *Africo*, a été enterré ce matin avec les honneurs militaires. Tous les officiers de marine anglais, non de service, y ont assisté. » Du même au même, 18 mars 1799 : « Don Joseph de Salcedo est guéri de ses blessures : il va rentrer en Espagne. Pour rendre un juste hommage à sa bravoure, je le déclare libre de servir là où son Royal Maître jugera préférable de l'employer ». (B. M., Add., Mss. 31161.)

pas finie : il reste à cueillir les fruits de la victoire. « Le vaste champ d'opérations qui va vraisemblablement s'ouvrir sur les côtes de la Méditerranée, écrit-il, rend ma présence plus nécessaire que jamais. J'ai sous mes ordres de bons amiraux divisionnaires, mais je doute de leur capacité à exécuter des plans aussi étendus que ceux qui sont en vue », et il décide de sacrifier au bien public le souci de sa santé et de ses affaires [1]. L'Amirauté, qui avait d'abord désigné Lord Keith pour le remplacer, finit par placer cet officier général sous ses ordres ; Saint-Vincent lui confie le commandement effectif du blocus de Cadix, et se rend à Gibraltar, dans l'espoir de réparer quelque peu sa santé ébranlée.

De là il achemine une expédition dont il avait conçu le projet avec Dundas [2], dès le mois de septembre. Il s'agissait d'enlever Minorque aux Espagnols indolents, afin de procurer à l'Angleterre une base précieuse dans cette mer Méditerranée d'où la flotte anglaise avait dû rester absente près de deux ans, faute de point d'appui. Le 7 novembre, le commodore Duckworth paraît devant l'île avec le *Leviathan*, le *Centaur*, de 74, l'*Argo* et le *Dolphin*, de 44, des frégates, des sloops et des transports armés convoyant plusieurs navires chargés de troupes que commande le général Charles Stuart. Les troupes, mises à terre près de Fournella, surmontent aisément la faible résistance qui leur est offerte, et marchent vers Mercadal, où elles entrent sans combat. Le 9, le fort Charles capitule, livrant l'entrée de Port-Mahon, et, le 15, Ciudadella, la capitale de l'ile, se rend à son tour sans qu'il en ait coûté la vie à un seul soldat anglais. Pressés d'en finir, les Anglais avaient accordé aux Espagnols les honneurs de la guerre ; ils entrèrent ainsi, presque sans coup férir, en possession de l'arsenal de Mahon où l'on trouva en abondance du matériel naval [3].

Telles sont, en Méditerranée, les premières conséquences de la défaite d'Aboukir. La Russie et la Turquie se sont déclarées contre

---

1. St-Vincent à Spencer, 12 novembre 1798.
2. Membre du cabinet britannique, secrétaire d'État à la Guerre.
3. Pour la prise de Minorque, voir James : *Naval History*. Voir aussi : *History of the Royal Navy*, t. IV, p. 377.

la France et leurs escadres combinées attaquent nos possessions des îles Ioniennes. Malte se voit bloquée par une division anglo-portugaise. La cour de Naples, qui ne respire que vengeance, abrite dans ses ports la flotte anglaise, jusqu'à l'heure, très prochaine, où elle se déclarera ouvertement contre nous. Plus près, à l'entrée du golfe du Lion, les Anglais s'emparent de Minorque d'où ils surveillent et menacent les côtes de la Catalogne et de la Provence.

Ainsi, avant même que la France ait pu réaliser l'étendue de sa défaite, la vague ennemie déferle sur nos avant-postes, risquant de les submerger. Et si ces bastions de la défense extérieure succombent, c'est l'infiltration rapide dans nos lignes, nos positions de l'Italie du Nord prises à revers par l'Adriatique, toutes nos glorieuses conquêtes remises en question. Des mesures urgentes s'imposaient pour combattre de si funestes conséquences. A quel parti s'arrêta le Directoire? Quelle parade, quelle riposte conçut-il pour faire échec à ses adversaires?

*
* *

Le 14 septembre, on apprit à Paris la défaite d'Aboukir [1]. « Ce fut, dans le Directoire, un assaut de récriminations contre cette expédition chimérique, mal conçue, mal conduite. Personne ne voulut plus l'avoir approuvée... » Cependant les directeurs se reprirent vite. L'esprit conventionnel se réveillait en eux, aux heures de péril. C'étaient toujours les hommes de la patrie en danger et de la lutte quand même. Ils s'accordèrent, et très vite, sur deux points : refaire une flotte, surtout ne rien céder. « Si vous hésitez, s'écria Rewbell, à déclarer la guerre à Naples, qui l'a provoquée de mille manières, et si vous tardez à vous rendre maîtres de la Sicile, c'en est fait de notre navigation dans la Méditerranée [2]. » Mais, déclarer la guerre à Naples, c'est la déclarer à l'Autriche; l'Italie, aussi, est sur le point de se révolter; le Direc-

1. La nouvelle en fut apportée à Marseille par l'aviso l'*Assaillante*, le 9 septembre. Quelques jours avant, le 6 septembre, on avait appris à Paris le débarquement de l'armée en Égypte.

2. Sorel, t. V, p. 342.

toire se ravise : « Il faut toute la persévérance avec laquelle le Directoire veut suivre le plan qu'il s'est tracé pour que l'ordre ne soit pas déjà donné de punir cette Cour déloyale [1] ».

On conçut alors, dans le Directoire, l'espoir de porter, en guise de risposte, un coup immédiat et sensible à l'Angleterre. Les Irlandais-Unis s'étant révoltés à la fin mai avaient invoqué l'appui de la France. Le Directoire, qui s'était laissé surprendre par cette révolte et dont l'effort était alors tendu vers la préparation de l'expédition d'Égypte, avait d'abord tergiversé, puis s'était arrêté à un plan d'opérations partielles, selon lequel des escadres de frégates parties de Brest, de Rochefort, de Dunkerque et du Texel porteraient des secours aux insurgés (25 juin). C'est ainsi que le chef de division Savary avait appareillé de la Rochelle le 5 août, avec les troupes du général Humbert et les avait mises à terre à Killala, en Irlande, le 22 du même mois. Savary en rapporte la nouvelle à Royan le 9 septembre. Le Directoire l'apprend le 12. Encouragé par ce succès il décide sur-le-champ de faire repartir Savary pour l'Irlande avec de nouveaux renforts. De son côté, la division Bompard, longtemps retardée par des incidents contraires, s'ébranle enfin et quitte Brest le 16 septembre avec les troupes du général Hardy [2]. Les événements surexcitent les espoirs du Directoire. Sera-ce en Irlande que l'on prendra la revanche d'Aboukir? Le général Kilmaine, qui commande en chef l'armée d'Angleterre, le propose; il demande 7.000 hommes, 6 vaisseaux. Le Directoire approuve son projet, et Bruix, ministre de la Marine, ordonne au port de Brest, le 26 septembre, d'armer le plus promptement possible le *Formidable*, le *Dix-Août*, le *Zélé* auxquels se joindront le *Wattignies*, le *J.-J.-Rousseau*, et la *Constitution*. « Les Irlandais-Unis, écrit-il le 4 octobre, n'attendent qu'un moment favorable et des secours pour secouer le joug britannique..... Il est essentiel de secourir promptement le général Hardy. » Au vu de ce rapport, le Directoire prit un arrêté organisant l'expédition [3].

---

1. Talleyrand à Sieyès, 15 septembre 1798, dans Pallain.
2. Desbrière, *Projets et tentatives de débarquement aux Iles Britanniques*, t. II, p. 141 et 164.
3. Desbrière, *ibid.*, t. II, p. 176.

En Méditerranée le Directoire n'avait plus d'escadre de combat. Il se flattait encore, dans les derniers jours de septembre, de l'espoir que la Turquie resterait neutre. Ayant fait choix, le 31 août, du citoyen Descorches pour le représenter auprès de la Sublime Porte, il donna l'ordre de hâter son départ et, pour se concilier cette puissance, Talleyrand traça à l'ambassadeur des instructions aux termes desquelles les îles Ioniennes pourraient être proposées à la Porte Ottomane, dans l'espoir que cette cession « l'éblouisse ». Mais l'ambassadeur n'avait pas encore quitté Paris quand la nouvelle de la déclaration de guerre de la Porte y parvint [1].

L'entrée en lice de ce nouvel ennemi imposait au Directoire un surcroît de vigilance pour les possessions orientales que la France s'était acquises en Méditerranée. Des dépouilles opimes de la République de Venise, il restait dans nos ports six mauvais vaisseaux : trois à Toulon et trois à Ancône. Un arrêté du Directoire exécutif, en date du 4 octobre, nomma le vice-amiral Pléville-le Pelley « commandant des armes des ports de la République dans les mers Adriatiques », et lui enjoignit de mettre le plus promptement possible en état de naviguer les vaisseaux de ligne et autres bâtiments de guerre appartenant à la République qui se trouvaient dans les ports de son arrondissement [2]. Le 9 octobre, le Directoire rompit l'organisation qui rattachait à l'Égypte les arrondissements militaires de Malte et de Corfou, et les réunit au commandement de l'armée d'Italie. Le lendemain, il ordonna au général en chef de cette armée d'envoyer une ou deux demi-brigades en renfort à Corfou et de faire passer, sur les vaisseaux d'Ancône, deux bataillons à Malte ainsi que des approvisionnements en vivres [3].

Mais si la France n'avait plus de flotte en Méditerranée, elle comptait, sur cette mer, une alliée, l'Espagne, pourvue d'une marine encore nombreuse. Un traité d'alliance offensive et défensive

---

1. La première information portant que la Turquie nous avait déclaré la guerre fut reçue à Paris, par le chevalier d'Azara, ambassadeur d'Espagne, le 1er octobre. Les instructions de Talleyrand sont du 3. La mission de Descorches fut annulée le 15 octobre.

2. *Archives Guerre*, Armée d'Italie.

3. *Archives Guerre*, Armée d'Italie.

unissait les deux nations [1]. Calqué sur le Pacte de Famille [2], ce traité stipulait pour chacune des puissances contractantes le droit de requérir de sa voisine un secours consistant en vaisseaux, en frégates et en troupes d'infanterie et de cavalerie. Le « Pacte de Nation » avait même aggravé, sous ce rapport, les stipulations du Pacte de Famille, puisqu'il avait porté à 15 vaisseaux, 18.000 hommes d'infanterie et 6.000 de cavalerie, la force du secours stipulé, avec droit pour la puissance requérante de l'employer aux expéditions qu'elle jugerait à propos d'entreprendre, sans être tenue de rendre compte de ses motifs à la puissance requise [3]. Un profond historien a résumé d'un mot le sens de cet accord : « La République, d'un trait de plume, se créait une flotte. Le Bourbon d'Espagne se faisait le grand amiral du Directoire [4]. »

Mais les accords ne valent que par l'esprit dans lequel ils sont appliqués. Or l'esprit n'était plus celui qui avait présidé à la conclusion du Pacte de Famille. Le Directoire n'entendait pas traiter d'égal à égal avec l'Espagne ; il voulait en faire la complice de la République; son but était de l'assujettir, et tous les moyens lui semblant bons, il recourut aux promesses, aux menaces, se montrant tout à la fois insolent et corrupteur. Le monarque espagnol était trop faible pour résister : « Rien ne garantissait à Charles IV que les menaces de la France ne dussent pas être suivies d'une entière et prompte exécution; et ce sentiment courbant enfin l'orgueil espagnol, l'histoire des douze années qui se sont écoulées du traité de Bâle aux événements de Bayonne, ne présente, de la part de l'Espagne, qu'une suite de sacrifices, de déférences, de subsides payés, de secours fournis à la France [5] ».

---

1. Traité de Saint-Ildefonse, signé le 18 août 1796.

2. Négocié par Choiseul, le 15 août 1761.

3. De Clercq, *Recueil des Traités de la France*, t. I. Traité de St-Ildefonse, art. 3, 5, 7, 11, 13. Le traité prévoyait, au cas où le secours stipulé deviendrait insuffisant, que la puissance requise mettrait en activité les plus grandes forces qu'il lui serait possible; mais alors les deux puissances feraient agir leurs forces, soit conjointement, soit séparément, mais selon un plan concerté entre elles.

4. Sorel, *Revue historique*, t. XIII.

5. Affaires Étrangères, *Mémoires et documents*, Espagne, 97. *Mémoires du Baron de Boislecourt*.

Le Directoire fit d'abord choix de l'amiral Truguet pour appliquer cette politique sans scrupules. Truguet ne démentit pas l'espoir que l'on fondait sur lui. Il demanda l'exclusion en masse des émigrés, des sévérités contre les ecclésiastiques ; selon le mot cinglant de Burke, l'Espagne n'était plus que le fief du régicide. Godoy, lui-même, qui travaillait à se rapprocher de l'Angleterre, vit son jeu percé à jour : Truguet demanda et obtint son renvoi. Mais le prince de la Paix resta, dans la coulisse, l'homme de confiance du roi ; il garda ses entrées libres au palais, continuant de diriger la politique générale de l'Espagne, intriguant avec le parti anglais pour faire pièce à son successeur Saavedra.

Ainsi l'Espagne n'acceptait pas sans résistance la situation subordonnée que lui faisait le Directoire. Les Espagnols demeuraient froids à l'alliance : ils n'aimaient pas la République ; ils restaient dévoués au principe monarchique, ne comprenant guère et redoutant par-dessus tout les principes du gouvernement républicain. S'ils restaient fidèles à leur parole, si à deux reprises déjà leur flotte avait apporté un concours actif à nos opérations maritimes [1], c'était moins par conviction que par point d'honneur. Dans quelle mesure se prêteraient-ils aux vues que le gouvernement français avait maintenant sur eux?

Le Directoire n'avait plus, malheureusement, à Madrid un ambassadeur capable de s'expliquer sur sa politique maritime. L'amiral Truguet n'ayant point, selon la formule du temps, « donné de gages à la Révolution », avait été rappelé et remplacé par Guillemardet. Temps singuliers que ceux qui firent d'un pareil homme un ambassadeur auprès de la plus aristocratique des cours. Petit médecin à Autun, — avant la Révolution, — Guillemardet en avait accueilli les principes avec ardeur. Député à la Convention, il siégea à la Montagne par peur et vota la mort de Louis XVI. Il se rangea avec empressement parmi les

1. Au début de 1797, leur flotte était sortie de Cadix pour favoriser, en faisant diversion, l'expédition de Hoche en Irlande, et elle s'était fait battre au cap Saint-Vincent. En 1798, les préparatifs qu'elle fit dans le port de Cadix retinrent Sir John Jervis devant ce port, tandis que la grande expédition de Bonaparte faisait voile pour l'Égypte.

adversaires de Robespierre, après le 9 Thermidor... Désigné pour aller « comprimer » les départements de l'Yonne et de la Nièvre, il prononça en cette occasion le seul bon mot de sa vie : à Nevers, il fit comparaître les sans-culottes et leur demanda leurs noms; ils s'appelaient Brutus, Manlius, Caton, Scaevola..... « Gendarmes, s'écria Guillemardet, au nom de la loi, arrêtez tous ces étrangers-là [1] ». Il se rallia des premiers au Directoire; des premiers aussi il applaudit au coup d'État de Fructidor. Sa désignation à l'ambassade de Madrid fut la récompense de sa servilité.

Ce choix, néanmoins, étonne de Talleyrand, car Guillemardet ne possédait aucun talent politique. « Prétentieux, écrit de lui Barras, tête petite et sans idées, Guillemardet envoie des rapports de toute niaiserie sur la reine et sur les autres personnages importants de la Cour de Madrid [2]. » Citoyen d'une République qui a conquis le respect et l'admiration de l'Europe, il avait une âme « toute pénétrée de ce sentiment de dignité qui élève l'homme qui parle en son nom [3] ». On le voyait vêtu d'un pantalon collant, chaussé de brodequins montants, le corps sanglé dans une étroite redingote noire à boutons de métal et ceint d'une magnifique écharpe de soie brodée d'or, tenant à la main un chapeau garni d'un immense panache tricolore, promener dans les salons sa petite tête de Morvandiau, encadrée de cheveux frisottants, avec un nez pointu, un teint coloré, des yeux où s'allumait parfois une courte flamme de malice. Mais sa dignité affectée prêtait à rire. « Son ignorance complète des usages du monde ne pouvait pas mieux disposer une Cour si habituée à l'étiquette et soucieuse du bon ton. Sur le terrain glissant des salons, il ne pouvait que faire des faux-pas, prêter à rire au corps diplomatique, et perdre du même coup prestige et influence [4]. »

Guillemardet annonçait au roi Charles un ministère de paix; l'ironie du sort voudra qu'il n'ait d'autre rôle que de pousser aux

1. G. de Grandmaison, *L'ambassade française en Espagne pendant la Révolution*, p. 164.
2. *Mémoires de Barras*, t. III, 267.
3. *Discours de Guillemardet au Roi*, Jervis Papers, B. M. Add. Mss. 29, p. 914.
4. G. de Grandmaison, *Ouvrage cité*, p. 165.

mesures de guerre. Le 26 septembre, une dépêche de Talleyrand l'invite à élever le ton avec l'Espagne, à payer d'audace au milieu de nos revers. « Vous exposerez tout ce que la République a fait depuis l'alliance, et vous demanderez ce que l'Espagne a fait en retour. Vous parlerez de cette flotte supérieure en nombre et qui semble consentir en quelque sorte à l'éternel blocus de Cadix, vous rappellerez ces communications amicales et presque fraternelles entre les deux flottes dont s'indigne la République... ». Mais tout cela n'est que hors-d'œuvre, et voici l'essentiel : le Gouvernement français est décidé à rassembler une grande partie de ses forces maritimes à Toulon ; le Roi devra accroître par tous ses moyens l'énergie de cette mesure, en envoyant dans ce port tous ses vaisseaux disponibles. « Il serait très avantageux, ajoutait Talleyrand, que vous puissiez obtenir vingt vaisseaux [1]. »

Cette dépêche se croisa avec une lettre de Charles IV où le Roi témoignait au membre du Directoire exécutif sa vive douleur du funeste événement d'Aboukir. « J'ai regardé ce revers comme m'étant propre, disait-il... je suis disposé aux plus grands sacrifices pour anéantir l'ennemi commun... Convaincu que c'est sur l'Irlande qu'il faut porter à l'ennemi le coup mortel, si vous me communiquez vos idées et vos projets, ainsi que les desseins que vous avez sur elle, je tâcherai d'unir mes efforts aux vôtres [2] ».

Le cabinet de Madrid avait de bonnes raisons pour ne pas vouloir agir dans la mer Méditerranée. L'enchevêtrement des intérêts risquait d'y engager l'Espagne, soit dans une lutte contre les Bourbons de Naples dont elle ne voulait pas, soit dans des actes de nature à nuire indirectement à l'infant de Parme ; elle risquait enfin d'être impliquée dans une action contre les Turcs, ce qui n'eût pas manqué de provoquer de la part des Puissances Barbaresques une hostilité désastreuse pour elle. Charles IV mettait donc une condition à son concours, c'est que les hostilités fussent tournées du côté de l'Irlande : il désirait aussi que les plans d'opérations combinées fissent au préalable l'objet d'une délibération entre Alliés.

1. A. E., Espagne 654, Talleyrand à Guillemardet, 26 septembre 1798.
2. A. E., *ibid.*, Lettre du 29 septembre 1798.

Le Directoire n'était pas dans l'usage de tenir le cabinet de Madrid au courant de ses projets ; il se méfiait des fuites, des indiscrétions. C'est ainsi que jusqu'au dernier moment, il lui avait caché l'objet de l'expédition de Bonaparte. Dans le cas présent, s'il manifestait le désir de faire venir les forces navales espagnoles à Toulon, c'était plutôt en vue de s'assurer des ressources maritimes pour l'avenir que dans le dessein de les utiliser sur-le-champ. Il espérait, nous l'avons vu, loger en Irlande la riposte d'Aboukir. La nouvelle de la capitulation du général Humbert à Ballinamuck, qui parvint à Paris le 8 ou le 9 octobre, n'avait point affaibli la résolution du Directoire. Les troupes du général Hardy n'étaient-elles pas en mer ? Le 10 octobre, Bruix offrit à l'amiral Martin le commandement de l'expédition qui s'organisait à Brest. Puisque le Roi d'Espagne proposait d'agir conjointement en Irlande, pourquoi ne pas profiter de ses bonnes dispositions ? Plaçant l'Irlande au premier plan de ses préoccupations, le Directoire proposa alors à la cour d'Espagne de choisir dix à douze de ses meilleurs vaisseaux et un nombre proportionné de frégates pour porter en Irlande 6.000 hommes au moins de débarquement. Ces troupes mises à terre, l'escadre espagnole pourrait faire son retour à Brest, où elle se réunirait à 15 ou 20 vaisseaux français pour gagner de nouveau l'Irlande et y jeter, si les circonstances l'exigeaient, une plus grande masse de troupes. Dans ce plan, l'expédition dans la Méditerranée n'était plus présentée que comme une opération secondaire, une sorte de croisière dont l'objet serait de rendre les communications de cette mer plus faciles aux Français et aux Espagnols [1].

Le lendemain du jour où partirent ces propositions, on apprit à Paris le désastre de la division Bompard. Après un long détour dans l'Océan, effectué en vue de dépister l'ennemi, la division navale française s'était heurtée à son arrivée sur les côtes d'Irlande à l'escadre du commodore Sir John Borlase Warren. Le vaisseau le *Hoche* avait été pris après un sanglant combat (11 octobre). Les débris de l'expédition, rentrés à Brest le 20 octobre, confir-

---

1. A. E., Espagne, 654, 17 octobre 1798.

mèrent le désastre. Savary lui-même, qui était reparti le 12 octobre, avec 1.000 hommes de troupes, parvint encore jusqu'à Killala (27 octobre), mais il renonça à y débarquer et rentra en France. C'était l'échec complet, définitif, de toutes ces tentatives isolées, conçues trop tard, exécutées sans ensemble, alors que l'insurrection des Irlandais-Unis était déjà partout étouffée. Découragé, le Directoire décommanda l'armement de Brest (29 octobre) et renonça, pour le moment, à prendre en Irlande la revanche d'Aboukir.

* *

Dans les derniers jours d'octobre, le Directoire apprit que la flotte russe était entrée dans le port de Constantinople et qu'elle y avait été reçue « avec éclat ». Bien qu'il ne sût pas encore qu'elle avait passé le détroit, il ne douta plus qu'elle allât s'unir dans la Méditerranée à la flotte anglaise, et que les flottes réunies ne dirigeassent leurs communs efforts contre Malte et contre nos possessions de l'Adriatique. Les tentatives faites jusqu'alors pour ravitailler Malte n'avaient pas été couronnées de succès. Attribuant cet échec à la dispersion des efforts, le Directoire décida que l'amiral Bruix, ministre de la Marine, serait désormais seul chargé du ravitaillement de l'île [1].

La grave tournure prise par les affaires en Europe incita les directeurs à écrire le 4 novembre une longue dépêche politique à Bonaparte où, envisageant la situation maritime, ils lui en exposaient les difficultés, et se déclaraient dans l'impossibilité de rétablir des communications avec lui. « ..... Si nos treize vaiseaux avaient quitté la rade et la côte du moment où le débarquement a été opéré, et se fussent rendus à Corfou, comme vous l'aviez ordonné [2], ils y seraient arrivés sans rencontrer Nelson. De là, ils seraient tenu en respect les monarchies d'Italie, le Levant, la Russie.

1. 25 octobre 1798.
2. Voir dans notre ouvrage *La flotte de Bonaparte sur les côtes d'Égypte : les prodromes d'Aboukir*, ce qu'il faut penser de cette assertion.

l'Angleterre elle-même qui, dans l'arrière-saison, n'auraient pu bloquer à la fois Cadix, Malte, les ports de Corfou et d'Égypte, et qui, après tout l'étalage de ses forces maritimes, ne pouvant en prolonger les dispendieux efforts, eût fini par évacuer la Méditerranée et par laisser libres les communications du Directoire avec vous... Aussi longtemps que la Méditerranée sera occupée par les Anglais et par les Russes, il sera impossible d'établir avec vous des communications suivies et de vous faire passer des renforts d'hommes et de munitions. Le Directoire ne sait pas même si, malgré les mesures de tout genre qu'il a prises, il viendra à bout d'approvisionner Malte, où le général Vaubois a fait la faute, dans un accès de confiance, de rendre aux habitants les armes que vous leur aviez fait enlever, et cela, au moment même où Regnaud de Saint-Jean d'Angély ordonnait la spoliation des églises... Le retour en France paraissant difficile à effectuer dans le moment, il paraît vous laisser trois partis parmi lesquels vous pouvez choisir : demeurer en Égypte en vous y formant un établissement qui soit à l'abri des attaques des Turcs..., pénétrer dans l'Inde où, si vous arrivez, il n'est pas douteux que vous ne trouviez des hommes prêts à s'unir à vous pour détruire la domination anglaise ; enfin, marcher sur Constantinople au-devant de l'ennemi qui vous menace. C'est à vous de choisir... Mais, de quelque côté que se tournent vos efforts, nous n'attendons du génie et de la fortune de Bonaparte que de vastes combinaisons et d'illustres résultats[1] ».

En vain Bonaparte, dans ses lettres écrites après Aboukir[2], spécule-t-il sur les forces navales qui nous restent en Méditerranée, suggérant de réunir en une seule masse « tous nos vaisseaux de Toulon, Malte, Ancône, Corfou, Alexandrie, pour pouvoir nous trouver encore une flotte », le Directoire ne le suit pas. Bruix représente aux Directeurs qu'à l'exception du *Guillaume Tell* et du *Généreux*, il ne nous reste plus en Méditerranée que des vaisseaux maltais et vénitiens ; que les premiers ne sont pas armés et qu'on manque des objets de première nécessité pour les mettre

---

1. De la Jonquière, *L'expédition d'Égypte*, t. III, p. 261 et suivantes.
2. Lettres du 19 et du 21 août portées à Paris par le courrier Mothey et remises au Directoire le 14 octobre 1798.

en état de prendre la mer ; que les autres sont disséminés à Ancône, Corfou et Toulon ; qu'en général leur construction vicieuse, leur peu de stabilité, la médiocrité de leur échantillon ne permettent pas de les employer comme bâtiments de guerre. Le ministre répugne à utiliser ces forces, déclarant qu'on ne pourrait aujourd'hui faire passer en Égypte une petite escadre composée de pareils bâtiments sans les exposer à une perte certaine[1]. Bien plus, prenant le contrepied de la stratégie préconisée par Bonaparte, Bruix avance que « si les bâtiments de guerre qui nous restent n'étaient pas divisés entre Alexandrie, Corfou, Ancône, Malte et Toulon, il faudrait établir cette division, au risque de leur faire courir de nouveaux dangers ». Car ainsi disséminées, nos forces obligent les Anglais à diviser les leurs et trouveront ainsi plus facilement l'occasion de leur échapper et de ravitailler Malte. Si l'on veut agir sur mer, ce n'est pas dans la Méditerranée où la France ne compte plus que des éléments disparates, mais bien dans l'Océan, avec les escadres stationnées à Brest. Malgré les malheureux résultats des deux expéditions tentées sur l'Irlande, le Directoire ne renonçait pas à préparer pour cette contrée, « où se nourrit dans le silence un vaste ferment de révolution[2] », des secours plus nombreux et plus efficaces. Aussi Bruix terminait-il son rapport par une promesse de soumettre incessamment au Directoire ses vues sur l'emploi des forces navales dans l'Océan[3].

Ces lignes furent écrites le 19 novembre. Elles prouvent qu'à cette date l'idée n'était pas encore née du grand dessein stratégique qui devait s'élaborer quelques semaines plus tard et inspirer la campagne maritime de l'année suivante. Les efforts immédiats de Bruix se bornaient à ravitailler Malte dont le Directoire lui avait exclusivement confié le soin. La possession de cette île paraissait essentielle à l'amiral. « Tant que Malte appartiendra à la France, écrivait-il aux Directeurs, la Méditerranée sera le domaine de la République et l'exploitation de ce domaine ne pourra être que momentanément retardée. Mais si cette forteresse nous échap-

---

1. A. N., Marine, BB 4 157, rapport du 17 novembre 1798.
2. Dépêche du Directoire à Bonaparte, 4 novembre 1798.
3. A. N., A. F., III, 206, rapport de Bruix, 19 novembre 1798.

paît, une guerre maritime, même en la supposant heureuse, ne nous mettrait pas dans la position imposante où nous sommes placés par la possession de Malte pour traiter de la paix, dussions-nous ne la faire qu'à la suite de longs revers maritimes. » Stimulé par cette idée, il avait présenté de nouveaux moyens, demandé et obtenu de nouveaux fonds, et une expédition de secours s'organisait à Ancône, en vue de jeter des hommes et des vivres dans l'île.

En même temps qu'il parait ainsi au plus pressé, Bruix s'occupait activement d'accroître l'effectif de nos forces navales dangereusement affaiblies par nos défaites. Il s'était toujours montré partisan des flottes de haut bord, dans lesquelles, seules, il voyait le salut du pays. Pour rendre l'activité à nos chantiers de construction maritime, il demanda et obtint du Directoire l'autorisation de mettre en chantier, au cours de l'an VII, seize vaisseaux de ligne, dix-huit grosses frégates et douze corvettes [1]. Et comme les quatre grands ports de la République ne pouvaient à eux seuls construire le nombre de vaisseaux de ligne suffisant, il proposa au Directoire de demander à la cour d'Espagne la faculté de faire monter quelques vaisseaux au port de Passaje [2].

Nul doute que Bruix n'ait alors conçu la vraie politique qui eût, avec le temps, relevé notre marine du désastre qu'elle avait subi à Aboukir. Mais le temps, ce facteur essentiel à la réalisation des choses humaines, lui manqua. Trop de matières explosives avaient été accumulées dans le sud de l'Italie; selon l'expression de Talleyrand, la bombe finit par éclater. Le 24 novembre, le roi des Deux-Siciles, Ferdinand, impatient d'agir, lança un manifeste où il sommait les troupes françaises d'évacuer l'État romain. La veille, ses troupes, sous la direction du général autrichien Mack, avaient franchi la frontière et commencé leur marche sur Rome. Ce fut le signal de la deuxième coalition. Paul Ier, à la nouvelle de la déclaration de guerre par les Napolitains, traita avec l'Angleterre, et dans les derniers jours de l'année 1798 et les premiers jours de 1799, des accords furent signés entre l'Angleterre, la Russie, la

1. James, *Naval History*.
2. A. E., Espagne, 654, Bruix à Talleyrand, 2 décembre 1798.

Turquie et Naples. Seule, l'Autriche, jouant toujours double jeu, resta provisoirement en dehors.

La nouvelle de l'agression de la cour de Naples ne déconcerta point les Directeurs. Dans la crise, ils reprenaient leur aplomb. Ils savaient oser, combiner les machines de guerre, risquer les coups désespérés. « Tenez pour certain, dit Rewbell à Sandoz, au commencement de décembre 1798, que la République Française, provoquée comme elle vient de l'être, saura se défendre et attaquer à outrance..... Nous porterons nos armées à un état de plus de 500.000 hommes. Le Directoire apprendra, dans cette guerre, qui sont ses ennemis et ses amis..... [1] ». Le 6 décembre les directeurs proposèrent au Conseil des Cinq Cents de déclarer la guerre aux cours de Naples et de Turin : la mesure fut adoptée à l'unanimité par les deux Conseils. Joubert reçut l'ordre de s'emparer du Piémont et s'en rendit maître en quelques jours. A Rome, Championnet n'avait que 15.000 hommes à opposer aux 30 ou 35.000 Napolitains : il évacua la ville où l'agresseur entra le 27 novembre. Mais quelques jours après, le 9 décembre, Championnet rentrait en vainqueur dans Rome après avoir vaincu Mack, et poussait ses avant-gardes sur la route de Naples.

La marine ne pouvait rester étrangère à cette fièvre d'exaltation patriotique qui secouait les membres du Directoire. Le 25 novembre, on avait appris à Paris la reddition de Port-Mahon aux Anglais; deux jours après c'était la capitulation de la petite île de Gozzo, voisine de Malte, qui était annoncée. Naples maintenant se déclarait contre nous. Ainsi le cercle d'ennemis se resserrait, menaçant de nous étouffer. Pouvait-on désormais compter que les secours sur le point de partir d'Ancône parviendraient à destination? Bruix dut sentir l'inanité de ces opérations partielles; une conception plus large s'imposait si l'on voulait briser l'étreinte de nos adversaires. Quelle serait-elle?

C'est dans ces conjonctures que parvint, le 13 décembre, à Paris, une longue lettre de Bonaparte, où il exposait la situation de l'Égypte, réclamait l'envoi du convoi de Toulon si « essentiel »

1. Sorel, V, p. 366.

aux besoins de l'armée, et en outre 1.500 hommes de hussards ou
de chasseurs, avec leurs selles et leurs brides, bien armés, 10.000
fusils, 2.000 sabres, 3.000 paires de pistolets, 2.000 selles et 3.000
carabines de hussards. « L'hiver, disait-il, et sous la conduite de
quelques bons marins, tout cela arrivera..... Vous n'abandonnerez
pas l'armée que vous avez en Égypte, vous lui ferez passer des
secours, des nouvelles, et vous prendrez toutes les mesures que je
sollicite de vous pour avoir une escadre nombreuse dans ces mers. »
Ces mesures qu'il avait exposées maintes fois, Bonaparte les rappelait de nouveau. « L'Espagne nous trahit donc puisqu'elle laisse les
Anglais maîtres absolus de la Méditerranée..... Je crois qu'il faudrait que, dans l'hiver, les trois vaisseaux de guerre vénitiens que
vous avez à Toulon, avec les trois frégates, approvisionnés pour
quatre ou cinq mois en vivres et pour deux mois en eau, se rendissent
à Corfou ; que les trois vaisseaux que nous avons à Ancône s'y rendissent de leur côté ; cela nous ferait, avec celui qui est à Corfou et
les deux vaisseaux et les deux frégates de Villeneuve, douze vaisseaux de guerre et six frégates. Ils en imposeraient aux Turcs et
obligeraient les Anglais à avoir une grande escadre pour nous bloquer à Alexandrie, ce qu'ils font actuellement avec quatre vaisseaux
et deux frégates. Et si nos armements de Brest, de Cadix, de la Hollande, les mettaient hors d'état de tenir à Alexandrie une aussi
forte escadre, ils seraient obligés de nous laisser libres... ». Puis
agrandissant le champ de ses combinaisons, Bonaparte déclarait :
« Si vous ne pouvez rien faire en Irlande, peut-être serait-il convenable de porter dans la Méditerranée toute la guerre maritime.
Cette guerre serait plus difficile et plus coûteuse pour l'Angleterre :
il faudrait qu'elle nourrît trente vaisseaux au fond de l'Archipel,
tandis que l'Égypte, Corfou, Malte, l'Italie nous donnent mille
moyens. Je ne crois pas, concluait Bonaparte, qu'il soit politique
de rester dans la Méditerranée avec si peu de vaisseaux[1] ».

Cette dépêche dut assurément retenir l'attention du Directoire.
Elle posait dans toute son ampleur la question du rétablissement
des communications avec l'Égypte, dont le Directoire se sentait

1. *Correspondance de Napoléon*, n° 3439, au Directoire, 7 octobre 1798. Cette dépêche fut portée par le courrier Thibaut.

peut-être plus coupable d'avoir hâtivement abandonné l'espoir dans sa dépêche du 4 novembre. Elle formulait, à cet effet, un vaste plan d'opérations maritimes qui permettrait, sinon de ressaisir la maîtrise de la Méditerranée, du moins de la disputer à nos rivaux avec quelque chance de succès. Et qui ne voyait que rouvrir les communications avec l'Égypte, c'était du même coup desserrer l'étreinte autour de Malte et de Corfou, ravitailler ces places, prolonger leur résistance, et peut-être sauver de l'ennemi les défenses extérieures de la République? Briser la prépotence des Anglais en Méditerranée, c'était aussi préparer l'effondrement de Naples qui ne vivait que de ce soutien, rejeter les Turcs et les Russes en Orient. Ainsi les velléités du Directoire venaient se fondre harmonieusement dans la plan d'ensemble conçu par Bonaparte, et ce plan donnait une forme, un corps aux aspirations confuses qui se faisaient jour en faveur d'une lutte à outrance sur mer comme sur terre.

C'est entre le 13 et le 20 décembre 1798 que furent décidées, en principe, les opérations maritimes de l'année suivante. Barras s'en est attribué le mérite, dans ses Mémoires : « La République, écrit-il, est menacée au dedans et au dehors. Elle a pu se croire jusqu'ici invincible sur terre... Mais nous sommes bien loin d'une pareille puissance sur la mer ; elle est restée le patrimoine des Anglais, et leurs derniers avantages n'ont fait que confirmer leur empire. Je propose la réunion de nos vaisseaux de Brest à ceux de la Méditerranée, pour attaquer avec des forces supérieures les Anglais sur ce point, et communiquer ensuite avec l'Égypte. On pourrait sauver le reste de l'armée française, la ramener en Europe, à moins que la victoire n'y soit assez décisive et consolidée pour tranquilliser sur l'avenir de cette contrée. Dans le cas où l'on adopterait mon idée, l'amiral Bruix me paraissait le seul marin capable de conduire cette entreprise hardie. Le Directoire se réserve de méditer ce plan aussitôt les premières dépêches d'Égypte arrivées [1] ». Rien de moins probant, en faveur de Barras, que la lecture de ce passage ; on y sent l'homme attentif à com-

---

1. *Mémoires de Barras*, t. III, 1, p. 284.

poser son personnage, et à se ménager par une habile exposition des faits les éloges de la postérité. Ce qui est certain, c'est qu'il n'y est nulle part question de la grande campagne maritime qui devait avoir lieu au printemps suivant, avant le 13 décembre, date où le courrier Thibaut apporta à Paris les dépêche de Bonaparte, et qu'aussitôt après, la question d'utiliser le forces navales de Brest pour rouvrir les communications avec l'Égypte fut discutée dans le Directoire. C'est ainsi que, sur la feuille de travail présentée par le ministre de la Marine à la séance du Directoire du 15 décembre, on lit ces mots : « Rapport sur les moyens de rétablir nos communications avec l'Égypte », et cette observation : « Je remettrai ce rapport sous les yeux du Directoire [1] ». Quatre jours plus tard, à la séance du 19 décembre, le ministre de la Marine faisait un rapport sur l'armée navale de l'Océan et présentait sur cet « objet important » le projet d'arrêté suivant qui fut adopté :

« Le Directoire exécutif, ouï le rapport du ministre de la Marine et des Colonies,

« Arrête :

« Art. 1 — L'armée navale de l'Océan sera équipée, approvisionnée et mise en état de prendre la mer, dans le plus bref délai possible.

« Art. 2. — Pour accélérer le rassemblement des matières nécessaires à cet armement et activer la levée des marins destinés à compléter les équipages de l'armée, le ministre de la Marine enverra à Brest et dans les divers ports de l'Océan et de la Méditerranée, un ordonnateur de la marine capable de remplir cette mission importante.

« Art. 3. — Cet ordonnateur recevra du ministre de la Marine des instructions et des pouvoirs suffisants pour que sa mission ne puisse rencontrer aucune entrave, et qu'au contraire les autorités civiles et militaires lui fournissent tous les moyens qui sont en leur pouvoir, pour en assurer le plein succès.

« Art. 4 — Le ministre de la Marine est autorisé à ordonnancer,

---

1. A. N., A. F., III, 12. Ce rapport n'a pas été retrouvé.

sur son crédit de l'an VII, les fonds nécessaires à cette opération ;
il est et demeure chargé de l'exécution du présent arrêté, qui ne
sera pas imprimé. »

Si cet arrêté, pour des raisons faciles à comprendre, reste
muet sur le but de l'armement, il n'en marque pas moins
le véritable point de départ de l'expédition qui eut lieu l'année
suivante. Le 23 décembre, le Directoire complétait ces mesures
militaires en décidant de rassembler aux environs de Brest
6.000 hommes destinés à être embarqués sur la flotte à laquelle
il venait de rendre la vie.

CHAPITRE II

La préparation militaire et diplomatique

L'homme à qui allait incomber la tâche de préparer et de diriger
la grande campagne maritime de 1799 atteignait alors la quarantaine. Né à Saint-Domingue [1], d'une famille noble originaire
de la Gascogne, Eustache de Bruix avait eu l'heureuse fortune de
débuter comme Garde de la Marine pendant la guerre d'Amérique,
à l'époque où le comte de Grasse imprimait aux mouvements de
nos escadres une vigoureuse impulsion. Embarqué sur le vaisseau
de M. de Bougainville, il avait pris part au combat devant le Fort
Royal (29 avril 1781), à celui de la Chesapeake (5 septembre
1781), au combat de Saint-Christophe (25 janvier 1782), et assisté à la grande bataille des Saintes (9 et 12 avril 1782). La paix
faite, Bruix suivit des croisières d'instruction, commanda le
Pivert et fit l'étude hydrographique des côtes de Saint-Domingue où il retourna plus tard avec la *Sémillante*. Entre temps,
on le vit paraître dans les salons de Versailles et prendre part aux
travaux de l'Académie de Marine de Brest qui l'avait appelé à
siéger dans son sein. Bruix se trouvait en France quand la Révolution éclata. Son origine noble le fit destituer [2]. Il se retira à la
campagne en proie à une noire misère, utilisant ses connaissances

1. Le 17 juillet 1759.
2. Le 24 octobre 1793.

en chimie, écrit l'un de ses biographes [1], « pour créer une de ces productions utiles que la disette avait fait disparaître », et subvenir par son industrie aux besoins de sa famille, — composant, dit un autre biographe [2], plusieurs mémoires sur les diverses branches de l'administration de la Marine, un entre autres « sur les moyens d'approvisionner la Marine par les seules productions du territoire français ».

La disgrâce des officiers nobles ne fut pas de longue durée. Bientôt rétabli dans son grade [3], Bruix fut nommé au commandement du vaisseau l'*Éole*, puis remplit les fonctions de major général dans l'armée navale de l'amiral Villaret. Il servit ensuite en cette qualité, au port de Brest, où il se trouvait lorsque commencèrent les préparatifs de l'expédition du général Hoche en Irlande. Hoche eut vite fait de discerner la valeur de cet homme qui, à une grande vivacité de conception, joignait des talents administratifs étendus et un robuste bon sens. Les préparatifs de l'expédition n'avançaient point, paralysés par la lourde machine qu'était alors l'administration de la Marine. Bruix discerna la cause du mal et indiqua le remède : « Le plus puissant moteur manquera au mouvement de cette machine, écrivit-il à Hoche, je veux dire cette volonté opiniâtre, ce dévouement absolu..... Au lieu de cette autorité morcelée entre des mains faibles, incertaines et ayant des intérêts divers, il faudrait que toute l'autorité, débarrassée des formes administratives, fût concentrée dans les mains d'un seul homme [4]. » Aux yeux de Bruix, Hoche devait être ce puissant moteur, et il travailla de toute son âme à le seconder. Nommé chef de division le 7 novembre 1796, il embarqua en qualité de major général de l'armée navale, avec l'amiral Morard de Galles, sur la frégate qui portait Hoche en Irlande. Après avoir reconnu les qualités de l'organisateur, le général en chef put apprécier celles du marin. Rendant compte plus tard au

---

1. *Archives de la Marine*, Notice nécrologique du capitaine de vaisseau Moras.
2. *Notice sur Eustache Bruix*, par Mazères, son secrétaire intime, Paris, an XIII.
3. Le 11 juin 1794.
4. Desbrière, *Projets et tentatives de débarquement aux Iles Britanniques*, I, p. 139.

Directoire de l'insuccès de l'expédition, Hoche s'écriait : « A la mollesse du faux patriote, on peut attribuer la faillite de l'expédition : plût à Dieu qu'elle eût été confiée au brave et intelligent Bruix! Lui seul en eût assuré l'entier succès. »

Une si haute recommandation valut à Bruix le grade de contre-amiral (20 mai 1797), et l'année suivante, bien que son puissant protecteur eût disparu, le Directoire, éclairé par lui sur les talents de l'amiral, l'appela au ministère de la Marine (28 avril 1798). Réagissant contre la politique navale de l'époque, Bruix plaçait la force maritime de la France dans ses escadres de haute mer. « Donnons au temps ce que le temps réclame, écrivait-il, différons de vaincre ; veuillez la marine et la marine sera ;..... c'est avec des vaisseaux qu'il faut lutter contre l'Anglais..... ; cessons de compromettre les hommes et les choses en poursuivant cette fabrication ruineuse d'une fourmilière de vains bateaux. Rapetisser et prodiguer ainsi nos précieuses ressources, c'est changer l'or naval en une monnaie de billon que l'Anglais peut se flatter d'accaparer à vil prix [1]. »

L'homme en qui se révélaient ces précieuses qualités de chef avait conservé un air de distinction et d'élégance propre à l'ancien régime. Un nez long et aquilin, un front haut et découvert, encadré de longs cheveux soyeux partagés par une raie au milieu du front, une bouche bien dessinée, un menton ferme, de grands yeux surmontés de sourcils bien arqués, lui composaient un visage régulier, qu'animait une expression vive, aimable, spirituelle, parfois rêveuse. Au moral, l'homme était bon, confiant généreux, à la fois ferme et doux. Sa dignité s'accompagnait d'un ton affectueux, sa politesse était ornée de la grâce la plus excessive. Estimait-il une personne, sa confiance tournait en vives effusions : il avait le don de s'attacher ses collaborateurs en leur rendant leurs travaux plus chers, en tempérant par l'affection l'austérité du devoir. Et il fallut bien que cet homme eût une prise réelle sur ses semblables pour mener jusqu'à son terme la tâche qu'il s'était assignée. « La Marine française, écrit un historien, dont

1. Tramond, *Manuel d'Histoire maritime*, p. 633.

presque tous les moyens étaient concentrés dans l'unique port de Brest, était comme inexistante ; les vaisseaux sans doute ne lui manquaient pas, mais on ne pouvait trouver ni hommes, ni munitions, ni vivres, ni matériel d'armement[1] ». Rendre la vie à cette marine, quelle tâche immense ! Tout autre que Bruix s'y fût brisé : lui cependant réussit.

Au moment où le Directoire décidait de secouer la torpeur qui avait envahi nos forces navales de l'Océan, un incident heureux survint qui jeta quelque lustre sur la Marine. La corvette la *Bayonnaise,* commandée par le lieutenant de vaisseau Edmond Richer, rentrait de Cayenne quand elle fut attaquée, à l'atterrage des côtes de France, par la frégate anglaise l'*Ambuscade,* qui portait en batterie 26 canons de 16, 8 de 8 sur les gaillards et 6 obusiers de 36. La *Bayonnaise* n'avait que 20 canons de 8. Elle soutint néanmoins bravement le choc, et, après quelques heures d'un engagement terrible à portée de mousquet, son capitaine, utilisant habilement la prépondérance numérique que lui valait la présence à son bord des troupes qu'il rapatriait, en vint à l'abordage et s'empara de la frégate anglaise. Ce beau fait d'armes valut à la Marine les honneurs du « communiqué ». Bruix en tira habilement parti : « Nos navires, écrivait-il au Directoire, commencent à rivaliser d'audace et de gloire avec les troupes républicaines[2] ».

Le 4 janvier 1799, le port de Brest reçut les instructions ministérielles, en date du 27 décembre, qui prescrivaient l'armement de 24 vaisseaux. On comptait alors en rade 14 vaisseaux et 6 frégates, auxquels se joignit bientôt le *Redoutable.* Mais la situation des effectifs était loin d'être satisfaisante. Si les frégates appartenant à l'armée, la *Cornélie,* la *Vengeance,* la *Fidèle,* la *Fraternité,* la *Précieuse* et la *Romaine,* avaient, à quelques dizaines d'hommes près, leur complet d'équipage, il ne manquait pas moins de 4.300 matelots pour compléter les équipages des vais-

---

1. Tramond, *op. cit.,* p. 653.
2. A. N., A. F., III, 206, Rapport du ministre au Directoire exécutif ,24 décembre 1789. Voir A. F. III, 13, Procès-verbal de la séance du Directoire pour les récompenses décernées à la *Bayonnaise.*

seaux sur rade [1]. Et là ne s'arrêtait point de déficit du personnel, car il fallait armer encore neuf vaisseaux qui se trouvaient dans le port. Où trouverait-on leurs équipages? L'ordonnateur Najac, qui avait pris sur lui de substituer, dans le plan d'armement envoyé à Paris, la *Révolution* et le *Redoutable* à l'*Entreprenant* et à l'*Éole*, dont les grosses réparations eussent retardé la disponibilité, déclara qu'il manquait au total 8.000 officiers mariniers et matelots. En désarmant la *Convention*, le *Dugommier*, le *Mucius*, l'*Entreprenant*, le *Berwick*, et en réduisant à 750 hommes l'équipage des vaisseaux de 80 et à 600 celui des vaisseaux de 74, il ne serait plus besoin que d'environ 6.000 hommes. « Quant aux munitions navales, ajoutait l'ordonnateur, il en est plusieurs dont la disette absolue sera la cause d'un retard inévitable, si des mesures décisives ne sont incessamment prises pour en approvisionner le port : tels sont les chanvres, les brais, les petites mâtures, les planches de sapin. Les chanvres surtout sont l'article essentiel dont nos magasins sont depuis longtemps dénués : 15.000 quintaux de cette matière couvriraient à peine nos immenses besoins en câbles, grelins et manœuvres courantes[2] ».

1. État envoyé de Brest le 19 janvier 1799, par l'amiral Renaudin (qui avait remplacé le vice-amiral Lelarge à la tête des forces navales).

VAISSEAUX EN RADE.	CANONS.	EFFECTIF (officiers compris).	EFFECTIF complet.	MANQUE au complet.
Océan	118	654	1130	476
Républicain..................	110	595	1070	475
Indomptable.................	80	464	866	402
Formidable..................	80	487	866	379
Cisalpin....................	74	394	706	312
Dix-Août....................	74	444	706	262
J.-J.-Rousseau..............	74	505	706	201
Mont-Blanc..................	74	514	706	192
Batave......................	74	554	706	152
Constitution	74	533	706	173
Redoutable..................	74	367	706	339
Duquesne....................	74	424	706	282
Zélé........................	74	420	706	286
Wattignies..................	74	544	706	162
Gaulois.....................	74	479	706	227
TOTAL.............	....	7378	11698	4320

2. A. N., Marine, BB, 3, 153, Najac à Bruix, 4 janvier 1799.

On se mit néanmoins à l'œuvre avec ardeur. En rade les navires commencèrent à visiter leur gréement ; certains changèrent leurs bas-haubans ; d'autres furent calfatés, « ce qu'on n'avait pu faire jusqu'ici par le manque absolu de brai dans les magasins ». Dans l'arsenal on concentra en premier lieu les efforts sur l'*Invincible*, le *Jean-Bart*, le *Tourville* et le *Jemmapes*, puis, successivement, sur la *Révolution*, le *Terrible*, le *Fougueux*, le *Censeur* et le *Tyrannicide*. La *Convention* décapela ses bas-haubans pour les donner au *Cisalpin* et ceux du *Berwick* passèrent au *Censeur* Il fallut changer le mât de misaine de la *Révolution* pourri sous le capelage, tandis que les autres vaisseaux guindaient successivement leurs mâts de hune et de perroquet, croisaient leurs vergues et travaillaient à faire leur second plan. Dès le 10 janvier, le *Tourville*, le *Jemmapes* et le *Jean-Bart* eussent été mis en rade, si on avait pu les fournir de câbles et de manœuvres courantes ainsi que de marins pour leur constituer un noyau d'équipage[1].

Au Ministre incombait la tâche de faire passer à Brest les approvisionnements navals de toute espèce dont l'arsenal avait un besoin urgent. Or, dans la Manche, les croisières anglaises faisaient si bonne garde qu'il était devenu quasi impossible d'acheminer quoi que ce fût par la voie de mer. Par contre, dans le golfe de Gascogne, d'importants convois partis de Nantes, de Rochefort, de Bordeaux, arrivaient à se glisser dans Brest, en rasant les côtes. Le 30 décembre, trente bâtiments de toute taille arrivaient sur rade, chargés de bois de construction et de chanvre, sous l'escorte de trois corvettes et de deux cutters. Quelques jours plus tard, c'était le tour de soixante autres voiles, que le mauvais temps avait retenues à Audierne, et dont la frégate la *Précieuse* facilita l'entrée. Le 6 février, un convoi de dix-sept voiles, venu de Lorient, sous l'escorte de la frégate la *Créole* et deux corvettes, apportait des bois de construction, du vin et de l'eau-de-vie... Nouveau convoi le 25 février, venant de la Garonne, chargé de vin. Les frégates de l'armée étaient constamment en appareillage, prêtes à se porter au-devant des convois pour aider à leur entrée, et une

1. A. N., Marine BB, 3, 153, *Lettres du commandant des armes au Ministre* 8 janvier, 10 janvier, 12 janvier, 14 janvier, 16 janvier, 24 janvier.

division formée des trois vaisseaux, le *Wattignies,* le *Mont-Blanc* et le *Zélé,* placée sous les ordres du citoyen Redon, se tenait parée à les soutenir. Le 1ᵉʳ mars, les frégates la *Cornélie* et la *Fraternité* appareillèrent pour se porter à la rencontre d'un convoi de quatre-vingt-dix voiles, provenant de Rochefort et de Bordeaux. Le convoi entra à Brest dans la nuit du 1ᵉʳ au 2, n'ayant perdu que huit bricks capturés par les frégates anglaises.

Les routes maritimes de la Manche étant fermées, Bruix se vit contraint d'organiser par voie de terre, le transport à Brest, de toutes les munitions navales rassemblées dans les ports du Nord. Il donna l'ordre de dégréer les frégates qui se trouvaient à Dunkerque et destina leurs agrès à l'armée navale. Bientôt l'on vit les routes de la Bretagne se couvrir de chariots qui, en dépit de l'hiver exceptionnellement rigoureux, portaient à Brest les vivres, les câbles, les toiles nécessaires à l'équipement de l'armée. « Des chariots arrivent en grands convois, chaque jour, de différents côtés, mande un informateur, à la date du 26 février, chargés de cordages et d'approvisionnements réquisitionnés pour la Marine. Les bureaux déclarent en attendre dix-huit cents, avec tout ce qu'il faut pour compléter l'armement de l'escadre... » — « De grands convois de cordages, filins et provisions arrivent chaque jour par terre », confirme-t-il le 18 mars. Douze cents chariots et attelages réquisitionnés assuraient le roulage entre Laval et Brest.

La question des matelots ne le cédait ni en urgence, ni en importance, à celle des munitions navales. Chaque jour il arrivait à Brest des petits groupes d'hommes amenés de l'intérieur sous escorte. Au Havre, on désarma les frégates et les corvettes que la vigilance de l'escadre anglaise tenait bloquées depuis un très long temps, et ce furent près de quinze cents matelots qui devinrent disponibles et qui se mirent en route pour Brest, par voie de terre. Les corsaires, qui ne cessaient de pulluler sur la côte de Bretagne, se virent désormais refuser l'autorisation d'embarquer d'autre personnel que des invalides et des novices. On retira tous les marins des petits bâtiments de flottille rassemblés à Dunkerque, et on les dirigea vers Brest sous une escorte de force armée. Pour compléter ces mesures, Bruix chargea le citoyen Bourdon de se rendre à Dieppe, et, en suivant la côte depuis ce port jusqu'à Brest, de lever tous les officiers mariniers, matelots et novices qui ne seraient pas absolument nécessaires au service des vaisseaux, des transports et des arsenaux de la République. Il prélèverait également sur les bâtiments gardes-côtes et stationnaires, sur les canonnières et sur les bâtiments, chaloupes et canots à l'usage du service intérieur des ports, tous les marins sains et vigoureux qu'il y trouverait. Enfin, il avait pleins pouvoirs pour prendre à bord des corsaires les hommes qu'il jugerait propres au service de l'armée navale. Tous ces matelots, rassemblés par groupes de 30, 40 et 50, seraient expédiés à Brest sous une escorte de force armée [1].

Les mesures prises par le Ministre donnèrent quelques résultats. Si le nombre des matelots restait encore cruellement au-dessous des besoins, celui des officiers mariniers, par contre, se trouva plus que suffisant pour compléter les cadres de l'armée navale. Bruix fit alors décider par le Directoire que tous les officiers mariniers qui avaient été levés seraient néanmoins embarqués et qu'ils remplaceraient numériquement des matelots de première classe, dont ils feraient le service, mais qu'ils continueraient à jouir de la totalité de la solde et des parts de prises attribuées à leur grade [2].

En dépit des retards inévitables dans une si vaste entreprise, l'armement de Brest se poursuivait activement. Le *Jean-Bart* avait été mis en rade à la fin de janvier; le *Jemmapes* et le *Tourville* le furent le 27 février. A cette date, Bruix proposa au Directoire de nommer le contre-amiral Delmotte au commandement provisoire des forces navales stationnées en rade de Brest; Delmotte hissa son pavillon sur l'*Océan*. Le contre-amiral Bedout reçut le commandement de la Ire division, avec pavillon sur le *Républicain*, le contre-amiral Courant celui de la 2e division, avec pavillon sur le *Terrible*. Le chef de division Linois assuma les fonctions de chef d'état-major de l'armée. Le même jour, 27 février, le Directoire nomma à tous les commandements, déclarant que son intention était que « tous les capitaines et officiers de l'état-major restent constamment à bord des vaisseaux; que les équipages

1. A. N., Marine, BB, 3, 134, Instructions du 22 février 1799.
2. A. N., Marine, BB, 4, 131.

soient exercés à la manœuvre et à l'artillerie; que la discipline la plus exacte soit établie dans toute l'armée navale, et qu'enfin le service se fasse en rade avec la plus grande régularité [1] ». Les vaisseaux continuaient à quitter le port pour la rade : la *Révolution*, le 1er mars, le *Terrible* le 9, le *Fougueux* le 16, l'*Invincible* le 17, le *Censeur* et le *Tyrannicide* le 18 ou le 19 mars. A cette date, l'ordonnateur Najac put écrire au ministre, avec une légitime fierté, que les 24 vaisseaux qui composaient l'armée navale étaient en rade, ainsi que les dix frégates, chaque bâtiment pourvu de quatre mois de vivres, et ayant ses câbles à bord. La corderie de Brest demeurait en pleine activité pour fabriquer des manœuvres courantes et dormantes dont la quantité manquante était encore considérable. Depuis le début de l'armement, cette corderie n'avait pas fait moins de 1.287 milliers de cordages, dont 55 câbles et 27 grelins. En tonnellerie et voilerie, les besoins de l'armée étaient satisfaits : seules les embarcations n'étaient pas encore au point; pour en doter tous les navires, il n'y en avait pas moins de 70 sur le chantier [2].

* *
*

Tandis qu'il poussait activement les préparatifs militaires, Bruix agissait par la voie diplomatique afin d'obtenir l'aide des alliés de la France : la Hollande et l'Espagne. Les Bataves, à la vérité, lui inspiraient peu de confiance. « Bruix rappelait, dans le conseil, les empêchements qu'ils avaient suscités sans relâche contre le partage du port de Flessingue, promis cependant par un traité de l'an III, et citait vingt autres preuves de leur mauvaise volonté. Il allait jusqu'à craindre des intelligences anglaises dans l'île de Walcheren [3]. » On ne pouvait, dans ces conditions, compter sur la loyauté de la flotte batave, ni songer à réunir ses forces aux nôtres. Mais les vaisseaux du Texel pouvaient fort bien, en faisant

1. A. N., A.F., III, 13, Procès-verbal de la séance du Directoire du 15 février 1799,
2. A. N., Marine, B B, 153.
3. Boulay de la Meurthe, *op. cit.*, p. 77.

preuve d'activité, retenir l'attention de l'ennemi, l'obliger à maintenir une escadre de force à peu près égale devant ce port et diminuer ainsi d'autant la pression qu'il exerçait devant Brest. « Il est nécessaire, écrivait Bruix, que la rade du Texel n'offre pas le vain spectacle de quelques vaisseaux mal armés. Il faut que les Anglais soient intimidés par quelques dispositions ou par l'apparence d'une tentative sur l'Écosse ou sur l'Irlande, et conséquemment que l'on suppose une expédition importante et secrète. Il faudrait aussi faire avancer une partie des troupes françaises dans les environs des ports, non seulement pour donner la croyance à l'idée d'un débarquement, mais aussi pour défendre le territoire de la Hollande s'il était nécessaire [1]. »

Si Bruix, comme on le voit, ne comptait sur les Bataves que pour faire diversion, il attendait, au contraire, de l'Espagne, un concours effectif. La flotte espagnole comptait, outre les vaisseaux du Ferrol et de Carthagène, 28 vaisseaux réunis à Cadix (dont 18 en état de prendre la mer, les dix autres désarmés à la Carraque par suite de la pénurie de matelots). Cette flotte, à la vérité, ne faisait pas grande figure. « Jamais la marine espagnole, écrit de Cadix un témoin oculaire, n'a été aussi stagnante, et il faudra des motifs bien puissants et des ordres bien énergiques et bien précis pour lui donner l'activité nécessaire à pouvoir rendre quelque service. Il faut être sur les lieux pour pouvoir juger de l'état pitoyable dans lequel elle est dans ce moment : rien dans les arsenaux, disette de matelots, insouciance et paresse de la part des officiers, voilà le tableau fidèle de la marine de S. M. Catholique en ce port [2]. » Si l'on est tenté de récuser ces appréciations d'un homme qui n'est pas de la partie, qu'on lise ce jugement sommaire de Lord Saint-Vincent : « Les marins espagnols ne sont ni vêtus, ni nourris, ni payés et leurs navires ressemblent plus à de mauvaises prisons et à des asiles de pestiférés qu'à des engins d'attaque ou de défense [3] ». Ignorance et désordre dans

1. A. N., A.F., III, 210, Rapport du Ministre de la Marine au Directoire exécutif, 1er février 1799.
2. A. E., Espagne 654, Bulletin de Roquesante, consul à Cadix, 15 janvier 1799.
3. Jervis papers, B. M., Add. Mss. 31166, St-Vincent à Keith, 10 mars 1799.

toutes les branches de l'administration, dénuement, dépérissement
de la marine, défaut d'énergie du Gouvernement espagnol, telles
sont les expressions qui reviennent le plus souvent sous la plume
de l'ambassadeur Guillemardet. Un décret royal du 15 décembre
venait tout justement d'enlever au ministre de la Marine les
dépenses ordinaires et extraordinaires pour en charger, à partir du
1er janvier, son collègue des Finances. Désormais le ministre de la
Marine n'aurait plus à s'occuper que de la partie militaire de son
département [1]. Mais comment armer la flotte, comment la faire
mouvoir, si chaque dépense doit faire l'objet d'une négociation
préalable avec un autre ministère?

C'est cependant de cet allié que la nécessité obligeait à tirer
parti. Dès le 24 décembre, Talleyrand s'était empressé de rappeler
l'attention de Guillemardet sur les armements maritimes : « Vous
êtes chargé de déclarer à la cour de Madrid, lui mandait-il, que le
Directoire exécutif persiste toujours dans ses premiers projets relatifs à l'Angleterre, et qu'il attend de l'alliée de la République un secours proportionné aux avantages réels qui doivent en résulter pour
les deux États ». La réunion des deux flottes pourrait se faire à
Cadix, et le Directoire fera connaître plus tard au Gouvernement
espagnol le moment le plus propre d'agir. « En attendant, poursuivait Talleyrand, il est essentiel que tout demeure enseveli dans
le plus profond secret, et si la cour de Madrid se plaignait encore
de n'être point assez informée, il vous sera facile de la rassurer
sur tout, puisque le Gouvernement français ne fait rien qui ne soit
conforme aux intérêts de l'Espagne [2] ».

Cette dépêche marque le début d'une négociation longue et épi-
neuse entre Paris et Madrid. Sachant la répugnance de la cour de
Madrid à tenter une action en Méditerranée, le Directoire, qui
compte y diriger toutes ses forces, se tait sur son véritable projet;
il veut, il exige de son alliée la confiance dans la nuit. Que la cour
d'Espagne complète les équipages et les vivres de l'armée navale
enfermée dans Cadix, qu'elle la tienne prête à sortir et à com-

____

1. A. E., Espagne, 654, Lettre de Butzow, chargé d'affaires de Russie, au tzar,
24 décembre 1798.

2. A. E., Espagne, 654, Talleyrand à Guillemardet, 24 décembre 1798.

battre l'amiral Jervis si les circonstances l'exigent; qu'elle fasse entre temps passer à Toulon les vaisseaux de Carthagène; que ceux du Ferrol, pourvus de quatre mois de vivres et de tous les rechanges nécessaires à une campagne de long cours, rallient un port français [1], voilà ce que le Directoire attend de son alliée. D'Azara, ambassadeur d'Espagne à Paris, saisi de ces demandes, s'en étonne : « Les vaisseaux du Ferrol étaient destinés à l'expédition d'Irlande, déclare-t-il, le projet paraît changé. Une franche communication du projet médité ne compromettrait en rien le secret et donnerait la confiance aux Espagnols. Vous savez à combien de plaintes injustes a donné lieu le mystère qu'on nous fit de l'expédition d'Égypte [2] ».

Mais Talleyrand reste sourd à l'invite : « Le Directoire exécutif, réplique-t-il, n'a jamais entrepris que des opérations utiles aux deux pays..... On ne peut tout dire sur les opérations : le secret est nécessaire; il y a tant de gens intéressés à trahir[3] ! » Puis, avec d'infinies précautions, et sans découvrir le but de l'expédition, Talleyrand montre l'intérêt qu'a l'Espagne à ne pas demeurer spectatrice oisive de ce qui se passe en Méditerranée. Les vaisseaux espagnols qui viendraient à Toulon, joints à ceux de la République, pourraient croiser le long des deux rivières de la Ligurie et stationner dans le golfe de la Spezzia. Les Anglais ont occupé Livourne et Minorque; les communications politiques et commerciales de l'Espagne se trouvent interrompues avec l'Italie. Si l'on empêche les Anglais de se mettre en possession d'une des grandes îles de la Méditerranée, il est probable qu'ils ne pourront se maintenir à Minorque, mais le gouvernement Espagnol se flatte-t-il d'éloigner les flottes britanniques des côtes de la Méditerranée qui bordent les possessions espagnoles si les forces des deux puissances alliées ne sont pas réunies [4] ?

Si ces raisons très enveloppées ne satisfirent par M. d'Azara, elles eurent par contre le don de plaire à Bruix. « J'ai remarqué,

1. A. E., Espagne, 654, Bruix à Talleyrand, 11 janvier 1799; Talleyrand à Guillemardet, 13 janvier 1799; Talleyrand à d'Azara, 14 janvier 1799.
2. A. E., Espagne, 654, d'Azara à Talleyrand, 15 janvier 1799.
3. A. E., Espagne, 654, Talleyrand à d'Azara, 17 janvier 1799.
4. A. E., Espagne, 654, Talleyrand à d'Azara, 17 janvier 1799.

écrit-il à Talleyrand, que dans votre réponse à l'ambassadeur d'Espagne, vous vous étiez appliqué à ne développer que les motifs qui doivent déterminer la cour de Madrid à réaliser promptement ses offres, et que vous aviez évité toute explication sur la destination des bâtiments ; que même vous aviez tâché d'empêcher de nouvelles questions à cet égard, en ne dissimulant pas les observations qui portent notre gouvernement à une extrême discrétion. J'ai lieu de croire que l'habileté de vos démarches amènera la cour de Madrid à satisfaire le Directoire[1]. » Que les vaisseaux du Ferrol, annoncés comme partis pour les Canaries, reçoivent en cours de route l'ordre d'effectuer leur retour dans l'un des ports de Brest ou de Rochefort, que les vaisseaux de Carthagène nous soient immédiatement livrés, telles sont les exigences du Directoire. Talleyrand écrit à Guillemardet une dépêche pressante : un refus donnerait au Directoire exécutif « les plus justes motifs d'être alarmé sur les véritables intentions de la cour de Madrid » qui doit enfin sortir de son « état d'inertie et d'avilissement[2] ».

Sous la pression, le ministère espagnol cède ; mais s'il consent, en principe, aux demandes qui lui sont faites, il se réserve de susciter des difficultés dans l'application. Les vaisseaux du Ferrol, déclare-t-il, iront directement soit en Irlande, soit à Brest ; mais, dans la première supposition, « dans quelle baie et avec quelles intelligences le débarquement doit-il s'effectuer, et dans la seconde quand sera-t-on prêt à Brest pour la réunion ? Nous attendons ces éclaircissements. » Quant aux vaisseaux de Carthagène, ils seraient bientôt prêts si l'on pouvait trouver des matelots pour les armer ; la France offre bien les siens, mais ils ne sont pas nombreux ; ne serait-il pas préférable, dans ces conditions, que « le gouvernement de la République obligeât à revenir sur nos escadres les matelots espagnols qui ont pris parti sur des corsaires français ? » D'ailleurs ne vaudrait-il pas mieux concentrer les efforts sur Cadix, car « que feraient un ou plusieurs vaisseaux isolés à Carthagène ? » A Cadix,

---

1. A. E., Espagne, 655, Bruix à Talleyrand, 28 janvier 1799.
2. A. E., Espagne, 655, Talleyrand à Guillemardet, 30 janvier 1799 ; Talleyrand à d'Azara, 5 février 1799.

les mesures relatives à l'armement de la flotte et à la réunion des matelots sont en pleine activité. « Ces faits, mande le premier ministre espagnol à Guillemardet, suffisent pour vous convaincre des efforts que l'on a faits et que l'on continue pour mettre la flotte de Cadix dans un état tel que, soit de concert avec les vaisseaux de la République, soit séparément, mais d'après des plans convenus et adoptés d'un commun accord, on puisse employer cette flotte à une expédition utile, et qui promette un heureux résultat, en portant le coup là où on l'aura jugé convenable, et en évitant des batailles navales, qui ne font que répandre du sang et détruire des vaisseaux inutilement, qui obligent à rentrer dans les ports pour se réparer et y rester dans l'inaction, et quelquefois même sous le blocus, tandis que nous avons à combattre une nation dont toutes les forces consistent uniquement dans une flotte formidable, et dont il faut balancer les moyens par la sagacité et le discernement qui doit la frapper dans les endroits les plus sensibles[1] ».

Cette lettre excita l'indignation de Guillemardet. Le ton lui en parut « indécent » et il répliqua vivement à Urquijo que pour armer la flotte de Cadix, il suffisait que l'Espagne fît revenir les marins espagnols qui servaient à bord des navires ennemis. Les réponses du ministre n'étant pas satisfaisantes, l'ambassadeur s'échauffe; il réclame d'un ton impérieux le départ des vaisseaux du Ferrol et de Carthagène : il exige une réponse catégorique. Les rapports de Guillemardet et du gouvernement espagnol se tendent de plus en plus; il écrit au Roi et à la Reine pour demander l'éloignement, du ministère et même d'Espagne, de M. de Urquijo, qui excite la méfiance du gouvernement français, et voici que le jour même, en guise de réponse, il apprend la retraite définitive de M. de Saavedra et son remplacement par le chevalier d'Urquijo, qui n'avait jusqu'alors assuré que l'intérim de premier ministre[2]. Le roi d'Espagne, outré de cette démarche, s'adresse à son tour au Directoire pour se plaindre de l'ambassadeur : « Le citoyen Guillemardet n'est point du tout l'homme qui nous convient pour entre-

<hr>

1. A. E., Espagne, 655, Urquijo à Guillemardet, 15 février 1799.
2. A. E. Espagne, 655, Guillemardet au Roi, 21 février 1799.

tenir et augmenter nos relations, parce qu'il ne connaît pas mes véritables sentiments... [1] ».

« Guillemardet, écrit Barras, aussi mauvais diplomate qu'ignorant médecin, commet de singulières gaucheries dans ce poste où il suffirait d'avoir quelque tenue..... il a fait toutes les inconvenances qui nuisent dans les relations nécessaires d'ambassadeur à gouvernement [2]. » Ses picoteries avec Urquijo ont dégénéré en « dissertations et récriminations odieuses qui blessent l'amour-propre et peut-être l'honneur [3] ». Le Directoire, néanmoins, le conserve à son poste, mais comme il faut enfin qu'on sache à quoi s'en tenir et dans quel état se trouve cette flotte de Cadix sur laquelle le gouvernement espagnol et Guillemardet envoient des renseignements contradictoires [4], le Directoire, sur la proposition de Bruix, décide l'envoi à Cadix d'un officier général de la Marine, « capable de recueillir et de transmettre les notions exactes sur la situation ainsi que sur les progrès de l'armement de Cadix ». Le ministre fait choix de l'amiral Lacrosse; il lui enjoint de se mettre en route sans perdre un moment. Les forces navales qui restent aux Espagnols, lui explique-t-il, peuvent rendre encore de très grands services. « Mais pour juger sainement du parti qu'il est possible d'en tirer, et surtout pour être fixé sur l'époque précise où les deux marines pourront simultanément agir, il est indispensable d'établir un ordre de choses qui obvie aux lenteurs et aux incertitudes de la correspondance diplomatique de nos alliés. » Lacrosse devra donc se rendre compte du nombre et de la force des vaisseaux en rade, de leur situation en équipages, en objets d'armement et d'équipement et en vivres, de l'état des vaisseaux

1. A. E., Espagne, 656. Le Roi d'Espagne au Directoire exécutif, 22 février 1799.
2. Mémoires de Barras, p. 319 et 320.
3. A. E. Espagne, 665, d'Azara à Talleyrand 1er mars, 1799.
4. Voir le rapport de Roquesante, consul à Cadix en date du 3 mars 1799 (A. E. Carton Cadix, an VII). « La Marine espagnole dans cette baie est telle qu'elle était il y a six mois quant au nombre de ses vaisseaux de guerre, mais dans le nombre il n'y en a que treize d'armés et les autres sont des corps sans âmes... Il n'est pas arrivé au bureau des classes de la Marine de ce département dix matelots depuis six mois : la raison en est simple, c'est que l'on n'a tenu aucun des engagements que l'on avait contractés... Les arsenaux sont dépourvus de tout, ce qui fait que les mouvements du port sont nuls et tous les travaux paralysés..... »

désarmés, des ressources des magasins, etc... Mais il ne devra pas borner ses investigations au matériel de l'armée; il cherchera à savoir quel est l'esprit, quels sont les talents des officiers qui la commandent; il devra s'informer des dispositions .que les équipages manifestent. « Vous verrez si les intentions du Gouvernement ne sont pas éludées par l'apathie ou la malveillance des individus; vous ne négligerez rien pour connaître les causes du mal et pour en indiquer le remède[1]. » En guise d'introduction, Bruix rappelle au général Mazarredo que Lacrosse était employé dans l'armée combinée de 1779 et qu'il a partagé avec tous les officiers de la Marine française les sentiments d'estime dont ils étaient pénétrés pour ses talents et son habileté.

Tandis qu'il expédiait son lieutenant à Cadix, Bruix adressait à Talleyrand une lettre, faite pour être montrée, dans laquelle, persistant dans son système, il continuait d'égarer la cour de Madrid sur le véritable but de l'expédition. Le gouvernement espagnol se plaignait de ne rien connaître des projets de son alliée, Bruix allait l'éclairer. Paraissant offrir loyalement ses moyens, l'Espagne désirait connaître précisément de quelle manière et dans quels lieux son intervention peut être utile à la cause commune : il n'était que juste de lui donner satisfaction.

« Le Directoire exécutif, écrit Bruix, n'a point abandonné ses projets sur l'Irlande; nous y conservons des intelligences et de nombreux amis. Affranchir cette île du joug des Anglais serait le coup le plus funeste qu'on pût leur porter, et quoique nos tentatives aient jusqu'à ce jour été vaines, il n'en faut pas moins chercher à lasser le malheur par la persévérance et suivre imperturbablement un plan susceptible de produire de si grands effets.

« Le gouvernement batave sera initié à cette détermination ainsi que celui d'Espagne et le territoire de la Grande-Bretagne peut être en même temps menacé vers trois points différents. Les développements de ce plan dépendant de quelques renseignements précieux encore attendus seront successivement communiqués à nos alliés. Ce qui importe maintenant, ce qui ne saurait souffrir le

____

1. A. N, Marine, BB, 4, 133, Instructions au contre-amiral Lacrosse, 25 février 1799.

moindre délai, c'est que l'Espagne et la Hollande arment toutes leurs forces navales, rassemblent tous leurs hommes de mer et que, par des dispositions efficaces, par une attitude vraiment hostile, elles se mettent en mesure de coopérer à la grande entreprise de l'affranchissement de l'Irlande.

« Le Directoire exécutif attend du gouvernement espagnol de grands efforts pour armer sans délai 20 vaisseaux de ligne à Cadix et les tenir prêts à recevoir 6.000 hommes de troupes..... Il est bien désirable que les 4 vaisseaux de guerre espagnols qu'on attend au Ferrol puissent se rendre promptement à Rochefort, ainsi que le demande le Directoire. Ces vaisseaux attendraient de nouveaux ordres avec sécurité sur la rade de l'île d'Aix, où il serait d'ailleurs pourvu à leurs besoins.

« Quant aux vaisseaux de Carthagène, indépendamment des idées que l'on communiquera ultérieurement à l'Espagne sur leur emploi, il est bien essentiel que ces vaisseaux contribuent dès ce moment à exciter chez l'ennemi de nouvelles sollicitudes et qu'ils soient mis conséquemment en état de l'occuper, s'il veut les combattre, et de lui nuire s'il les néglige[1]... »

Cette lettre, toute de tromperie, n'était pas de nature à nous attirer une coopération beaucoup plus cordiale de l'Espagne si, par un revirement assez inattendu, le chevalier d'Urquijo, désireux de se concilier les bonnes grâces du Directoire[2], ne s'était tout à coup montré enclin à seconder nos desseins. Les vaisseaux du Ferrol[3] partiraient pour Brest ; à Carthagène[4], on admettrait les matelots français au même titre que les espagnols à bord des vaisseaux la *Reyna Luisa* et le *San Julian* qui seraient prêts dans un mois environ ; on ne négligerait aucun moyen pour accélérer l'armement de Cadix : d'Azara, chargé désormais de traiter toutes ces questions directement avec le

---

1. A. E. Espagne, 655. Bruix à Talleyrand, 22 février 1799.

2. Le Directoire demandait son remplacement par M. d'Azara.

3. Les vaisseaux présents au Ferrol étaient : le *Roi Charles*, le *San Ermenegildo* de 112, le *San Ferdinand* de 80, l'*Argonaute* de 84, le *San Augustin*, le *Monarque* et le *Sérieux* de 74, le *San Pedro de Alcantara* et le *San Felix* de 64.

4. Les vaisseaux présents à Carthagène étaient : la *Reyna Maria Luisa* de 112, le *San Carlos* de 96, l'*El Guerrero* de 74, le *San Julian* de 60.

Directoire exécutif en donnait l'assurance[1]. Il était temps; près de trois mois s'étaient écoulés en stériles discussions, pendant lesquels la situation s'était considérablement aggravée. L'orage qui n'avait cessé de grossir sur le continent se déchaînait maintenant dans toute sa violence.

*
* *

Naples, d'où était parti le signal de la guerre, avait été châtiée, son armée détruite. Le roi Ferdinand, la reine Marie-Caroline, fugitifs, s'étaient embarqués pour Palerme. Championnet avait occupé leur capitale et établi la République parthénopéenne. Maître des Calabres, le Directoire s'était flatté de pourvoir aisément au ravitaillement de Corfou, de Malte et de l'Égypte et il avait aussitôt dirigé l'amiral Pléville le Pelley sur Naples, dans l'espoir de mettre à profit les ressources de ses arsenaux et de ses magasins, et de rouvrir les communications avec l'Égypte[2]. Vain espoir! en se retirant, Nelson avait tout détruit. Ainsi il devenait impossible de réparer l'échec de l'expédition de secours partie d'Ancône sous les ordres du citoyen Allemand[3]; impossible également de remédier aux conséquences, désastreuses pour le ravitaillement de Malte, de l'entrée en guerre des Puissances Barbaresques[4]. Le 10 mars, le Directoire apprit du citoyen Po-

1. A. E. Espagne. 655. Urquijo à Guillemardet, 21, 23 février; d'Azara à Talleyrand, 1er mars 1799.

2. A. N. Marine, BB., 137. Bruix à Pléville le Pelley, 6 janvier, 21 janvier, 6 février 1799.

3. A. F., III, 210. Rapport du ministre de la Marine au Directoire, 28 janvier 1799. Cf. Boulay de la Meurthe, *op. cit.*, p. 48, note 2 : « L'expédition comprenait trois vaisseaux vénitiens. Le *Laharpe* reçut deux bataillons (environ 1.500 hommes) pour Malte; le *Stengel* et le *Bérand* embarquèrent une demi-brigade (environ 2.000 hommes) pour Corfou. Ces bâtiments mirent à la voile le 7 décembre ; mais ils faisaient eau de toutes parts, les équipages et les capitaines étaient au-dessous de leur tâche. Après un mois d'une navigation inutile, l'expédition, rentra à Ancône. »

4. Voir A. E., Espagne, 7654. Lettre de Manuel de las Heras, Commissaire du Gouvernement espagnol à Alger (30 décembre 1798). Plantes, *Correspondance avec les beys de Tunis*, t. III, p. 368 et suivantes : lettres de Devoize à Talleyrand, 26 nov. 1798, 4 janv. 1799. A. F., III, 13, Procès-verbaux du Directoire, 26 janvier, 15 fév. 1799.

cholle, qui avait quitté Corfou le 5 février, que la place était
à toute extrémité. Le général Chabot faisait savoir que ses vivres
ne lui permettraient pas de tenir au delà de deux mois, en ad-
mettant que les ennemis ne s'emparassent pas de la place de
vive force avant cette date. Pocholle insistait pour l'envoi de
prompts secours. « La délivrance de Corfou, disait-il, sera peut-
être le salut de l'armée d'Égypte ». Corfou prise, n'était-ce pas
aussi la mer Adriatique ouverte ·aux ennemis, les Turcs et les
Russes unissant leurs efforts à ceux de l'Autriche pour prendre
l'Italie à revers et anéantir les conquêtes de la République?

Déjà, sur terre, les armées s'étaient mises en marche, mena-
çantes. Avisé de l'avance des Russes vers l'Italie, le Directoire
avait sommé l'Autriche de leur refuser passage. Et comme l'Empereur différait sa réponse, le Directoire nommait Schérer au
commandement en chef des armées d'Italie (26 février); Macdonald remplaçait Championnet à Naples (28 février); Jourdan
était nommé général en chef des armées du Danube, d'Helvétie
et d'observation, avec Masséna et Bernadotte en sous-ordres
(2 mars); l'armée de Mayence recevait l'ordre de passer sur la
rive droite du Rhin (1er mars) : la guerre était déclarée à l'Empereur et au grand-duc de Toscane (12 mars 1799).

A cette vigoureuse offensive des armées de terre, la flotte allait
joindre sur mer son action. Le Directoire n'épargnait rien pour
presser ses préparatifs. Le 7 mars il met une nouvelle somme
de sept millions à la disposition du ministre de la Marine[1]. Le
13, il nomme Eustache Bruix au grade de vice-amiral[2], et le
lendemain, réuni en séance pour s'occuper « des moyens d'activer le développement des forces navales de la République, le
Directoire arrête que le citoyen Bruix, ministre de la Marine,
est nommé général en chef de l'armée des côtes de Brest, et qu'il

---

1. A. F., III, 13. « Le Ministre des finances présente et fait adopter deux projets
de décisions; l'une portant distribution au Ministre de la Marine de 4 millions im-
putables sur son crédit de l'exercice de l'an VII; l'autre l'autorisant à faire emploi
d'une somme de 3 millions, à prendre moitié sur les produits des domaines natio-
naux à vendre, moitié sur les contributions de l'an VII. (P.-V. de la séance du
Directoire 7 mars.)

2. A. F., III, 586.

se rendra sans délai dans les ports et sur les côtes de la Manche et de l'Océan, à l'effet d'accélérer l'armement de la flotte[1] »; l'amiral arborera son pavillon sur l'*Océan*, aussitôt que les vents et la situation de l'armée lui permettront d'appareiller.

Bruix part quelques jours après avec pleins pouvoirs sur les autorités civiles et militaires, qui devront déférer à toutes les réquisitions qu'il jugera à propos de leur adresser pour l'exécution de sa mission et pour la sûreté de sa personne[2], — et muni d'instructions, que le Directoire lui a tracées par la main même de son président Barras :

« Le citoyen Bruix, commandant en chef l'armée navale de Brest, appareillera de cette rade aussitôt que la situation de l'armée et les vents le permettront.

« Le but de sa mission est de pénétrer dans la Méditerranée et d'y détruire, ou du moins d'en chasser les forces navales ennemies qui peuvent s'y trouver.

« En conséquence, le Directoire exécutif lui enjoint d'éviter tout combat qui pourrait l'arrêter ou même le retarder dans sa marche, soit en sortant de Brest, soit en atterrant au détroit de Gibraltar.

« Si cependant l'ennemi était stationné de manière à ce que le passage du détroit fût impossible, sans être obligé de combattre en ligne, alors seulement l'amiral Bruix l'attaquera ; mais, dans ce cas, s'il le juge convenable, il est autorisé à requérir l'escadre espagnole d'appareiller à l'instant, soit pour faire une diversion, soit pour mettre l'ennemi entre deux feux, soit enfin pour ajouter les vaisseaux qui la composent à son armée, et attaquer dans l'ordre qu'il jugera le plus avantageux. L'amiral Bruix n'oubliera pas même dans le combat et quelle qu'en soit l'issue, qu'aussitôt l'entrée de la Méditerranée libre, il doit en profiter pour l'exécution de la mission qui lui est confiée : on observe encore que si les Espagnols ne mettaient pas sous voile aussitôt la réqui-

---

1. A. F., III, 13, P.-V. de la séance du Directoire exécutif 14 mars 1799. L'intérim du portefeuille de la marine fut d'abord confié au ministre de la Justice, puis à partir du 27 mars, à Talleyrand, ministre des Relations extérieures.

2. A. F., III, 13, P.-V. de la séance du Directoire, 14 mars 1799; A. F., III, 586, arrêté du Directoire, même date.

sition, l'amiral français doit de suite forcer le passage avec ses propres moyens.

« Si, par suite d'un combat inévitable, des avaries majeures forçaient le citoyen Bruix de rentrer dans un port pour s'y réparer, il ne négligerait rien pour gagner le port de Toulon de préférence à tous autres.

« Dans le cas où l'escadre française serait poursuivie par une escadre ennemie supérieure, l'amiral Bruix est autorisé de se retirer dans un port ami, mais préférablement dans celui de Toulon.

« Dans le cas contraire, où il entrerait dans la Méditerranée sans avaries et sans être poursuivi, il se porterait sur les côtes d'Italie, embarquerait trois ou quatre mille hommes de troupes, et prendrait sous son escorte les bâtiments nécessaires à l'approvisionnement de Corfou, de Malte et d'Alexandrie, ou embarquerait à bord de ses propres vaisseaux ces mêmes approvisionnements. Il se porterait d'abord sur Corfou, ensuite sur Malte et Alexandrie, où il distribuera les troupes et les munitions nécessaires à leur conservation.

« Le Directoire croit inutile de rappeler au citoyen Bruix que, dans le cours de cette opération, il ne doit négliger aucune des combinaisons qui pourraient mettre en son pouvoir les divisions ou escadres ennemies occupées du blocus de Corfou et de Malte, ou tenant des croisières sur les divers points qu'il aura à parcourir.

« L'amiral Bruix détachera une ou plusieurs frégates pour donner avis à Ancône de son arrivée à Corfou, et pour prendre dans le premier port un convoi qui y sera préparé pour le ravitaillement de l'armée navale.

« Aussitôt qu'il aura opéré à bord de ses vaisseaux le versement des vivres que lui a portés le convoi, et qu'il aura mis les places de Corfou et de Malte sur un pied de défense respectable, il se rendra à Alexandrie, où il débarquera le reste des troupes, les armes, munitions de guerre et boissons : il prendra en échange les matelots qui ne seraient pas nécessaires à l'armée d'Orient.

« Il est bien entendu que ce plan est subordonné aux circonstances qui peuvent résulter de la force et de la position de l'ennemi, que le citoyen Bruix aura soin de faire observer par tous les moyens qui sont en son pouvoir; mais, dans tous les cas, il n'oubliera jamais que la conservation de l'armée navale d'une part, et l'honneur du pavillon républicain de l'autre, sont les points essentiels que le Directoire exécutif lui ordonne de fixer constamment [1] ».

Deux arrêtés du Directoire complétèrent ces dispositions : l'un, adressé au général en chef des armées d'Italie et de Naples, ainsi qu'à tout officier général employé sous ses ordres, leur enjoignait de mettre sur l'heure à la disposition de l'amiral Bruix les troupes, vivres et munitions qui seraient demandées par lui, — l'autre prescrivait au contre-amiral Lacrosse « immédiatement après la réception du présent arrêté, de requérir au nom du Directoire exécutif, l'officier général commandant l'armée navale d'Espagne de sortir sur-le-champ de la baie de Cadix pour se rallier à celle de la République [2] ». « Le moment tant désiré est enfin venu, écrit Talleyrand à d'Azara le 19 mars ; le Directoire a tout préparé pour agir sans délai et il fait passer aujourd'hui même à l'ambassadeur de la République à Madrid des instructions pour qu'il ait à obtenir immédiatement de S. M. Catholique l'ordre positif d'armer sans délai l'escadre de Cadix pour qu'elle soit en état d'appareiller à l'instant, qui ne saurait être que très prochain, où le contre-amiral Lacrosse ou bien toute autre personne chargée à cet effet des pouvoirs du Directoire exécutif, se présentera pour en requérir la sortie. » Le même jour, Talleyrand mande à Guillemardet : « Vous aurez soin, dans le cas où l'on exigerait quelques explications, d'assurer que cette mesure est indispensable pour favoriser l'expédition projetée contre l'Irlande..... Il est de toute nécessité que la flotte de Cadix fasse un mouvement quelconque pour donner le change à l'ennemi commun et faire par là une puissante diversion ; cette sortie provisoire et momentanée n'exige point la même quantité de vivres ni de munitions que dans une expédition lointaine et de longue durée... [3] ».

---

1. A. F., III, 586. Instructions à l'amiral Bruix, 15 mars 1799. La minute est signée : Barras, Merlin, Treilhard, Rewbell, Revellière-Lépeaux.

2. A. F., III, 586, Arrêtés du 15 mars 1799.

3. A. E., Espagne, 655. « Toute lenteur ou tout prétexte de refus de la part de l'Espagne dans cette mesure, continuait Talleyrand, donnerait à penser que la cour de Madrid, soit par considération ou par ménagement pour le plus cruel ennemi de

Bruix arriva à Brest le 23 mars au soir. Il trouva sur rade les 24 vaisseaux et les 10 frégates composant l'armée navale. Tous ces bâtiments avaient à bord quatre mois de vivres : il leur en fit prendre un cinquième. Un convoi de 27 voiles venait d'entrer à Brest chargé de vivres et d'autres approvisionnements précieux. Le ministre note, avec satisfaction, que tous les vaisseaux sont munis de câbles ; les corderies, les ateliers de la voilerie, de la tonnellerie et de la garniture sont dans la plus grande activité : on presse la confection des chaloupes et des canots. La caisse de la Marine est dans la meilleure situation, le prêt des troupes, la solde des officiers, celle des ouvriers et des marins, tout est acquitté avec exactitude. La tenue, l'esprit des demi-brigades d'artillerie de la Marine sont excellents. Tout le matériel, grâce à l'impulsion que donne à tous les services la présence du ministre, sera prêt entre le 9 et le 12 avril. Mais un grand obstacle reste à vaincre : la formation des équipages. Il manque environ 6.000 marins pour compléter l'armée navale. Les levées ordonnées ne sont pas très productives : parce que les corsaires ont tout enlevé, parce que les habitants des campagnes donnent asile aux matelots fugitifs, parce que les autorités civiles ne secondent pas efficacement les perquisitions prescrites par le ministre .

Bruix ordonne en conséquence de poursuivre partout les déserteurs, d'établir garnison chez eux ou, à leur défaut, chez les agents municipaux des communes, de faire visiter les campagnes et les routes de traverse par des colonnes mobiles. Pour suppléer

la [prospérité de ses Etats, n'a jamais été sincèrement attachée au système de l'alliance, et que, par une fausse politique ou des motifs quelconques, elle sacrifie ses intérêts les plus chers et ceux de la République et qu'elle se précipite vers un total abaissement de sa puissance en Europe et une entière destruction de ses richesses coloniales. « Vous observerez combien un secret absolu est nécessaire ». La minute portait ensuite ces mots qui furent supprimés dans la dépêche : « Si l'on persiste dans de plus amples explications, vous répondrez que tant que des hommes, fortement soupçonnés de prédilection pour l'ennemi commun, seront à la tête des affaires d'Espagne, le gouvernement français ne pourra jamais avoir de véritable confiance, ni se prêter à des communications entières et sans réserve ; et que, quel que soit son désir, ainsi qu'il l'a témoigné tant de fois, pour agir de concert dans toutes les opérations qui intéressent les deux alliés, il se croira forcé, dans la juste crainte d'en compromettre le succès, d'agir avec le plus grand secret dans le développement des forces de la République. »

1 A. N.; Marine, BB, 4, 131, Bruix au Président du Directoire exécutif, 24 mars 1799.

aux marins qui manquent à l'armée, il se propose d'embarquer les demi-brigades d'artillerie de marine qui font le service du port, dès qu'elles seront relevées par les troupes demandées au ministre de la guerre [1]. Il découvre une autre ressource dans les ouvriers du port qui ont navigué et qui peuvent rendre à bord de très grands services, mais prescrire leur embarquement est une mesure à laquelle le ministre n'aura recours qu'au moment du départ, autrement la désertion et des réclamations multipliées en annuleraient presque entièrement l'effet [2]. Bruix ordonne ensuite de faire rentrer dans le port les frégates la *Précieuse*, la *Fraternité*, la *Fidèle* et la *Cocarde*, et d'en répartir les équipages sur les vaisseaux ; ces frégates seront amarrées à la chaîne et conserveront à bord le nombre d'hommes nécessaires pour les tenir en commission, et à mesure qu'il arrivera des marins, leurs équipages seront successivement complétés. Enfin il décide que tous les marins qui se trouvent à bord du convoi dernièrement arrivé de Nantes, passeront sur l'armée navale et seront remplacés par des novices [3].

Pour maintenir les hommes à leur bord, empêcher qu'ils ne désertent, Bruix prescrit à l'amiral Delmotte de faire stationner des embarcations armées de troupes à l'embouchure des rivières et sur les principaux points de la rade, tant au nord qu'au sud, avec ordre de visiter tous les bâtiments, d'y prendre les marins et de les envoyer à bord du vaisseau-amiral. En même temps, trois ou quatre chaloupes ou canots croiseront alternativement dans la rade pour visiter les bâtiments et les embarcations qui pourront y rentrer ou en sortir et tous les matelots qui s'y trouveront seront également arrêtés [4].

---

1. Dès le 23 décembre, le Directoire avait prescrit de rassembler aux environs de Brest 6.000 hommes destinés à être embarqués sur la flotte. Schérer, alors ministre de la guerre, avait fait suspendre l'exécution de cette mesure. Son successeur, Milet-Mureau, n'opposa pas la même résistance et consentit à mettre les troupes nécessaires à la disposition de la Marine (21 février 1799). En quittant Paris, Bruix lui avait demandé de diriger d'urgence sur Brest la demi-brigade qui devait remplacer à la garde du port les troupes d'artillerie de marine ainsi que les troupes destinées à former la garnison des vaisseaux.

2. Bruix au Directoire, 24 mars 1799.

3. A. N., Marine, BB, 131. Bruix au contre-amiral Delmotte, 26 mars 1799.

4. A. N., Marine, BB, 4, 131. Bruix à Delmotte, 31 mars 1799.

Des mesures aussi rigoureuses ne pouvaient manquer de produire leur effet, encore que les instructions du ministre ne fussent pas toujours ponctuellement suivies. C'est ainsi qu'au lieu de choisir parmi les ouvriers du port les hommes vigoureux et qui eussent des mérites à la mer, on destina à l'armée navale beaucoup de jeunes gens qui n'avaient pas navigué et des hommes âgés ou infirmes; il fallut, en conséquence, les débarquer [1]. Néanmoins, le 11 avril, Bruix pouvait annoncer au Directoire que le matériel de l'armée navale était prêt et les équipages portés au complet, en dépit « des obstacles de tout genre que la nature, les localités, et l'empire des habitudes » avaient opposés à ses efforts.

Il n'en allait pas de même avec les troupes destinées à former la garnison des vaisseaux. Demandées depuis longtemps, promises au ministre avant son départ de Paris et lors de son passage à Rennes, ces troupes n'étaient point encore arrivées. Ce retard provoqua chez Bruix d'amères doléances : « Il m'est pénible d'avoir à rendre compte au Directoire exécutif des délais que l'exécution de ses ordres a éprouvés ; mais je ne puis lui dissimuler que j'ai été contraint de prendre moi-même connaissance du nombre et de l'espèce des troupes cantonnées dans les départements circonvoisins; d'adresser aux généraux des réquisitions pour leur enjoindre de faire marcher sur Brest des bataillons anciennement formés, à la place d'une demi-brigade composée de conscrits sans instruction, dépourvue d'habillements et incomplète d'environ 1.500 hommes, qu'ils m'avaient destinée ; et que, malgré tous mes soins, malgré la célérité que j'ai mise dans ma correspondance avec eux, les soldats qui doivent s'embarquer ne seront ici que le 15 avril. Encore me suis-je restreint à demander 2.700 hommes, composés de divers détachements, au lieu d'une demi-brigade d'élite qui m'avait été promise [2]... »

L'attention de l'amiral se portait sur toutes les branches du service. C'est ainsi qu'il désirait savoir « si les détails de chaque vaisseau sont répartis entre les officiers, si les équipages sont divisés par escouades; s'il reste toujours à bord au moins un offi-

---

1. A. N., Marine, BB, 4, 131, Bruix à Delmotte, 10 avril 1799.
2. A. F., III, 586, Bruix au Président du Directoire exécutif, 11 avril 1799.

cier supérieur, et si les états-majors et les capitaines y couchent toutes les nuits[1] ». Il se préoccupait, avec une très vive sollicitude, de former l'esprit de l'armée navale. Un engagement ayant eu lieu le 9 avril, sous Belle-Ile, entre les frégates la *Vengeance*, la *Cornélie* et la *Sémillante*[2], chargées de protéger la sortie d'un convoi mouillé à l'entrée du Morbihan, et deux navires ennemis, Bruix écrit au Directoire : « Je regarde ce combat comme très honorable, et il produira un effet d'autant meilleur sur l'esprit de l'armée navale que l'un des deux anglais a toujours été signalé comme un vaisseau rasé et qu'ils ont été forcés à la fuite malgré la supériorité de leurs forces[3] ». Quelques jours après, il faisait distribuer à chaque vaisseau un exemplaire de la gravure représentant le combat de la corvette la *Bayonnaise* contre la frégate l'*Ambuscade* et ordonnait de l'exposer pendant quelques jours aux yeux de l'équipage, puis de la placer dans la chambre du conseil : « Un pareil exemple, disait-il, trouvera dans la marine républicaine de nombreux imitateurs[4] ».

* * *

Tandis que la flotte de Brest parachevait son armement, nos alliés espagnols se décidaient enfin à pousser activement celui de la flotte de Cadix. Guillemardet avait reçu, le 27 mars, l'importante dépêche de Talleyrand en date du 19[5]. Le jour même il vit M. d'Urquijo, qui rendit compte au Roi. Les ministres de la Marine et des Finances furent appelés sur-le-champ, et, dans la

1. A. N., Marine, BB, 4, 131, Bruix au contre-amiral Delmotte, 7 avril 1799.
2. Ces frégates faisaient partie de l'armée navale. Deux d'entre elles ayant été avariées par ce combat, Bruix les fit remplacer par la *Cocarde* et la *Fraternité*.
3. Du côté anglais les frégates engagées furent le *San Fiorenzo* et l'*Amelia*. Le rapport anglais sur cette action porte que l'*Amelia* ayant perdu dans une rafale son grand mât de hune et ses mâts de petit et de grand perroquet, le combat n'en fut pas moins engagé. Les Anglais durent laisser porter à trois reprises pour se rapprocher des Français. Leurs avaries se bornèrent à la mâture, voilure et gréement. Le *San Fiorenzo* eut 1 tué et 18 blessés, l'*Amelia* 2 tués et 17 blessés (P. R. O. Ad. 1, 112. Rapport de Bridport à l'Amirauté, 22 avril 1799).
4. A. N., Marine. BB, 4, 131, Bruix à Delmotte, 20 avril 1799.
5. Voir supra, p. 58.

soirée, un courrier extraordinaire partait pour Cadix porter à
Mazarredo l'ordre de tenir son escadre en disposition d'appareiller
à la première réquisition qui lui serait faite[1]. De ce jour, l'ambassadeur se plaît à reconnaître que la cour de Madrid met plus d'activité
aux armements maritimes : la division du Ferrol est, sinon partie,
du moins sur le point de faire voile pour Rochefort ; à Cadix, Mazarredo disposerait de 17 vaisseaux, 4 frégates et 3 bricks. L'amiral
Lacrosse arrive en coup de vent à Madrid, le 6 avril ; Guillemardet
le présente à Urquijo et à Langara, et l'amiral repart aussitôt pour
Cadix où il arrive le 18 avril, après avoir été retardé « par la
lenteur inexprimable des relais, le manque de chevaux aux postes,
les pluies torrentielles, les mauvais chemins de la Sierra Morena
et de l'Andalousie ». A Madrid tout le cercle diplomatique est en
rumeur ; on ne parle que de l'armement de Brest, et de ceux de
Cadix, du Ferrol, de Carthagène ; on discute la probabilité d'opérations combinées. Le passage de l'amiral Lacrosse fait présumer
que l'escadre de Cadix est destinée à se joindre à celle de Brest,
opinion que confirme le passage dans la capitale, le 22 avril, d'un
courrier venu de Brest en neuf jours et reparti séance tenante
pour Cadix[2]. Guillemardet se déclare enchanté de M. d'Urquijo
dont, un mois auparavant, il demandait, avec tant d'aigreur, le
renvoi. Ne sert-il pas en effet, de son mieux, les intérêts de l'alliance, en activant les armements maritimes, en faisant annuler
par le Roi la mission diplomatique du duc del Parque à Saint-Pé-
tersbourg, en retirant de Vienne toute l'ambassade du duc d'Os-
suna ? De son côté, Lacrosse, arrivé à Cadix, voit tout en beau :
« 17 vaisseaux sur rade avec l'armement et l'équipement le plus
complet. Bonne, forte et nombreuse artillerie... Ancres, câbles,
voiles de rechange, mâtures, cordages, ce matériel de campagne
et de mer est dans le meilleur état... Vaisseaux tenus avec ordre,
recherchés dans les plus petits détails... tel est l'ensemble que
présente cette escadre leste, solide, et prête à mettre en action... »
Mazarredo lui a réservé un accueil distingué. Ayant passé trois

<hr>

1. A. E., Espagne, 655, Guillemardet à Talleyrand, 28 mars 1799.
2. A. E., Supplément 26, Espagne. Correspondance interceptée des ministres étrangers.

jours entiers avec lui, d'abord sur le vaisseau amiral, puis à l'Isla, chef-lieu du département, enfin à la Carraque, Lacrosse est conquis : « Mazarredo qui possède aussi bien la science des évolutions que l'art particulier de la Marine, Mazarredo qui joint à une judiciaire nette le coup d'œil non seulement d'homme de mer mais de général, Mazarredo qui avec sa religion a une opinion assez philosophique sur les événements de l'Europe, Mazarredo avec un penchant à la circonspection castillane inspirée d'habitude par le gouvernement espagnol, est vivement animé par la pensée d'être le restaurateur de la marine de son pays, et je ne doute pas qu'avec une instance active et permanente, au nom de la république française, il ne se décide à une sortie, à une campagne, et qu'il ne fût même flatté d'une combinaison en Méditerranée[1] ».

Ces phrases sentent le panégyrique; Lacrosse est visiblement influencé, il cesse d'être clairvoyant; les événements postérieurs ne confirmeront ni son jugement, ni ses prévisions. Mais c'est un homme consciencieux : il renseigne de son mieux. La ligne de bataille espagnole comprend trois escadres : la première, formée par le *San Pablo*, le *San Francisco-de-Asis*, le *San Francisco-de-Paulo*, le *Principe-de-Asturias*, le *Soberano* et le *San Joaquim*, est commandée par le lieutenant général D. Frederico Gravina; la deuxième escadre, dite du centre, comprend le *Pelayo*, le *Neptuno*, le *San Telmo*, le *Concepcion*, le *Mexicano*, et le *Conquistador;* Mazarredo monte le *Concepcion* de 120 canons. Enfin les vaisseaux : l'*Oriente*, le *Santa Ana*, le *Nepomuceno*, le *Conde-de-Regla* et le *Bahama* forment la troisième escadre, sous les ordres du lieutenant général D. Domingo Grandellana. D'autres officiers généraux, D. Juan Villavicencia, D. Dom. de Nava, D. Antonio de Cordova, commandent en sous-ordre dans la ligne de bataille [2].

1. A. N., Marine, BB, 133. Lacrosse à Bruix, 26 avril 1799.

2. Voici le jugement porté par Lacrosse sur les commandants d'escadre : « Gravina, Napolitain souple, délié, prodigue d'empressements, de politesses et de protestations pour les Français, n'est cependant pas l'ami des républiques, mais il l'est de la gloire. L'envie de se faire un nom, d'être cité, le désir de commander en chef, une âme militaire, le détermineront à une contenance vigoureuse dans un combat et à une direction de manœuvre loyale et fidèle à l'alliance.

« Grandellana, sans avoir beaucoup plus de talents maritimes que Gravina, appelé

Dans le port de Cadix, restent onze beaux vaisseaux désarmés faute de matelots [1].

Le 27 avril, Lacrosse reçut d'importantes instructions que Bruix lui avait adressées, de Brest, le 13 avril. Croyant, sur les indications de Talleyrand, que l'escadre espagnole était sur le point d'entrer en Méditerranée, Bruix jugeait cette mesure prématurée et susceptible d'entraîner les plus grands inconvénients, en ce qu'elle déciderait sans nul doute Jervis à quitter sa station soit pour suivre Mazarredo, soit pour rejoindre Nelson; il ordonnait en conséquence à Lacrosse d'inviter l'amiral espagnol à rester en rade, et il le prévenait confidentiellement « que l'armée navale se présentera peut-être devant Cadix et que, dans ce cas, il lui sera expédié une frégate avec ordre de requérir Mazarredo de sortir et de se réunir à l'armée française. Si les circonstances, poursuivait le ministre, nous forçaient à un engagement avec Jervis, il faudrait que l'amiral espagnol sortît sur-le-champ, avec tous les vaisseaux qu'il pourrait rassembler, afin de renforcer les nôtres ». Enfin, sans faire connaître à Lacrosse l'objet de l'expédition, Bruix lui traçait la conduite à tenir et lui faisait passer des signaux de reconnaissance entre les deux armées ainsi qu'une réquisition pour Mazarredo, dont il pourrait faire usage si les circonstances l'exigeaient. Muni de ces instructions, Lacrosse s'en va sur-le-champ conférer avec Mazarredo : il le trouve dans les meilleures dispositions, et prêt à sortir avec son armée à la première invitation [2].

Ainsi Bruix conserva jusqu'au bout le silence sur le but de l'expédition. Ce même souci d'assurer le secret des opérations lui faisait dire à Talleyrand, qui se proposait de rassembler à Toulon deux millions de rations de campagne, une quantité proportionnée de vivres de journalier, des rechanges complets en gréement et voilures, ancres et câbles, pour douze à quinze vaisseaux de ligne et huit frégates, de différer ces préparatifs jusqu'à ce que l'armée

prématurément au grade de lieutenant général par l'influence de Mazarredo, n'a peut-être pas l'attachement réel qu'il devrait à ce chef, mais il aura de la soumission... »

1. Ce sont : la *Trinité*, l'*Atalante*, le *San-Justo*, le *San-Sebastiano*, le *San-Firmin*, l'*Intrépide*, le *Ferme*, le *San-Tenaro*, le *Terrible*, l'*Espagne*, l'*Américain*.
2. A. N., Marine, BB, 4, 133.

navale eut pris la mer [1]. Mais, en dépit des précautions prises, la lumière finissait par se faire jour. A Brest, on disait couramment que l'armée navale était destinée à Cadix, d'où elle irait secourir Bonaparte. De Cadix, Lacrosse écrivait que l'amiral Mazarredo semblait augurer d'une combinaison en Méditerranée le succès le plus éclatant. D'Azara, lui-même, qu'on avait si longtemps trompé, finissait par y voir clair : « Je vous avouerai franchement, écrivait-il à Talleyrand le 27 avril, que j'ai averti mon maître de la destination que je crois qu'on va donner à votre expédition de Brest que j'avais cru bonnement devoir aller en Irlande, et que je crois destinée pour le Levant [2] ».

Le Directoire exécutif avait cependant, lui aussi, gardé soigneusement le secret. Écrivant à Bonaparte le 4 avril, il le mettait au courant des préparatifs qui se faisaient à Brest, du départ de l'amiral Bruix pour l'armée navale, et ajoutait : « Les mouvements du port et de la rade de Brest inquiètent l'ennemi, et l'Irlande paraît être un des points principaux de sa sollicitude [3] ». Des entrefilets parurent dans le *Moniteur*, destinés à égarer l'opinion. C'est ainsi qu'on y lisait, à la date du 9 avril : « Pendant qu'une sage politique a commandé et gardé le plus impénétrable secret sur ce qui concerne les préparatifs faits à Brest, il n'est pas sans intérêt de savoir ce qu'on en dit à Londres : « Il y a en ce moment dans le port de Brest, une flotte toute prête à mettre à la voile. Elle est composée de 15 vaisseaux de ligne dont 6 à trois ponts parfaitement équipés. Tous les corsaires du Havre et de Cherbourg sont également prêts. Des provisions et des troupes viennent d'arriver en grande quantité de Bordeaux. La destination de ces préparatifs est inconnue; mais nul doute que ce ne soit pour l'Irlande. On suppose que cette flotte sera jointe, à sa sortie de Brest, par celle du Texel, qui est aussi prête à mettre à la voile ». Nouveaux entrefilets dans le *Moniteur* du 12 avril, du 25 avril, du 1er mai : « la flotte porte, dit-on, 16.000 hommes de débarquement, qui sont commandés par le général Kilmaine ».

1. A. N., Marine, BB, 4, 131, BB, 4, 133.
2. A. E., Espagne, 655.
3. De la Jonquière, *L'expédition d'Egypte*, t. V, p. 140.

Le 3 avril, le Directoire avait nommé le vice-amiral Bruix amiral de l'armée navale de Brest [1]. Il s'en tenait fermement à son projet, malgré l'avis défavorable de l'amiral Morard de Galles que Barras, sous main, avait consulté [2], malgré les mauvaises nouvelles venues

1. A. F., III, 14, Procès-verbal de la séance du Directoire exécutif, 3 avril 1799.
2. A. F., IV, 1687, Rapport du vice-amiral Morard de Galles au citoyen Barras sur la flotte de Brest, en date du 27 mars 1799. « En convenant de l'avantage qu'on pourra retirer des renforts qui parviendraient à l'armée d'Egypte, il convient d'examiner s'il balancerait les maux incalculables qu'entraînerait la défaite de l'armée navale, défaite que je regarde comme certaine si on lui fait prendre la mer, surtout pour aller en Méditerranée, dans une saison qui permettra aux ennemis de bloquer le port de Brest avec des forces très supérieures à celles que nous pouvons leur opposer.

« Nous ne pouvons malheureusement pas douter que les Anglais n'aient des relations suivies avec les malveillants de l'intérieur, conséquemment qu'ils soient exactement informés de l'état de nos forces navales ; nous devons nous attendre qu'aussitôt qu'ils seront instruits que l'expédition sera prête à partir, ils ne manqueront pas de se présenter devant la rade de Brest avec des forces assez supérieures pour s'opposer à son départ : je suis même convaincu que chaque fois que le temps leur permettra de le faire sans danger (et cela est fréquent pendant la belle saison), leur armée mouillera dans l'Iroise, et leurs frégates et bâtiments légers serreront la côte de si près, que les plus petites embarcations ne pourront ni entrer ni sortir de la rade de Brest sans devenir leur proie.

« Si le Directoire exécutif ordonne que l'armée navale sorte de Brest, elle ne pourra le faire qu'à la suite d'un coup de vent assez violent qui, obligeant les ennemis à s'éloigner des parages de Brest, les force de s'enfoncer assez dans la Manche pour que l'armée de la République, profitant du premier vent favorable pour effectuer son départ, ait la certitude de les devancer assez pour arriver au détroit de Gibraltar, en forcer le passage avant que l'armée d'observation de Brest puisse effectuer sa jonction avec les forces anglaises qui bloquent le port de Cadix, et qui, par les éclaireurs qu'ils doivent avoir tant au cap St-Vincent qu'au cap Spartel, seront avertis de bonne heure de l'approche de l'armée française. Si, dans ces parages, les Anglais sont en force pour combattre l'armée de la République, ils le feront certainement, dussent-ils y perdre des vaisseaux, car quelle que soit l'issue du combat, le but que se propose le Directoire exécutif d'envoyer des renforts à l'armée d'Egypte sera manqué, parce qu'il en résultera nécessairement des avaries plus ou moins conséquentes qui nécessiteront l'entrée dans un port de ceux des vaisseaux qui auront été le plus désemparés. Dans le cas où l'escadre qui bloque Cadix serait moins forte, en abandonnant le détroit de Gibraltar, elle fera ses efforts pour rallier l'armée d'observation qui, bientôt instruite du départ de la flotte de Brest, soit par ses bâtiments de découverte ou par les intelligences avec les malveillants, forcera de voiles aussitôt et atteindra peut-être l'armée française avant qu'elle ait pu gagner le détroit. En supposant qu'elle ait pu pénétrer dans la Méditerranée, elle sera certainement suivie par l'armée d'observation ou par l'escadre qui bloque Cadix et qui, renforcée de manière à avoir une supériorité décidée sur celle de la République, ne lui laissera d'autre ressource que celle de chercher un asile soit à Naples, soit à Malte ou de livrer un combat qui pourrait achever de détruire les forces navales de la République.

« Je suppose cependant que l'armée navale de la République soit parvenue à Alexandrie sans avoir été attaquée. Quel moyen aura-t-elle pour éviter un engagement contre des forces que je présume toujours devoir lui être supérieures en continuant à

du front où Jourdan, battu à Stokach (25 mars) se voyait contraint d'abandonner la rive droite du Rhin, où Schérer, après la sanglante bataille de Magnano (5 avril) battait en retraite et se repliait derrière l'Adda. Le 11 avril, le Directoire reçut une lettre que Bonaparte lui avait écrite du Caire, le 10 février, au moment de se mettre en route pour la Syrie. « Il est nécessaire, écrivait le général, que vous fassiez passer des armes, et que vos opérations militaires et diplomatiques soient combinées de manière que nous recevions des secours. Les événements de la guerre et les événements naturels font mourir du monde. » Bonaparte ajoutait que si les événements dont il avait connaissance se confirmaient dans le courant de mars et que la France fût de nouveau en armes contre les rois, il passerait en France [1]. Ce même jour, le Directoire était informé de la prise de Corfou, survenue le 3 mars, mais des renseignements postérieurs ayant jeté quelque doute sur l'authenticité de cette nouvelle, le Directoire ne crut pas devoir modifier ses instructions.

A Brest, Bruix faisait ses préparatifs de départ. « Hier, écrit-il à Talleyrand le 16 avril, j'allai en rade jouir du coup d'œil d'une des plus belles armées que j'ai encore vues. Je voulus profiter d'un souffle de vent favorable qui venait enfin de s'élever. J'ordonnai à l'escadre légère d'appareiller et d'aller croiser en dehors du goulet pour y attendre l'armée. Un seul vaisseau de ligne parvint à doubler le goulet. Les autres le suivaient d'assez près lorsque le vent, passant brusquement à l'ouest, les mit dans un assez grand embarras et les força de revenir au mouillage. A l'exception de

suivre une côte qui ne présente aucune position favorable pour repousser avec succès, une attaque vigoureuse qui entraînerait sa destruction ?... »

Il est intéressant de rapprocher de cet avis celui de M. d'Azara : « L'amiral Jervis ne se fera pas battre certainement, et d'abord qu'il découvrira l'escadre française, il se retirera à Gibraltar, nous laissera passer dans la Méditerranée et attendra toutes les forces que l'Angleterre a dans l'Océan, et qui ne laisseront pas de suivre à la piste l'escadre de Brest, et viendra fondre sur nous dans le Levant. Il y aura donc immanquablement une bataille à outrance, car les Anglais doivent la donner telle, même au risque de la perdre, parce que pour eux c'est le plus grand gain que d'affaiblir notre marine, quoique en perdant un combat, parce qu'il leur est très aisé de se refaire et que pour nous autres une victoire serait une véritable calamité, n'ayant pas les moyens prompts de reprendre la mer. » (A. E., Espagne, 655, d'Azara à Talleyrand, 27 avril 1799.)

1. *Correspondance de Napoléon*, nᵒ 3952.

quelques détachements d'infanterie que je n'attendrais pas si les vents étaient bons pour sortir, tout est prêt, tout est à bord et bien disposé. Ainsi vous pouvez annoncer au Directoire exécutif que l'armée va se mettre sous voile pour remplir sa mission au premier souffle de vent favorable. » Le 17, Bruix fit arborer sa marque de commandement sur l'*Océan*. Le 18, les vents contraires retenant toujours l'armée navale au mouillage, il donna l'ordre d'armer, avec la plus grande célérité, le vaisseau la *Convention*, promettant « trois francs par jour à chaque gabier si ce vaisseau se met en rade sous trois jours ». Le citoyen Lebozec en prit le commandement et chaque vaisseau dut lui fournir six gabiers, un officier et un second maître.

L'ennemi veillait devant Brest. Le 11 avril on avait compté, d'Ouessant, douze vaisseaux. Un terrible coup de vent de sud-est les jeta quelques jours hors de vue, mais l'escadre anglaise ne tarda pas à reparaître. Bruix, craignant de ne pouvoir sortir sans sans être aperçu et suivi, jugea qu'il serait peut-être avantageux de livrer tout de suite combat à l'ennemi pour couper court à ses velléités de poursuite, et il informa le Directoire, par le télégraphe, de ses intentions (18 avril). L'émotion fut vive à Paris : l'amiral, par une action brusquée, allait tout compromettre! Rappelé sur-le-champ à l'observation de ses instructions, Bruix fournit les explications suivantes : « Accoutumé à soumettre au Directoire exécutif toutes mes opinions et telles qu'elles me sont inspirées par mon désir ardent de le bien servir, j'ai dû lui dire que d'après la constance des ennemis à rester sur Ouessant, il me paraissait que leur plan est de suivre l'armée pour la mettre entre deux feux, soit à la côte d'Irlande où ils ont dix vaisseaux, soit partout ailleurs où ils ont des escadres.

« J'ai pensé que le vrai moyen de déconcerter cette combinaison, serait de combattre à la porte de Brest une armée qui lui est inférieure, si cette dernière montrait la résolution de la suivre.....

« En conséquence j'ai cru devoir soumettre cette opinion à la sagesse du Directoire exécutif, mais je n'ai jamais pensé un instant que je dusse attendre sa réponse si les vents me permettaient de sortir, et encore moins que je dusse modifier mes instructions sans ses ordres.

« Je m'empresse donc de tranquilliser le Directoire exécutif à cet égard, en l'assurant que l'exécution rigoureuse des instructions qu'il m'a données est pour moi le premier des besoins, l'unique devoir à remplir... [1] ».

Le 21 avril, Bruix remit à ses capitaines des instructions secrètes. Il les prévenait que « la destination de l'armée est d'entrer dans la Méditerranée, que l'intention de l'amiral est de doubler le cap Finisterre et celui de Saint-Vincent à trente lieues de distance environ, et de ne jamais s'approcher davantage de la côte depuis le premier jusqu'au dernier de ces caps.

« Si donc un bâtiment se séparait de l'armée avant d'avoir doublé le cap Finisterre, il se rendrait directement à 30 lieues dans l'ouest de ce cap; il croiserait sous ce parallèle, jusqu'au jour où d'après la vitesse présumée de l'armée, elle devrait avoir doublé ce point.

« Si alors, il ne l'a pas ralliée, il se rendra le plus promptement au point de rendez-vous ci-après :

Latitude Nord. . . . . . . 37°   ⎰ Ce point met à 50 lieues à
Longitude Ouest de Paris 14° 30' ⎱   l'ouest du cap St-Vincent.

« Parvenu à ce point, le bâtiment séparé y croisera pendant 15 jours, en parcourant chaque jour une ligne de 10 à 12 lieues est-ouest, ou celle qui se rapprocherait le plus de cette direction, et en prenant toujours pour point central de cette ligne de croisière, celui du rendez-vous.

« Après l'expiration de cette croisière, si le bâtiment séparé n'a pas rencontré l'armée, il reviendra dans un des ports de Brest, Lorient ou Rochefort.

« Si une division se séparait de l'armée, l'officier qui la commandera se conformera à ce qui vient d'être dit pour un seul bâtiment [2]. »

Le vent s'étant mis ce jour-là au nord-est, Bruix fit sortir l'es-

1. A. N., A. F., III, 586, Bruix au Président du Directoire, 22 avril 1799.
2. A. N., Marine, BB⁴ 4, 131.

cadre légère. Celle-ci rencontra quatre vaisseaux anglais qui venaient observer la rade, soutenus, vers Ouessant, par une escadre de quinze vaisseaux. En présence de ces forces, l'escadre légère se replia sur le mouillage de Bertheaume. Peu après, les vents sautèrent de nouveau à l'ouest.

Le 24, Bruix prescrit à l'amiral Delmotte de faire appareiller les vaisseaux qui sont au mouillage de la Fosse et à la tête de la rade, manœuvre que facilitèrent les vents régnant. Le *Censeur* quitte son corps mort pour faire place à la *Convention*. Le lendemain, 25 avril, Bruix s'embarque avec cérémonie sur l'*Océan*. La musique et la troupe sous les armes lui font escorte depuis sa maison jusqu'au canot. Son arrivée à bord est saluée de plusieurs coups de canon. Peu après il revêt le costume d'amiral et se fait reconnaître pour tel en présence de l'équipage assemblé sur le gaillard d'arrière. Les vaisseaux, profitant de la jolie brise d'est, sont déjà hors du goulet. « Il ne reste plus en rade que le vaisseau là *Convention*, mande Bruix au Directoire ; ce vaisseau n'est sorti du port que cette nuit ; j'ai multiplié les moyens pour que ce vaisseau fît partie de l'armée navale, et, quoique son armement ait été fait en cinq jours, j'espère qu'il sera, à peu de chose près, aussi bien équipé que les autres. Il ne lui reste plus à faire que quelques dispositions intérieures, et ce soir il mettra à la voile.

« Au moment où je vous écris, ajoute l'amiral, on signale quinze vaisseaux anglais dans l'Iroise et quatre dans le Raz. Tout annonce que l'ennemi se propose de nous attaquer, et qu'il est même disposé à sacrifier des vaisseaux pour faire avorter l'expédition. Il ne m'est pas possible de prévoir ce que les circonstances me forceront ou me permettront de faire. Mais, pénétré de l'esprit de mes instructions, et connaissant la volonté du Directoire exécutif, je manœuvrerai plutôt pour éviter, s'il est possible, un engagement que pour le chercher.

« Je suis forcé de passer la nuit au mouillage de Bertheaume, attendu qu'il me serait impossible autrement de former l'armée, et que la présence de l'ennemi exige que je sorte en ligne de bataille. »

Les adversaires se trouvaient désormais face à face et la première question était de savoir si Bruix réussirait à sortir de Brest sans livrer bataille aux Anglais, ainsi que le lui prescrivait le Directoire exécutif [1]?.

1. — A. N., A. F., III, 586, Bruix au Président du Directoire, 25 avril 1799.

COMPOSITION DE L'ARMÉE NAVALE

ESCADRES.		COMMANDANTS.	FRÉGATES OU CORVETTES.
2e escadre.	*Duquesne*, 74	Quérangal.	Frégates :
	Jemmapes, 74	Cosmao-Kerjulien.	*Fraternité.*
	J.-J.-Rousseau, 74	Bigot.	*Bravoure.*
	Républicain, 110	Béranger.	Corvettes :
	Cisalpin, 74	Bergevin.	*Découverte.*
	Batave, 74	Daugier.	*Vautour.*
	Fougueux, 74	Bescond.	*Berceau.*
1re escadre.	*Redoutable*, 74	Moncousu.	Frégates :
	Révolution, 74	Rolland.	*Créole.*
	Formidable, 80	Tréhouart.	*Fidèle.*
	Océan, 120	Bruilhac.	
	Invincible, 110	L'Héritier.	Corvettes :
	Tyrannicide, 74	Allemand.	*Affronteur.*
	Convention, 74	Le Bozec.	*Lazare-Hoche.*
3e escadre.	*Gaulois*, 74	Siméon,	Frégates :
	Mont-Blanc, 74	Maistral.	*Romaine.*
	Tourville, 74	Henry.	*Cocarde.*
	Terrible, 110	Le Couat St-Haouen.	
	Jean-Bart, 74	Meyenne.	Corvettes :
	Constitution, 74	Le Roy.	*Tactique.*
	Censeur, 74	Faye.	*Biche.*
Escadre légère.	*Indomptable*, 80	Chambon.	
	Wattignies, 74	Gourdon.	
	Zélé, 74	Dufoy.	
	Dix-Août, 74	Bergeret.	

Officiers généraux embarqués dans l'armée navale : Bruix, Delmotte, Bedout, Courand, Dordelin, Durand-Linois.

Le jour même où Bruix allait s'éloigner de Brest, la division espagnole du Ferrol quittait enfin ce port (26 avril). Elle comprenait 5 vaisseaux : Le *Royal-Charles*, de 112 canons, l'*Argonauta*, de 80, le *Monarque*, de 74, le *San-Agostino*, de 74, le *Castilla*, de 60, et la frégate la *Paix*. Elle était commandée par le vice-amiral Melgarejo et portait 3.100 hommes de débarquement placés sous les ordres du général O'Farril. Après être restée deux jours à croiser devant la Corogne, épiée par une frégate anglaise, la division fit voile pour Rochefort, et arriva en rade de l'île d'Aix le 7 mai au soir (Voir A. N., Marine BB, 4, 134, rapport du Commandant des armes de Rochefort au Ministre de la Marine, 8 mai 1799).

CHAPITRE III

La sortie de la flotte de Brest.

Le Cabinet de Londres avait suivi avec une vigilance inquiète
les préparatifs de l'expédition qui s'organisait à Brest. Il avait
été prévenu de ce nouvel armement dès le début[1], grâce aux
intelligences nouées en France avec la complicité des émigrés.
Soit que par conviction ils ne séparassent pas la cause du roi
de France de celle des ennemis de leur pays, soit que réduits
à une noire misère, ils se vissent contraints d'offrir leurs services
au gouvernement britannique en échange d'un maigre subside
qui leur permît de ne pas mourir de faim[2], les émigrés s'enrô-
laient « dans la correspondance », vaste réseau d'espionnage, que
le général comte de Béhague dirigeait de Londres, et dont les ramifications n'allaient pas tarder à s'étendre à la France entière[3].

Parmi eux, l'un des plus zélés et des plus actifs était sans contre-
dit le capitaine d'Auvergne, prince de Bouillon. Entré au service de l'Angleterre qui lui avait conféré le grade de capitaine
de vaisseau[4], il avait été envoyé à Jersey, où, dès la fin de 1792,
les « amis de la Liberté » de Granville avaient signalé des ras-

1. P. R. O., Ad. 1. 3985. Lettres de Paris, 1er janvier 1799 : « Une nouvelle expédition
se prépare, destinée, croit-on, à l'Irlande ou l'Écosse. Tous les bâtiments dans les ports
de l'Océan doivent y participer. » — Lettre de Paris, 7 janvier : « La plus grande activité est déployée à pousser l'armement des navires. On compte en mettre 28 en mer, avec
des transports pour 20 ou 30.000 hommes. On espère être prêt dans cinq semaines. Destination : le nord de l'Irlande. »

2. P. R. O., H. O., 69-26. Papiers Bouillon. Cf. lettre du 22 février 1799, par laquelle
le duc d'Harcourt recommande M. de Chateaubriant et M. Macé, employés dans la correspondance, et qui désirent toucher 5 shillings par jour.

3. P. R. O., H. O., 69-26, 27 janvier 1799. Béhague écrit qu'on va s'arranger pour « rallier les correspondances intérieures et en étendre les ramifications jusqu'à Paris même,
au bénéfice de tout ce qui peut intéresser le gouvernement britannique et la cause commune ».

4. P. R. O., H. O., 69-6, En qualité de capitaine de vaisseau, il commande à Jersey,

semblements d'émigrés[1], et il s'y trouvait en excellente situation pour rassembler et transmettre au gouvernement britannique les renseignements que lui procuraient ses informateurs des côtes normandes et bretonnes. Dès le 8 janvier 1799, d'Auvergne signale que des ordres, en date du 30 décembre, ont été reçus sur la côte, prescrivant de mettre l'embargo sur tous les corsaires dans les différents ports et d'envoyer leurs équipages à Brest où tous les navires doivent être mis en état en vue de gagner la Méditerranée[2]. Le 31 janvier, il transmet des nouvelles détaillées de Brest; il annonce que Bruix est désigné pour prendre le commandement de l'expédition et rappelle la haute opinion que Hoche s'était faite de ses talents, ainsi que sa connaissance approfondie des côtes de l'Irlande. L'informateur anonyme, qui renseigne d'Auvergne, décrit au jour le jour l'activité du port de Brest : l'entrée des convois chargés de munitions navales, l'arrivée des matelots amenés de l'intérieur sous escorte, les allées et venues des frégates, les mouvements de la rade et du port : il renseigne sur l'effectif des équipages, l'activité des constructions navales, les mutations dans le haut personnel de la Marine, les mouvements de troupes et les transports qui s'effectuent par terre en vue d'approvisionner le port de Brest : « on fait tous les préparatifs pour mettre en mer 24 vaisseaux..... l'armement ne peut, croit-on, être complètement prêt avant la fin de mars[3] ». Le 10 février, l'informateur signale la présence sur la rade de Brest de 15 vaisseaux, 6 frégates, 6 corvettes et 27 transports; le 19, il ajoute que 7 vaisseaux sont prêts dans le port; de nombreux chariots arrivent avec des munitions pour l'escadre « qui doit être prête au début d'avril ». Une somme de sept millions de livres vient d'être envoyée de Paris : « on

en 1800, le navire anglais *Bravo*. En 1801, il est nommé commodore et placé à la tête des forces navales des îles normandes. Sa correspondance couvre les années 1799, 1800, et 1801; il est chargé de centraliser tous les renseignements relatifs à la flotte de Brest; il envoie des officiers visiter les différents ports français; il correspond avec Lord Cornwallis, Lord St-Vincent, les Lords de l'Amirauté.

1. Desbrière, *op. cit.*, t. I, p. 37.
2. P. R. O., Ad. 1, 3985.
3. Voir *Memoirs and Correspondance of Viscount Castlereagh* qui reproduisent, au tome II, passim, toute cette correspondance.

pense, déclare-t-il, que c'est pour les embarquer sur les frégates que l'on croit destinées à l'Irlande, car des officiers de ce pays sont arrivés avec l'argent quoique subrepticement » (24 février). Le 17 mars, nouveaux renseignements sur la flotte dont la force s'accroît journellement : « il y a ce matin 22 vaisseaux en rade, dont l'*Océan*, le *Républicain*, le *Terrible* à trois ponts, 4 vaisseaux de 80 et 15 de 74 canons. La plupart des commandants ont été destitués et seront immédiatement remplacés... Le ministre de la Marine Bruix vient à Brest pour hâter l'armement... Malgré la levée forcée, les équipages sont encore très faibles, mal composés, et n'ont que peu de véritables matelots... » — 20 mars : « On fait des préparatifs en vue de l'arrivée ici de 7.000 hommes destinés à être être embarqués, pour l'Irlande suppose-t-on. La proportion des approvisionnements faits pour eux laisse croire que le voyage ne sera pas de longue durée... » — 1er avril : « le contre-amiral Delmotte exerce depuis l'arrivée du ministre les fonctions de commandant en chef en rade. Les contre-amiraux Bedout et Courand commandent l'avant-garde et l'arrière garde : le chef de division Linois est nommé major général... »

A ces informations détaillées qui lui parviennent par la côte, l'Amirauté joint les renseignements, moins précis, que lui fournissent ses forces navales. Le blocus de Brest était exercé, dans les premiers jours de janvier 1799, par une escadre de neuf vaisseaux, détachés de la flotte de Lord Bridport. Ces forces paraissaient amplement suffisantes pour contenir une force navale de 14 à 15 vaisseaux que les reconnaissances effectuées le 6, puis le 17 janvier, par Sir Edward Pellew, montraient inertes sur rade, « voiles déverguées sauf le perroquet de fougue, vergues et mâts de perroquet amenés ». Sir Alan Gardner, qui les commandait, ayant ramené son escadre à Torbay le 10 janvier, l'amiral Sir Charles Thompson le remplaça devant Brest, à la fin du mois, avec le même nombre de vaisseaux [1]. Le 9 février éclate une tempête d'O. N. O. ; le *Superb* casse son grand mât de hune, tous les vaisseaux font des avaries dans leur voilure et leur

---

1. *Queen Charlotte, Atlas, St-George, Sans-Pareil, Triumph, Captain, Superb, Defiance* et *Dragon.*

gréement; le *Dragon* se sépare de l'escadre, et se rend au mouillage pour changer ses mâts de hune; le temps ne s'améliorant pas, Thompson rentre à Torbay le 16 février. L'Amirauté, soucieuse de ménager son matériel, réduisit alors à 7 vaisseaux la force de la croisière devant Brest; et Lord Hugh Seymour, relevant Thompson, se mit en route pour Ouessant le 4 mars avec cette escadre réduite[1]. Peu ou point de frégates attachées à l'escadre. Sur la suggestion de Lord Bridport, ces dernières avaient été réparties par l'Amirauté le long des côtes, depuis Brest jusqu'au cap Finisterre, afin d'intercepter les convois qui faisaient affluer les munitions navales dans Brest. C'est ainsi que la *Melpomene*, la *Nymphe* et le *Triton* croisaient devant Brest, le *San Fiorenzo* et la *Naiad* au large de Penmarch, l'*Ethalion* et l'*Anson* au large de Rochefort et de Bordeaux, la *Mermaid*, le *Sylph* et le cutter *Nimrod* devant le Ferrol, tandis que la *Boadicea* croisait dans l'ouest[2].

Le 5 février, le *Triton*, capitaine Gore, arraisonne à 4 lieues au sud d'Ouessant un brick danois qui avait quitté Brest le matin même pour Malaga. Le patron déclare que les Français ont 14 vaisseaux en rade et 6 frégates, apparemment en bon état, mais avec très peu de matelots à bord; dans l'arsenal 20 navires de toute sorte sur lesquels on travaille activement; il ajoute que le sujet général des conversations est l'invasion projetée de l'Irlande, avec une grande force[3]. Le 14 février, la *Melpomene*, capitaine Sir Charles Hamilton, se plaçant de manière à relever Camaret dans le S. 1/4 S. E., à 2 milles et demi, observe la rade de Brest et y compte 14 vaisseaux; tous avec leurs vergues basses et leurs mâts d'hune amenés, quelques-uns avec leurs vergues de petit hunier et de perroquet de fougue croisées. Le 3 mars, le *Cambrian*, capitaine Legge, reconnaît à son tour la rade de Brest et y compte 15 vaisseaux; une lettre, saisie ce même jour, sur un caboteur français, confirme

1. *Sans-Pareil, Formidable, Saturn, Captain, Canada, Defiance, Triumph.*
2. P. R. O, Ad. 1112, Position des frégates le 24 février 1799. A cette date, on comptait 9 frégates en réparation à Plymouth, 1 à Spithead, 2 à Portsmouth.
3. Castlereagh, *Memoirs*, t. II, 179.

ce nombre et ajoute que 12 vaisseaux sont dans dans le port, tous prêts à aller en rade.

La destination de ce puissant armement faisait naturellement l'objet des préoccupations du cabinet de Londres. « Je ne serais pas surpris, écrit Wickham à Castlereagh le 11 janvier, que les Français essaient de jeter quelques forces en Irlande, ne serait-ce que dans l'espoir d'accroître les désordres qu'ils supposent naturellement devoir exister pendant que le pays est agité par la question de l'Union... La plupart des officiers qui sont rentrés prisonniers en France, après l'expédition du général Humbert, ont emporté une très piètre opinion des troupes qui leur furent opposées et sont imbus de l'idée que s'ils avaient débarqué 6.000 au lieu de 1.200, ils se seraient emparés du pays [1]. » Le gouvernement britannique avait de bonnes raisons pour se garder en Irlande. N'était-ce point sur cette île que le Directoire avait porté ses efforts au cours de l'année précédente ? La rébellion des Irlandais-Unis n'était étouffée que depuis peu de mois, et le projet de Pitt tendant à supprimer le Parlement irlandais et à unir l'Irlande au royaume de Grande-Bretagne, ne laissait pas de provoquer dans l'île une vive effervescence. D'ailleurs les nouvelles qui arrivaient de France assignaient presque toutes l'Irlande pour objectif à l'armement de Brest : on l'écrivait de Paris, on le confirmait de Brest, la présence de transports en cette rade donnait du corps à l'idée. Le 27 février, Joseph Holt, un des chefs irlandais insurgés l'année précédente, fit des révélations : il y a 20.000 rebelles organisés à Cork et dans les environs, déclara-t-il, résolus à se soulever le soir du Dimanche de Pâques, date où les Français sont attendus. Une feinte sera faite à Killala, mais l'attaque principale aura lieu à Cork. Les_ soldats de la milice ne sont pas fidèles; quand le grand jour sera venu, ils assassineront les loyalistes et s'empareront des armes et des munitions [2]. La police avait saisi chez les Irlandais-Unis de la capi-

---

1. Castlereagh, *Memoirs*, t. II, p. 93. Sur le rôle de Wickham voir l'ouvrage d'André Lebon : *L'Angleterre et l'émigration française.* Castlereagh était alors adjoint à Lord Cornwallis, lord-lieutenant d'Irlande.

2. Castlereagh, *Memoirs*, t. II, p. 186.

tale des instructions leur prescrivant de provoquer à la même époque un soulèvement à Londres, ainsi qu'à Bristol et à Manchester, afin qu'on ne pût, d'Angleterre, envoyer aucune troupe en Irlande ; à défaut de soulèvement, les instructions préconisaient des attentats terroristes : incendier un arsenal, ou bien assassiner le Roi ou M. Pitt. Wickham, qui faisait passer ces nouvelles, concluait : « Il semble certain qu'une formidable expédition s'organise à Brest, et, bien que nous ayons reçu des nouvelles contradictoires, beaucoup de circonstances, indépendamment de la situation intérieure actuelle de l'Irlande qui doit naturellement tenter l'ennemi d'essayer une invasion, rendent extrêmement probable que l'Irlande forme le but réel de l'expédition[1] ».

Les nouvelles de Hollande amenaient les Anglais aux mêmes conclusions. Pendant l'hiver, les neuf vaisseaux de guerre hollandais, les frégates et les transports mouillés au Texel, étaient restés immobiles, emprisonnés par les glaces[2]. Mais le 8 mars, un informateur annonçait, de Wesel, que « les Français, après bien des instances, ont obtenu du Directoire batave qu'il ferait sortir de Hollande six vaisseaux de ligne, deux frégates ainsi que deux barques canonnières pour opérer, assure-t-on, une descente en Irlande. On croit qu'ils se joindront à quelque flotte de Brest ou de Rochefort[3]. » Le 7 mars, le capitaine Temple, commandant le sloop *Jalouse*, apprenait par des prisonniers français capturés sur un corsaire, que 15.000 hommes de troupes françaises allaient se mettre en marche pour la Hollande et s'embarquer sur des transports. Des informations secrètes, reçues le 16 mars, par le cabinet de Saint-James, confirmèrent le renseignement. « Il est probable que cette force militaire est destinée à l'Irlande, mande Wickham à Castlereagh, mais je n'ai rien vu jusqu'ici qui me donne cette certitude que nous avions acquise sur la destination des dernières expéditions qui ont quitté la France pour

1. Castlereagh, *Memoirs*, t. II, p. 193.
2. Rapport du capitaine Dundas, commandant le *Juno*, 16 janvier 1799; du capitaine Dacres, commandant l'*Astrea*, 15 février 1799, du lieutenant Hawes, commandant le lougre *Phoenix*, 7 mars 1799.
3. Castlereagh, *Memoirs*, t. II, p. 200.

ce pays [1]. » Les lettres, reçues le 23 mars, de Sir James Crawfurd, ministre britannique à Hambourg, semblaient de nature à lever toute indécision : « D'après toutes les informations reçues de l'intérieur, y lit-on, il ne peut plus rester de doute que l'ordre ne soit donné de faire sortir la flotte du Texel au premier bon vent, et, vu le nombre de troupes qu'elle a à bord, le projet est d'entreprendre quelque descente sur la côte d'Irlande [2] ».

Si vive en vérité était la crainte d'une descente des Français en Irlande, que l'Amirauté, ayant appris [3] qu'un convoi de 5 frégates, 4 transports et 3 ravitailleurs, chargé de troupes « en nombre inconnu », avait été aperçu par un brick prussien à sa sortie de Bordeaux le 27 février, décida le 13 mars de renforcer l'escadre des côtes d'Irlande en plaçant sous les ordres de l'amiral Kingsmill le *Russell*, la *Phoebe* et le *Proselyte ;* mesure de précaution prise bien que « l'Amirauté ne fût pas informée de la présence d'une pareille force ennemie à Bordeaux, et sans qu'elle eût lieu de croire que le but de l'expédition fût l'Irlande [4]. Le 19 mars, Lord Spencer mandait à Lord Bridport, qui prenait les eaux à Bath, d'interrompre sa cure et de rallier Portsmouth sans tarder : « De récents rapports venus de Brest, disait le premier Lord, nous donnant raison de supposer que de grands efforts y sont faits pour préparer une expédition probablement destinée à l'Irlande, et la fin de ce mois ou le début d'avril paraissant être l'époque où cette force sera prête à prendre la mer, il est désirable que vous hissiez de nouveau votre pavillon afin d'être prêt à appareiller au premier avis [5] ». Trois jours plus tard, l'Amirauté ordonnait que tous les navires présents à St-Helens [6] fussent en état de prendre la mer au premier signal, soit à l'apparition de l'ennemi, soit à la nouvelle qu'il essaierait de passer la Manche [7], et le 23 mars, le contre-amiral Berkeley recevait l'ordre d'appa--

1. Castlereagh, *Memoirs*, t. II, p. 212
2. Id., *ibid.*, p. 223. — Crawfurd à Grenville, 22 février 1799.
3. Par le lieutenant Harrison, commandant le *Spider*.
4. Castlereagh, *Memoirs*, t. II, p. 212. Nepean à Kingsmill, 13 mars 1799.
5. *The Spencer papers*, Spencer à Bridport, 19 mars 1799.
6. Rade voisine de Portsmouth.
7. P. R. O. Ad. 1, 112.

reiller pour Brest, dès que les vents seraient à l'est, avec tous les vaisseaux présents à Cawsand bay [1].

Cependant Lord Hugh Seymour poursuivait sa croisière devant Brest, fréquemment rejeté par la violence des vents d'est, loin de son rendez-vous. Les frégates anglaises continuaient de surveiller la côte, sans réussir à nuire aux convois français qui ne passaient que sous forte escorte. Le 7 mars, la frégate *San Fiorenzo* rencontra un convoi français, escorté par trois frégates. Le 11, la *Clyde*, capitaine Cunningham, aperçut à 6 ou 7 milles dans le S. S. O. d'Ouessant, 5 frégates et 4 corvettes françaises protégeant l'entrée d'un grand convoi à Brest. Le *Cambrian* qui reconnut la rade le 17 mars, y compta 18 vaisseaux, dont 4 seulement dans un état assez avancé, les autres sans aucune voile enverguée. Quelques jours après, sur les ordres de Bridport, le *Phaeton* et le *Stag* partirent pour relever l'*Ethalion* devant Rochefort, et constituer avec le *Fisgard* les trois frégates affectées à cette station [2]; l'*Indefatigable*, capitaine Curzon, envoyé devant le Ferrol, eut ordre de ranger sous ses ordres la *Mermaid*, le *Sylph*, et le *Nimrod* et au cas où la division espagnole appareillerait, d'envoyer la *Mermaid* prévenir l'Amirauté tandis qu'il ferait passer la nouvelle à l'escadre de Cadix. Le 25 mars, Lord Hugh Seymour fut rallié par la *Clyde* et la *Magnanime;* il ordonna à la *Magnanime*, capitaine Taylor, de renforcer le *Cambrian* à la surveillance du port de Brest, tandis que la *Clyde* irait rejoindre les deux frégates en croisière entre Belle-Ile et Rochefort. Lui-même, chassé par une forte tempête soufflant du S. S. O. à l'O. N. O., laissa porter sur Torbay où il arriva le 27 ; mais deux jours après, le vent s'étant remis à l'est, il appareillait de nouveau, avec six vaisseaux [3] pour rejoindre sa station.

Il y fut rejoint le 6 avril par le *Caesar*, l'*Impetueux* et le *Magnificent* [4], puis, le 8, par l'amiral Berkeley, qui amenait le *Mars*, l'*Atlas*, le *Dragon*, l'*Ajax* et le *Repulse*. Seymour croisa dès lors

1. Rade voisine de Plymouth.
2. P. R. O., Ad. 1, 112, Ordre de Bridport, 20 mars 1799.
3. *Sans Pareil, Formidable, Saturn, Canada, Defiance; Triumph;* Le *Captain*, 7ᵉ vaisseau, avait été autorisé à se rendre à Cawsand bay pour se réparer.
4. Ce renfort lui permit de renvoyer le *Defiance* à Cawsand bay pour se réparer.

dans la partie Est du rendez-vous, dans l'attente de l'arrivée de Lord Bridport, mais une forte tempête de N. O., qui souffla dans la nuit du 9, dispersa son escadre. L'amiral réussit à la rallier, à l'exception du *Repulse* et du *Childers;* le *Canada* perdit son grand mât de hune dans l'ouragan[1]. Le 13, une fièvre infectieuse s'étant déclarée à bord de la *Magnanime*, Seymour décida de la renvoyer à Plymouth : le départ de cette frégate désorganisait l'escadre détachée à la surveillance de la zone de rendez-vous contiguë à la côte, escadre que l'amiral considérait comme absolument nécessaire pour assurer la surveillance effective du port de Brest[2]. Le lendemain, 14 avril, Seymour reçut des ordres de l'Amirauté, datés du 10, en vertu desquels il laissa le commandement de la croisière à l'amiral Berkeley avec six vaisseaux seulement : le *Mars* de 74, le *Dragon* de 74, le *Caesar* de 80, l'*Impetueux* de 74, l'*Ajax* de 74 et le *Magnificent* de 74, la frégate *Cambrian*, le brick *Childers* et le lougre *Lady Duncan*, et fit route sur Cawsand bay avec les autres navires[3] : affaiblissement des plus dangereux en présence d'une escadre ennemie qu'une reconnaissance de la rade de Brest, effectuée le 6 avril, par le *Triton* représentait comme forte de 27 navires dont 19 vaisseaux.

Heureusement Lord Bridport arrivait[4]. Il avait hissé son pavillon

1. P. R. O., Ad. 1, 112. Seymour à l'Amirauté, 11 avril 1799.
2. P. R. O., Ad. 112, *ibid.*, 13 avril 1799.
3. Il y arriva le 16 avril.
4. Alexander Hood, Viscount Bridport (1727-1814); frère cadet de Samuel, Viscount Hood. Entré dans la marine en 1741 sur le *Romney*; lieutenant en 1746 sur le *Bridgewater*, jusqu'en 1748. Placé ensuite à demi-solde jusqu'en 1755. En juin 1756, il est nommé sur le *Prince-George* où le contre-amiral Saunders hisse son pavillon en Méditerranée. Il suit Saunders sur le *Prince*, le *Culloden* et le *St-George*. En 1759, il commande la *Minerva* de 32 canons, attachée au blocus de Brest sous Hawke, puis à l'escadre du capitaine Duff dans les eaux du Morbihan, où il assiste à la défaite de la flotte française, le 20 novembre 1759. En janvier 1761, il s'empare, après un combat de six heures, du *Warwick*, capturé par les Français. En septembre 1761, il commande l'*Africa* en Méditerranée et conserve ce commandement jusqu'à la paix. En septembre 1766, Hood devient trésorier de l'hôpital de Greenwich. En 1777, il est nommé au commandement du *Robust* de 74, dans la flotte de Keppel. Il prend part, le 27 juillet, au combat devant Ouessant. Contre-amiral en septembre 1780, il commande en sous-ordre dans la flotte de Lord Howe. En 1784, il est député au Parlement pour Bridgewater, puis pour Buckingham. Vice-amiral en septembre 1787. Chevalier du Bain en 1788.
En 1793, Hood est nommé commandant en second de la Channel Fleet sous Howe. En avril 1794, il est promu amiral, mais continue de servir en second et participe à

à Portsmouth, le **28** mars, sur le *Royal George,* mais, retardé quelques jours par les vents contraires, il n'avait quitté le mouillage de St-Helens que le 13 avril au matin, avec le *Royal George* de 100, le *Prince* de 98, le *St-George* de 98, le *Neptune* de 98, le *Glory* de 98, l'*Achille* de 74, le *Pompée* de 74 et la frégate l'*Anson*. Le 15, à 5 heures du soir, il atteignit le lieu de sa station [1]. Le **16** au matin le lougre *Lady Duncan* et le brick *Childers* le rallièrent et lui apprirent la séparation de Lord Hugh Seymour et de Berkeley. Une seule frégate, le *Cambrian*, assurait la surveillance du port de Brest, et encore sa mâture était-elle en si mauvais état qu'elle n'était plus apte à remplir ce service, d'autant que les Français avaient fait mouiller une force supérieure dans la rade de Bertheaume afin d'empêcher qu'on ne vînt reconnaître la rade de Brest. Ému de cette situation, Berkeley écrivit à l'Amirauté qu'il se proposait de renforcer le *Cambrian* avec un vaisseau dès que le temps le permettrait, et demanda un renfort de plusieurs frégates [2].

Le 17, à 9 heures du matin, Lord Bridport et Berkeley effectuèrent leur jonction. Dans l'après-midi la *Naiad* rallia ; le vent, qui se mit à souffler très frais du Nord-Ouest, obligea l'escadre anglaise à s'éloigner d'Ouessant. Le **18**, elle se trouve à 32 milles de l'île, le **19**, à 35 milles. Elle est rejointe, ce jour-là, par le vaisseau le *Terrible* et par le *Cambrian*. Le 20, la brise mollit un

toutes les opérations qui se terminèrent par la bataille du 1er juin 1794. Créé pair d'Irlande le 12 août 1794, avec le titre de Baron Bridport of Cricket St-Thomas. En juin 1795, le commandement lui échoit pendant la maladie de Howe. Il prend la mer avec 19 vaisseaux et croise sous Belle-Ile, où il rencontre, le 23 juin, la flotte française inférieure en nombre et lui capture 3 vaisseaux. Le 15 mars 1796 il est nommé vice-admiral of England, et le 31 mai, créé pair d'Angleterre.

En décembre 1796, il reprend la mer en apprenant l'attitude menaçante de l'escadre de Brest, mais il intervient trop tard pour ruiner l'expédition de Hoche en Irlande. Le 15 avril 1797, la mutinerie éclate dans la flotte ; le pavillon rouge est hissé sur le *Royal-George*, d'où celui de Bridport est amené. Les marins le respectent néanmoins ; ils l'appellent leur père, leur ami : Bridport réussit à calmer la mutinerie, qui éclate de nouveau le 7 mai pour ne cesser définitivement que le 15. Pendant les trois années qui suivent, Bridport dirige le blocus de Brest. Il fut créé Viscount en juin 1801. (Extrait du *Dictionary of National biography*.)

1. L'île d'Ouessant dans l'E. S. E., à 2 ou 3 milles.

2. P. R. O., Ad. 1, 112, Berkeley à l'Amirauté, 16 avril. Il signale également le mauvais état du *Mars* dont les manœuvres courantes sont pourries, les voiles en morceaux, et dont les ponts et murailles font eau.

peu et l'escadre se rapproche à 10 milles d'Ouessant[1]. Le vaisseau le *Superb* la rallie le 21 ; son arrivée porte la force de l'escadre anglaise à 15 vaisseaux. La brise est encore fraîche, mais le temps est redevenu clair, et Bridport, qui est sans nouvelles de Brest depuis son arrivée sur le théâtre de la croisière, décide de faire effectuer la reconnaissance de ce port par la frégate l'*Anson* qu'appuieront quatre vaisseaux : le *Dragon*, l'*Achille*, le *Pompée* et le *Magnificent*, le reste de l'escadre devant se tenir pendant cette opération à proximité des Pierres Noires[2]. La reconnaissance s'effectue comme il est prévu, le 22. L'*Anson*, capitaine Durham, se heurte à trois vaisseaux et une frégate français stationnés à Bertheaume. Il réussit néanmoins à voir très clairement dans Brest. Toute la flotte sauf un vaisseau est dans un état d'achèvement très avancé ; tous les navires ont leur grand'voile enverguée. Dans la rade extérieure, on compte 14 vaisseaux, dont 4 à trois ponts, 8 frégates, 3 corvettes, 1 cutter. Les rapports de l'*Achille*, capitaine Murray, et du *Dragon,* capitaine Campbell, ne mentionnent respectivement que 13 et 12 vaisseaux en rade, mais apparemment prêts à prendre la mer : voiles enverguées, perroquets croisés, et sous voile à Bertheaume, 3 vaisseaux et 2 frégates[3]. Malgré ces renseignements, qui montrent l'ennemi sur le point de faire voile, Bridport, informé ce jour-là de l'engagement des frégates *San Fiorenzo* et *Amelia* sous Belle-Ile[4], ordonne à l'*Anson* et à la *Naiad* d'aller prendre la station laissée vacante par le départ de ces frégates, au large de Penmarch ; elles partent à 5 h. 30 du soir, laissant l'escadre totalement démunie de frégates[5].

Le 23 avril, l'escadre se rapprocha d'Ouessant. Dans l'après-

1. Pour ces mouvements de l'escadre de Lord Bridport voir : P. R. O., *Admiraltys journals*, N° 124, *Journal de Bridport*, Captain logs, N° 1280, *Journal de bord du Royal-George.*

2. P. R. O., Ad. 1, 112, Bridport à l'Amirauté, 22 avril 1799.

3. P. R. O., Ad. 1, 112.

4. Le rapport dressé le 16 avril par Sir Harry Neales, commandant le *San Fiorenzo,* sur les événements du 9 avril, fut transmis par Bridport à l'Amirauté le 22 avril.

5. Le *Cambrian*, avons-nous vu, ne pouvait plus assurer le service de surveillance du port de Brest. Notons que le 20 avril se trouvaient à Cawsand bay les frégates suivantes appartenant à l'armée : *Bellona, Melpomene, Nymph, Ethalion, San Fiorenzo, Amelia, Triton, Megara.*

midi, la brise fraîchit du N. E. et souffla en rafales : la pluie se
mit à tomber. Craignant que l'ennemi ne profitât de la brise d'est
pour sortir, Bridport ordonna une reconnaissance pour le jour
suivant. Le 24, tandis que l'escadre se tient à sept lieues dans
l'ouest d'Ouessant[1], quatre vaisseaux, le *Caesar*, le *Dragon*, le
Superb et le *Terrible* se portent vers Brest. A 5 heures du soir, le
Caesar, capitaine Sir James Saumarez, compte 7 vaisseaux à l'ancre
dans la baie de Camaret, 5 vaisseaux sous voile sortant de Brest,
7 vaisseaux en rade et un certain nombre de frégates, tous paraissent manœuvrer pour appareiller. Le rapport du *Dragon* confirme
celui du *Caesar*. Sir James Saumarez rallie aussitôt l'amiral avec
ces importantes nouvelles : il demande à parler à Bridport et com-
munique avec lui à 10 heures du soir.

Le 25 avril, le vent continue de souffler frais du N. E. Bridport
louvoie pour se rapprocher de Brest. A midi, il relève les Pierres
Noires dans le N. E. à 4 ou 5 milles, l'entrée de Brest lui restant à
l'E. 1/2 N. On aperçoit nettement 13 vaisseaux français mouillés
dans la rade extérieure de Brest et 5 navires en appareillage.
L'après-midi la brise demeure fraîche, le temps nuageux. A
6 heures du soir, l'amiral ordonne à la *Nymph* qui a rallié son
pavillon la veille, d'aller croiser pendant la nuit devant l'entrée
de Brest. Le *Superb* et le *Dragon*, détachés en surveillance, reçoivent l'ordre de tenir exactement leurs postes ; l'escadre croisera
jusqu'à l'aube à trois lieues environ dans l'Ouest d'Ouessant.

Le rapport de Sir James Saumarez, la reconnaissance qu'il vient
d'effectuer en personne ont convaincu Bridport que la flotte ennemie va prendre la mer. « Vos Seigneuries, écrit-il à l'Amirauté, se
rendront compte que cette escadre doit être renforcée par quelques-
uns des navires de Plymouth ou de Portsmouth placés sous mon
commandement, et elles ordonneront sans doute à l'amiral Sir
Alan Gardner de me rejoindre sans perdre un instant. Je vous
informe également que, d'après les rapports qui me sont faits, et
selon mes propres observations, je pense que la flotte ennemie va

1. Où le brick *Childers* et la frégate la *Nymph* la rallièrent.

prendre la mer; si elle sort, sans être aperçue, je ne perdrai pas un moment pour me rendre avec toute ma flotte au large du cap Clear, ou sur toute autre partie de l'Irlande que les renseignements pourraient m'indiquer[1]. »

Au moment où Bridport écrivait ces lignes, l'Amirauté, émue des informations qui venaient de lui parvenir de Walpole, ministre britannique à la cour de Lisbonne, qui signalait le danger d'une attaque des Français contre le Portugal [2], décidait d'envoyer en toute hâte à l'escadre un renfort composé du *Russel* [3], du *Ramillies*, du *Robust*, du *Renown*, et du *Venerable*, ainsi que des frégates *Amiable*, *Beaulieu* et *Mermaid*. Elle prescrivait à Bridport de faire en sorte que l'ennemi ne pût sortir de Brest et faire route au sud sans être aperçu, car, disait-elle, « quoique la nécessité absolue de protéger la côte d'Irlande forme le premier objectif qui doive attirer votre attention, si l'ennemi mettait en mer sans être aperçu de vos croiseurs, il y a de fortes raisons de croire que l'expédition qu'il a préparée à Brest ne soit destinée au Portugal, entreprise qu'il est essentiel de l'empêcher de poursuivre avec succès [4] ».

1. P. R. O., Ad. 1, 112, Bridport à l'Amirauté, 26 avril 1799.

2. Le gouvernement britannique avait longtemps refusé de croire à un péril sérieux pour le Portugal. N'entretenait-il pas dans ce pays six régiments d'émigrants, deux régiments d'infanterie anglaise, un régiment de dragons, un corps d'émigrants artilleurs, en tout 4.465 hommes? « Avec tous les ennemis que la France a sur les bras écrivait Grenville à Walpole, le 9 avril, il est inconcevable qu'elle attaque le Portugal : ce pays ne court plus aucun risque », et il ordonnait au Ministre britannique de protester contre le rappel de l'escadre portugaise que venait de décider la cour de Lisbonne, afin d'éviter une guerre avec la France (Voir F. O., 63, 20). Cependant une lettre, adressée le 18 avril par C. Kaugnitz à Grenville, annonçait que l'expédition de Brest, quoique destinée primitivement à l'Irlande, pourrait bien être détournée vers le Portugal, si la tentative sur l'Irlande paraissait trop basardeuse. Le 23 avril, d'Almeida, ministre de Portugal à Londres, transmettait une lettre du premier ministre Pinto de Souza, qui dénonçait les préparatifs militaires de l'Espagne et les dispositions prises pour recevoir les troupes françaises; le ministre concluait à un péril imminent pour le Portugal. Le même jour, 23 avril, le paquebot arrivé de Lisbonne apportait une lettre de Walpole, en date du 6 avril, où ce ministre déclarait que les Français avaient demandé l'usage des ports espagnols pour y masser leurs troupes destinées à agir contre le Portugal.

3. Le *Russell* était déjà parti; il rallia Bridport le 26 au matin, portant ainsi sa force navale à 16 vaisseaux de ligne.

4. P. R. O., Ad. 2, 1354, Amirauté à Bridport, 26 avril 1799.

Avis, vaisseaux, frégates, tout partait trop tard. Ce même jour, 26 avril, l'armée navale française commandée par Bruix se glissait hors de Brest et échappait aux mailles trop lâches du filet tendu par son adversaire.

La veille au soir, conformément aux ordres reçus, le capitaine Fraser, commandant la *Nymph* avait fait route, une fois la nuit faite, sur l'entrée de Brest. Après avoir franchi l'Iroise et mis le feu d'Ouessant entre le nord et l'ouest, il prit la panne et se laissa dériver avec le jusant vers l'ouest. A 11 heures, la nuit devint si épaisse qu'il perdit de vue Saint-Mathieu et le feu d'Ouessant. A 5 heures du matin, le 26, la *Nymph* vira lof pour lof et courut en direction des Pierres Noires, mais le temps demeurait si sombre que Fraser ne distingua d'abord rien. Enfin, vers 8 heures et demie le temps s'améliorant il se mit à courir vers la terre. Il venait de gagner la longueur des Pierres Noires quand, vers 9 heures, il aperçut dans la brume « le corps de la flotte française, sous voiles » : onze navires formés en deux divisions ou lignes, cap au large, avec une forte frégate sur leur avant, et, derrière ces navires, le reste de la flotte encore en partie à l'ancre, certains vaisseaux paraissant avoir largué leurs voiles. La *Nymph,* vira de bord sur l'avant de la division qui se trouvait sous le vent, mais la frégate française établit ses perroquets et commença à la gagner de vitesse. A 9 h. 30 environ, Fraser aperçut le *Superb* et le *Dragon* stationnés à l'entrée de l'Iroise. Comme le temps était très brumeux, il jugea que moins il ferait de signaux, plus il aurait de chances d'être compris, et il se contenta de hisser le signal : « L'ennemi est tribord amures », qu'il fit suivre de l'indication du relèvement : E. S. E. La *Nymph* demeura ensuite au contact de l'ennemi jusque midi 30; à ce moment, la frégate française vira vent arrière, et le brouillard devint si épais que Fraser la perdit de vue. Vers 1 heure seulement, il vira à son tour lof pour lof, mais sans parvenir à reprendre le contact. Quelques instants après le brouillard se dissipa et Fraser aperçut le *Dragon* qui signalait que le signal fait par la *Nymph* à 9 h. 30 n'était pas distinct. Fraser le fit répéter et se mit en devoir de courir la bordée de terre pour rejoindre le mouillage avant la nuit et y observer les mouvements de l'ennemi [1].

Cependant le *Dragon,* ayant bien compris cette fois le signal fait par la *Nymph,* le répéta à 1 h. 8. Informé de l'apparition de l'ennemi et de sa route tribord amures, Bridport, qui se trouvait à midi à 4 lieues dans l'ouest d'Ouessant, signale à 1 h. 15 au *Superb* et au *Dragon* de compter le nombre des vaisseaux français. A 1 h. 20, le *Superb* répond qu'il ne peut exécuter l'ordre reçu ; à 1 h. 26, Bridport hisse le signal de modifier la route, par un mouvement tous à la fois, jusqu'au sud-ouest, et laisse porter. A 1 h. 44, il signale au *Dragon* et au *Superb* de reconnaître l'ennemi ; le *Superb* ne fait pas l'aperçu. A 2 h. 10 l'amiral signale à l'escadre de venir au sud-est par un mouvement tous à la fois, puis il ordonne le branle-bas de combat (2 h. 15). A 2 h. 50 l'*Impétueux* signale que les navires aperçus sont des vaisseaux de ligne. A 2 h. 56, Bridport hisse le signal de chasse générale et augmente sa voilure. A 3 heures, l'*Impétueux* signale encore que l'ennemi aperçu comprend 11 vaisseaux de ligne [2].

Quand Fraser vit monter le signal de chasse générale et les vaisseaux anglais se couvrir de toile, il fut pris d'un scrupule. Il avait perdu l'ennemi de vue depuis midi et demi. Sur quoi donc, et dans quelle direction l'amiral allait-il chasser? Ne risquait-il pas de faire un faux mouvement qui, au lieu de le rapprocher de l'ennemi, l'en éloignerait? Fraser le pensa, d'autant mieux que le virement de bord de la frégate lui donnait des raisons de croire que l'ennemi avait regagné son mouillage. Il voulut donc signaler qu'il avait perdu l'ennemi de vue, mais il ne trouva pas, dans le code de signal correspondant. Alors il hissa le signal d'annulation « ne jugeant pas convenable de signaler que l'ennemi était encore à l'ancre, avant d'en avoir acquis la certitude ». A 3 h. 19, le *Superb* répéta le signal de la *Nymph* qui annulait le signal précédent. A 3 h. 22, Bridport ordonnait de cesser la chasse : les vaisseaux diminuèrent de toile aussitôt et se mirent à serrer le vent tribord amures.

---

1. P. R .O., Ad. 1, 112, Rapport de Fraser à Bridport, 26 avril 1799. Captain's logs 1269 : *Journal de bord de la* Nymph.
2. P. R. O., *Admiral's journals*, 124. *Journal de Lord Bridport.*

En réalité la *Nymph* avait été écartée du gros de l'armée française par la division des vaisseaux *Mont-Blanc*, *Zélé*, *Wattignies*, qui avait appareillé dès 7 heures du matin le 26 pour aller à la découverte dans l'ouest. La flotte française, après avoir passé la nuit au mouillage de Bertheaume, reçut à son tour l'ordre de mettre sous voiles, dès que Bruix eut vu la *Convention* sortir de la rade de Brest. « Dix-neuf vaisseaux composant l'armée navale anglaise, écrit l'amiral, étaient à vue d'Ouessant, le 26 avril, jour de mon départ. Leur avant-garde vint jusque dans l'Iroise et nous la vîmes de nos vaisseaux [1]. Le vent ayant heureusement passé N. N. O., bon frais, la brume épaisse et nous dérobant à la vue de l'ennemi, je pensai qu'une manœuvre hardie pourrait nous mettre à cinquante lieues au large avant qu'il pût avoir connaissance de notre départ.

« Je n'hésitai pas à donner l'ordre de mettre sous voiles ; je formai l'armée en ligne, j'en pris la tête ; je fis signal de suivre mes mouvements et ma route, et je fis sortir ainsi l'armée par le Raz de Sein. Un seul de nos vaisseaux, le *Censeur*, démâta de son petit mât de hune pendant la bourrasque dont je profitai pour appareiller. Il ne put doubler la Parquette ; je lui ordonnai de sortir par le Toulinguet ; il me répondit qu'il ne pouvait obéir ; je n'en sais pas les motifs, mais je ne voulus pas l'attendre et je le laissai [2].

« Ma manœuvre a été couronnée par la fortune. Le lendemain à midi, j'étais à plus de cinquante lieues de Brest, et je suis persuadé qu'à cette heure, les Anglais s'en approchaient pour m'observer [3]. »

1. Allusion se rapportant évidemment à la reconnaisance de la veille.

2. La *Constitution* fut également retardée par la rupture de ralingue de ses huniers, ce qui l'obligea à mouiller pour les changer. Elle rallia l'armée le 28 avril à midi.

3. A. F., III, 600. Bruix au Directoire exécutif, 7 mai 1799. Nous complétons le récit de l'amiral Bruix par l'extrait suivant du journal de bord de l'*Océan* (A.M.4.J.J.) : « 26 avril, temps brumeux et humide. Bonne brise de la partie du nord. Vers les 7 heures, les vaisseaux *Mont-Blanc*, *Zélé*, et *Wattignies* ont appareillé et sont allés en découverte dans l'Ouest. La *Convention* ayant sorti de la rade de Brest, on a ordonné à l'armée de mettre sous voiles. Tous ont hissé les huniers et fait des dispositions pour l'exécution. A 10 h. 30, dérapé, abattu sur tribord et pris le vent par bâbord vent arrière. Dès que l'ancre a été haute, nous avons fait servir les huniers et la misaine. Le vent n'ayant pas permis de doubler au vent la Parquette, à 11 h. 30 nous avons viré vent devant. A midi, reviré vent devant et tenu le plus près tribord jusqu'à doubler la Parquette, après quoi nous avons à 1 heure laissé arriver au S. S. O. pour aller au Raz. Alors il ne restait au mouillage que la *Constitution* et le *Censeur*.

Bruix ne se trompait pas. Bridport, induit en erreur par le rapport de Fraser, et croyant la flotte française retournée au mouillage, ordonna, le 27 au matin, une reconnaissance de la rade de Brest. Lui-même donna dans l'Iroise avec son escadre. Il lui fallut alors se rendre à l'évidence : toute la flotte française à l'exception d'un grand navire resté au mouillage de Brest, lui avait échappé et se trouvait en mer. Bridport détacha aussitôt le cutter *Dolly* à Plymouth pour porter cette nouvelle à l'Amirauté et lui dire qu'il allait faire route pour la côte d'Irlande avec toutes ses forces. Le sloop *Childers* reçut l'ordre de partir immédiatement pour rejoindre Lord St-Vincent ou l'amiral commandant la croisière devant Cadix et lui annoncer que la flotte française, forte de 20 à 30 navires, dont 19 vaisseaux, avait pris la mer pour une destination inconnue [1]. A 5 h. 25 du soir l'amiral ordonnait à l'escadre d'établir toute la voilure et cinglait vers la côte d'Irlande, laissant le cutter *Lady Jane* sur le lieu de sa station, afin de diriger tout navire qui viendrait le rallier sur son nouveau rendez-vous.

Le lendemain, 28 avril, le vent ayant passé au N. N. E. puis au nord, Bridport écrit à l'Amirauté qu'il lui paraît impossible que la flotte de Brest puisse atteindre l'Irlande avant lui. L'apparition des forces anglaises devant le cap Clear inspira confiance et sécurité dans cette partie de l'empire britannique. L'amiral demande à être renforcé à son arrivée sur les côtes de l'Irlande par le *Polyphemus* et les cinq frégates placées sous les ordres de Kingsmill ; il annonce son intention de demeurer sous le cap Clear jusqu'à ce que l'Amirauté lui donne de nouveaux ordres [2].

Celui-ci signala des avaries à son petit mât d'hune, ce qui l'avait obligé de remouiller. Vers 2 heures, pris deux ris à chacun des trois huniers. A 3 heures, nous avons passé le Raz. Alors le temps s'éclaircit, on a reconnu tous les bâtiments, excepté les deux vaisseaux précités. On a formé l'ordre des deux colonnes et navigué de manière à nous écarter de la côte. La nuit ; temps sombre, mer assez belle, vent variable dans sa direction et sa force. Le matin, beau temps, mer un peu houleuse, presque calme. Au jour, un bâtiment de l'arrière. Point à midi (le 27). :

L = 46° 14' N.
Rumb estimé **S. S. O. 5°** Sud.
Chemin corrigé **19 lieues 1/2**.
G = 7° 35' O.

1. P. R. O., Ad. 1, 112, Bridport à l'Amirauté, à St-Vincent, 27 avril 1799.
2. P. R. O., Ad. 1, 112. Cette lettre fut envoyée par le *Fisgard* et reçue le 4 mai par l'Amirauté.

Le 29 au matin, l'escadre fut ralliée par le lougre *Black Joke*, qui rapporta avoir capturé le 27 courant, à 6 lieues d'Ouessant, un schooner français nommé le *Rebecca* qui faisait route sur l'Irlande. Ayant abordé le schooner pendant la nuit, le lieutenant Nicholson avait eu la bonne fortune de s'emparer de tous les papiers secrets confiés à l'officier porteur de dépêches, au moment même où celui-ci allait les jeter à la mer, munis d'un poids pour les faire couler. Parmi ces papiers se trouvait une dépêche, datée du 5 avril et signée de l'amiral Bruix, qui donnait au porteur des instructions sur la route à tenir pour éviter les croisières ennemies, ainsi que les signaux de reconnaissance à faire à l'arrivée sur la côte d'Irlande. Une pièce annexe, signée Dx, disait que l'armée, forte de 18 vaisseaux, se portera à XXX, que l'escadre batave se portera sur la côte CCCC, y débarquera ses troupes, etc...[1]. Bridport n'y vit point malice; il prit pour argent comptant tout ce qu'on lui contait là. « Ces papiers, écrit-il gravement à l'Amirauté, constituent une forte preuve de l'objectif de la flotte de Brest et fournissent également de nouvelles preuves que les intentions des Hollandais sont dirigées contre l'Irlande. [2] » Plus convaincu que jamais, il poursuivit sa route vers cette île.

*
* *

Le cutter *Dolly*, qui portait la nouvelle de la sortie de la flotte de Brest, arriva à Plymouth dans la nuit du 29 au 30 avril. L'amiral Sir Thomas Pasley, qui commandait l'arsenal, ordonna sur-le-champ au capitaine Thornborough de ranger sous ses ordres tous les vaisseaux présents sur rade : *Formidable, Atlas, Ramillies, Robust, Defiance, Triumph*, ainsi que les frégates *Uranie* et *Phoenix*, et de se préparer à partir pour le cap Clear [3]. Le lendemain, 1er mai, l'importante dépêche de Lord Bridport parvenait à l'Ami-

---

1. P. R. O., Ad. 1, 112, Instructions données au citoyen Lebreton, commandant l'aviso *Rebecca.*

2. P. R. O., Ad. 1, 112, Bridport à l'Amirauté, 30 avril 1799. Lettre envoyée par le *Black Joke.*

3. *The Spencer papers*, Pasley à l'Amirauté, 30 avril 1799.

rauté. Lord Spencer, le premier Lord, se trouvait alors à Bath
où il prenait les eaux. En son absence, ce parait être le vice-
amiral William Young, membre du Board [1], qui pourvut aux premières mesures. Si l'Amirauté ne pouvait, officiellement, qu'approuver la conduite de Bridport [2], Young, dans ses lettres privées
à Lord Spencer ne se crut pas tenu à la même réserve : « La flotte
française a quitté Brest, écrit-il, par un brouillard épais, sans
avoir été aperçue par Lord Bridport, et sans qu'il ait pu déterminer la route qu'elle a suivie, circonstances d'autant plus malheureuses que notre flotte se trouvait si près de l'ennemi qu'une
petite éclaircie lui aurait permis d'engager le combat; mais, à
défaut de cela, je pense que si des moyens convenables avaient
été pris par Bridport pour se faire prévenir des mouvements de
l'ennemi, ce dernier ne lui aurait pas échappé. Tout ce que nous
pouvons faire pour le moment est de laisser Lord Bridport se
débrouiller avec les navires qu'il a sous ses ordres, et garder
tous ceux que nous avons dans les ports prêts à partir vers le sud,
si nous apprenons de source sûre que les Français ont fait voile
dans cette direction, ou à défendre nos propres côtes, au cas où
ces derniers feraient soudain demi-tour pour venir de notre côté [3]. »
En vertu des ordres donnés le 26 avril, le *Russell,* le *Venerable* et
le *Renown* avaient déjà apparcillé pour rejoindre Lord Bridport
devant Brest [4]; le *Ramillies* et le *Robust,* qui devaient les suivre,
eurent ordre de rallier directement l'escadre au cap Clear, ainsi
que les frégates *Beaulieu, Amiable, Mermaid.* L'amiral Kingsmill,
commandant la station d'Irlande, fut avisé d'avoir à mettre le *Poly-*

1. Composition du Board of Admiralty : George John Earl Spencer, Ch. G. Lord
Arden, Sir Ph. Stephens, vice-amiral James Gambier, vice-amiral William Young,
Thomas Wallace, vice-amiral Robert Man, Evan Nepean, 1er secrétaire; William Marsden,
2e secrétaire.

2. Le 1er mai, l'Amirauté écrivit à Bridport : « Il est regrettable que le capitaine
Fraser n'ait pu garder l'ennemi en vue et vous donner des renseignements capables de
de vous amener au contact de cette flotte avant qu'elle fût loin de Brest, ou de vous
permettre de la suivre jusqu'à destination. Dans l'incertitude des choses, Leurs Seigneuries ne peuvent qu'approuver votre décision d'aller d'abord devant le cap Clear,
où vous resterez jusqu'à ce que vous ayez des nouvelles de l'ennemi... (Ad. 2, 1354.)

3. *The Spencer papers,* Young à Spencer (1er mai 1799).

4. Le *Russell* l'avait rejoint le 26 avril au matin. Le *Venerable* et le *Renown* avaient
respectivement quitté Portsmouth le 26 et le 27 avril.

phemus sous les ordres de Bridport. Ces renforts portaient à 21 vaisseaux la force confiée à ce dernier, ce qui paraissait plus que suffisant pour lutter avec avantage contre une flotte que les derniers rapports reçus déclaraient composée de 18 ou 19 vaisseaux [1]. L'amiral Sir Alan Gardner reçut l'ordre de quitter Spithead pour Cawsand Bay avec le *Royal Sovereign*, le *Repulse* et le *Captain*, et de s'y tenir prêt pour toute destination [2]; enfin des instructions furent envoyées à l'amiral Pasley, pour qu'en cas de combat entre Bridport et Bruix, tous les navires présents à Plymouth se dirigeassent sur Brest, en vue d'intercepter et de détruire ceux des navires qui pourraient avoir échappé à la flotte anglaise [3].

Quelle était la destination de la flotte française? Était-ce l'Irlande ou le Portugal? On hésitait à Londres entre ces deux objectifs. « Ce n'est que cet alternatif (sic) qui nous est embarrassant », écrit Grenville à Woronzoff [4]. Les renseignements qui arriveraient chaque jour devaient, dans ces circonstances, prendre une extrême importance. Le 3 mai, on reçut à Londres des avis, transmis par d'Auvergne, antérieurs au départ de Bruix : « On fait une sorte de parade, disait l'informateur de Brest, de l'intention de prendre bientôt la mer, et il circule parmi les officiers le bruit que la flotte est destinée à Cadix; mais on pense, avec quelque raison, que ce bruit circule davantage pour tranquilliser les partisans de Bonaparte en ayant l'air de faire un effort sur la Méditerranée pour le secourir, que par suite d'un plan bien établi... [5] ». Un autre avis, reçu le même jour, annonçait que la flotte ennemie n'avait que 3.000 hommes de troupes à bord [6].

Si minimes que fussent ces renseignements, ils suffirent à dissiper pour un temps l'incertitude qui voilait aux yeux du cabinet de Londres le but de l'expédition. La flotte française n'ayant embarqué qu'un nombre de troupes suffisant à peine à former la garnison des vaisseaux, comment pourrait-elle méditer une inva-

1. Castlereagh, *Memoirs*, t. II, p. 295. Nepean à Castlereagh, 1er mai 1799.
2. Ainsi l'Amirauté concentrait ses réserves à Plymouth.
3. P. R. O, Ad. 2, 1354, Ordres du 1er mai 1799.
4. *Dropmore Manuscript.* t V. p. 37, 1er mai 1799.
5. Castlereagh, *Memoirs*, t. H, p. 297, Nepean à Castlereagh, 3 mai 1799.
6. *Dropmore Mss.*, t. V, p. 38, Lord Grenville à Thomas Grenville, 3 mai 1799.

sion de l'Irlande ou du Portugal? « M. Pitt et Dundas, écrit Young à Spencer le 3 mai, sont convaincus, après avoir appris ce matin que l'escadre française n'a pas de troupes à bord, qu'elle est destinée à la Méditerranée; en conséquence de cette opinion, ils ont décidé qu'un renfort serait envoyé à Lord St-Vincent [1]. » L'amiral Whitshed reçut en effet l'ordre de se rendre sur-le-champ à Portsmouth et d'appareiller dès le lendemain avec la *Queen Charlotte* pour Cawsand Bay, où les vaisseaux *Triumph*, *Defiance*, *Bellona*, *Repulse*, et les frégates *Ethalion* et *Phoenix* ou tous autres disponibles, se rangeraient sous ses ordres. Les instructions qui lui furent données, tracées à la hâte dans la journée du 3 mai, lui prescrivaient de rejoindre Lord St-Vincent devant Cadix ou ailleurs ; toutefois, si, en cours de route, il apprenait l'entrée de la flotte française dans un des ports du Golfe de Gascogne, il rejoindrait l'escadre de Cadix avec la *Queen Charlotte* seule et renverrait les autres vaisseaux en Angleterre, les frégates restant affectées à la surveillance de l'ennemi. Si, au contraire, la flotte française était revenue vers le nord, Whitshed reviendrait à Cawsand Bay avec tous ses vaisseaux. Enfin, on lui recommandait de ne s'approcher qu'avec précaution des côtes de Portugal ou de Cadix, où les escadres française et espagnole pourraient bien avoir effectué leur jonction [2]. Le même jour, informant Lord St-Vincent de la situation, l'Amirauté lui recommandait de prendre des mesures pour que les prises faites à Aboukir, et actuellement remisées dans le Tage, ne tombassent pas au pouvoir de l'ennemi, de « veiller à la sécurité » de l'escadre portugaise du marquis de Niza, et elle lui suggérait, au cas où l'ennemi prendrait le parti « désespéré » d'entrer en Méditerranée, de réunir toute sa flotte et de l'y suivre [3]. En exécution des ordres reçus, Whitshed appareilla de Spithead le 5, rallia le lendemain à Cawsand Bay le *Repulse*, le *Captain* [4], le *Defiance*, le *Bellona*, ainsi

---

1. *The Spencer papers*. Notons que St-Vincent ne disposait que de 15 vaisseaux devant Cadix.
2. P. R. O., Ad. 2, 1354, Amirauté à Whitshed, 3 mai 1799.
3. P. R .O., Ad. 2, 1354, Amirauté à St-Vincent, 3 mai 1799.
4. Le *Captain* remplaça le *Triumph*.

que les frégates *Ethalion* et *Phoenix*, et fit route le soir même, à 6 heures, vers la Méditerranée [1].

Le 4 mai, l'amiral Young écrivait à Spencer une lettre où il commentait longuement les résolutions prises la veille : « Par l'arrangement fait hier, disait-il, vous verrez que bien qu'il soit possible que l'escadre de Brest ait fait voile pour l'Irlande, cependant, en votre absence, M. Pitt et les autres ministres ont décidé qu'il était nécessaire de se prémunir contre une autre éventualité. Tous les renseignements que nous avons eus de Brest sont si incertains, qu'il est douteux qu'on puisse assigner un objectif défini à cette expédition, mais si le dernier rapport est vrai, il paraît improbable que la flotte française aille en Irlande ; avec si peu de troupes, elle n'y produirait aucune impression. Elle ne pourrait le faire qu'en prenant à Rochefort des transports et des troupes (ce qu'elle ferait également si elle était destinée au Portugal), et cette éventualité rend nécessaire le maintien de Lord Bridport sur la côte d'Irlande tant que les Français ne seront pas au sud de Rochefort.

« J'ai tendance à croire que l'armement était primitivement destiné à l'Irlande ou au Portugal, les circonstances devant décider de sa destination ; mais ce plan fut arrêté au moment où les Français espéraient forcer l'Empereur à conserver la paix, ou battre ses armées s'il leur déclarait la guerre. Leurs espérances sont cruellement trompées, et ceci peut avoir changé leurs mesures.

« L'état désespéré de leurs affaires en Italie appelle un remède désespéré, et il se pourrait qu'ils risquent le reste de leur flotte également pour sauver le reste de leur armée, ou, tout au moins, pour se maintenir en communication avec elle, au cas où les Autrichiens réussiraient à barrer l'Italie et à couper toute communication par terre. Si c'est bien là leur but, ils rencontreront devant Cadix une flotte fort inférieure en nombre, mais si supérieure sous tout autre rapport que j'ai bon espoir du résultat. Beaucoup de nos navires seraient avariés, mais c'est de peu de conséquence, car nous pouvons les remplacer, tandis qu'après une bataille, les Fran-

---

1. P. R. O, Ad. 1, 112, Gardner à Amirauté, 5 mai, 6 mai, Whitshed à Amirauté, 7 mai 1799.

çais n'auraient peut-être plus un seul navire en état de servir.

« Si, au lieu de pénétrer en Méditerranée, ils entrent à Cadix. pour forcer les Espagnols à se joindre à eux, ils y seront certainement retenus assez longtemps pour que nos renforts puissent rejoindre Lord St-Vincent, et alors nous les tiendrons tous bloqués, car les Espagnols ne sortiront jamais tant qu'il y aura vingt vaisseaux anglais devant leur port. S'ils échappent à notre escadre et entrent en Méditerranée sans être aperçus, ils peuvent y faire beaucoup de mal avant que leur présence soit connue; aussi ai-je demandé qu'on envoie un messager à Nelson par la voie de Vienne et de Trieste, afin de lui dire qu'une escadre française est dans le cas d'arriver dans ces parages et lui conseiller de rassembler ses forces en vue de la combattre. [1] »

Le 5 mai, on fut avisé à Londres que la flotte partie de Brest comprenait 25 vaisseaux et 8 frégates, qu'elle n'avait pas de troupes à bord, et que sa destination était vraisemblablement Cadix. Le renseignement prêtant à la flotte ennemie une force beaucoup plus grande que celle qui avait été signalée jusqu'alors par les reconnaissances anglaises, l'Amirauté douta de sa véracité. Néanmoins c'était là une indication que Young, en homme avisé, se garda de négliger. « Comme il peut devenir nécessaire, écrit-il à Spencer, d'envoyer un autre renfort, je crois que nous devrions ordonner à tous les navires présents au port de se préparer à faire campagne, afin qu'en cas de besoin, ils emportent le plus de vivres et de provisions possible; et je suis d'avis que quand nous apprendrons que les Français sont descendus à un certain parallèle vers le sud, Bridport reçoive l'ordre ou de rentrer au port et de préparer un certain nombre de ses vaisseaux à faire campagne, ou bien de compléter ses vivres à Cork en versant à ceux des vaisseaux désignés pour partir tous les vivres des autres; ces vaisseaux iraient alors d'Irlande en Méditerranée sans toucher en Angleterre [2] ». L'ordre fut effectivement envoyé à Plymouth d'approvisionner à six mois pour service à l'étranger, le *Formidable*, l'*Atlas*, le *Saturn*, le *Canada*, le *Triumph*, le *De-*

---

1. L'Amirauté écrivit en effet dans ce sens à Nelson le 4 mai. Cf. Ad. 2, 1354.
2. *The Spencer papers*, Young à Spencer, 5 mai 1799.

fiance, le *Bellona,* le *Captain,* et le *Repulse* [1], et une nouvelle
lettre adressée à Nelson le mit en garde contre la flotte ennemie
qui pourrait être « plus considérable que ne le croyait Lord Bridport », et lui enjoignit de réunir aussitôt que possible tous les
vaisseaux employés au blocus de Malte et à la défense de la Sicile,
pour le cas où la flotte française éluderait la vigilance de Lord
St-Vincent [2].

La journée du 6 n'apporta aucune information nouvelle sur la
flotte française, mais le 7 au matin on apprit par les journaux
français que la flotte de Brest comprenait bien réellement 25 vaisseaux; ces journaux ajoutaient qu'elle avait à bord 25.000 hommes
et se trouvait approvisionnée pour cinq mois. « Je crains, écrit
Young à Spencer, que nous ne devions prêter créance au nombre des
navires, malgré les renseignements de nos capitaines qui les ont
aperçus, mais le nombre d'hommes est impossible, car chaque
navire devrait en porter 1.000. Seulement il se peut que ces
hommes soient quelque part où l'escadre ira les prendre dans
des transports. M. Pitt désire que nous examinions s'il ne vaudrait
pas mieux envoyer les navires qui sont à Cawsand Bay rejoindre
Lord Bridport... Comme je considère que c'est là, au fond, son
avis, nous donnons l'ordre à Sir Alan Gardner de prendre l'*Atlas*
avec lui et d'aller immédiatement au cap Clear [3]... mais quoi qu'on
dise, je ne crois pas que l'Irlande soit l'objectif des Français, et
je voudrais bien que la petite escadre qui est devant Cadix fût
aussi en sûreté que Dublin ou Killala » [4].

Ainsi l'incertitude continuait de régner parmi le Cabinet britannique. Après avoir songé à couvrir la Méditerranée, Pitt avait
été de nouveau repris par ses craintes pour l'Irlande. Lord Grenville, secrétaire d'État aux Affaires étrangères, était d'un avis
quelque peu différent. « Les journaux français parlent de 25 vaisseaux et de 14.000 hommes de troupes, mande-t-il le 8 mai à

---

1. P. R .O., Ad. 2, 137. *Orders and instructions,* Amirauté à Sir Th. Pasley, 6 mai.
Notons que les 4 derniers vaisseaux prirent la mer, le 6 au soir, avec l'amiral Whitshed.
2. P. R .O., Ad. 2, 1354. Amirauté à Nelson, 5 mai 1799.
3. L'ordre fut effectivement envoyé le 7 mai à Sir Alan Gardner d'appareiller avec
le *Royal Sovereign* et l'*Atlas* (Cf. Ad. 2, 137).
4. *The Spencer papers,* Young à Spencer, 7 mai 1799.

son frère Thomas, *sed ego non credulus illis*. Chaque jour rend plus probable l'opinion que l'objectif de la flotte de Brest est de secourir Bonaparte. Les curieux papiers que vous avez envoyés semblent la confirmer; nous ne savons plus rien de notre propre flotte [1] ». Cependant, le 8 mai, Lord Spencer reçut communication à Bath des dépêches relatant la capture du *Rebecca*. « Il n'y a pas de doute qu'une partie au moins de la flotte de Brest ne soit destinée à l'Irlande, » mande-t-il aussitôt à l'amiral Kingsmill, et il l'invite à prévenir Bridport, Castlereagh, et à se tenir sur ses gardes [2]. Ces dépêches furent connues à Londres le 9 mai a matin. Elles excitèrent chez Pitt de nouvelles alarmes pour l'Irlande. Young ne partageait pas les craintes du premier ministre. « Les dépêches saisies à bord de l'aviso français, écrit-il à Spencer, l'ont été dans des circonstances qui inspirent le soupçon. Les ordres donnés à l'officier sont du 5 avril et lui enjoignent de partir immédiatement pour l'Irlande, et il se trouve que cet officier est capturé devant Ouessant le 27. Le but de sa mission est d'obtenir des informations sur les dispositions des habitants pour les rapporter à l'amiral commandant la flotte, et il part un jour après que la flotte a pris la mer. Il se laisse prendre ses dépêches, alors qu'il aurait été impossible de l'empêcher de les jeter à la mer s'il l'avait voulu, car il n'avait que deux ou trois lettres. Pourquoi tout ceci ? Je ne sais, mais je ne me sens pas plus disposé à croire que les Français vont en Irlande, après la saisie des instructions de Lebreton qu'avant.

« Lord Grenville a reçu aujourd'hui (9 mai) des nouvelles qui font croire que l'escadre du Ferrol doit rejoindre celle de Brest et qu'elle possède de nombreuses troupes à bord. En conséquence, M. Pitt et Lord Grenville sont décidément d'avis que tous les navires présents à Cawsand Bay rejoignent Lord Bridport Nous leur avons donné des ordres en conséquence. Les navires disponibles actuellement sont le *Formidable,* le *Triumph* et le

---

1. *Dropmore Mss.*, t. V, p. 45.

2. *The Spencer papers*, Kingsmill lui répondit le 12 qu'à son avis l'affaire du *Rebecca* n'était qu'une ruse. Aucun des navires marchands venant d'Amérique n'a rencontré la flotte française.

Canada ; l'*Agincourt*, qui a quitté Spithead les aura bientôt rejoints.

« Si l'information de Lord Grenville est véridique, continue Young, je crois de moins en moins l'expédition destinée à l'Irlande ; j'ose dire que les Espagnols sont très indifférents à cette idée. Je pense qu'elle est plus probablement destinée à la Méditerranée, où les Espagnols peuvent attaquer Minorque, tandis que les Français pousseraient plus loin. Ou bien tous ensemble tenteront une attaque générale de nos Antilles, où chacun prendra sa part du combat et du pillage. Mais tout ceci n'est que conjectures, car nous avons tant de points vulnérables qu'il est impossible de dire où nous serons attaqués. Il m'apparaît toujours comme un plan très probable des Français qu'ils entrent dans la Manche, après avoir attiré notre flotte dans l'Ouest, et débarquent un corps considérable de troupes sur la côte occidentale pour tenter de détruire l'arsenal de Plymouth ; aussi ai-je proposé de faire croiser quelques frégates entre Ouessant et le cap Clear, afin qu'elles avisent Lord Bridport, au cas où les Français feraient route sur la Manche, et donnent l'alarme sur toute la côte à leur approche. L'*Endymion*, l'*Urania* et l'*Andromache* ont été affectées à ce service [1].

Les vues exprimées dans cette lettre se reflètent dans les ordres qui furent donnés ce jour-là. Le capitaine Thornborough, commandant le *Formidable*, eut ordre de prendre avec lui le *Triumph*, le *Canada* et l'*Agincourt* et de rallier Lord Bridport au cap Clear. Ce dernier fut averti que l'envoi de ce renfort devait lui permettre de lutter avantageusement contre la flotte française dont l'objectif probable était une descente en Irlande, et qui se trouverait vraisemblablement renforcée par l'escadre du Ferrol, forte de 6 vaisseaux et portant 4.000 hommes de troupes. Il lui était enjoint [2], à moins qu'il n'eût des informations certaines sur les intentions de l'ennemi, de conserver son escadre dans une position telle qu'elle fût à même de remonter la Manche si l'ennemi se dirigeait de ce

---

1. *The Spencer papers*, Young à Spencer, 9 mai 1799.
2. P. R. O., Ad. 2, 1354, Amirauté à Bridport, 9 mai 1799.

côté. Enfin des ordres furent donnés à l'effet de réunir au voisinage de Portsmouth un corps de troupes considérable, qui se tiendrait prêt à gagner tout autre point de la côte, voire même l'Irlande, à la première apparition de la flotte française [1].

Les premières informations positives sur les mouvements de la flotte de Bruix parvinrent à Londres le 9 mai dans la soirée, quand on apprit par un télégramme de Plymouth que cette flotte avait été aperçue par un navire danois, le 28 avril, à 45 lieues dans l'E. 1/4 N. E. du cap de Peñas, faisant route au S. O. La journée du lendemain apporta quelques précisions et une rectification : la flotte aperçue comprenait 37 voiles; elle avait été vue par L = 46° 25′ et G = 10° 3′ [2]. Un rapport de d'Auvergne, reçu ce même jour, confirmait le départ de Bruix, avec 26 vaisseaux, 8 frégates et 5 corvettes, munis de cinq mois de vivres et sans troupes, et disait qu'un corsaire arrivé la veille avait aperçu une flotte le 1er mai, au large du cap Finisterre, faisant route au sud [3]. Enfin la frégate l'*Indefatigable,* capitaine Curzon, qui avait reçu mission de croiser devant le Ferrol, arrivait à Plymouth le 8 mai avec une importante nouvelle : l'escadre espagnole avait quitté le Ferrol le 28 avril. En mer, Curzon avait croisé le *Childers* qui s'en allait, à toutes voiles, porter à l'escadre de Cadix la nouvelle de la sortie de la flotte de Brest : l'Amirauté eut ainsi la certitude que cette dernière ne serait pas prise à l'improviste.

Personne ne douta à Londres que la sortie de l'escadre du Ferrol ne fût concertée avec celle de la flotte de Brest, en vue d'une jonction que l'on pensa s'être effectuée en mer le 1er ou le 2 mai, et au plus tard le 3 ou le 4. Mais, la réunion faite, sur quel point allait se diriger l'armement combiné? En dépit des efforts de Young qui déclarait que « toute pensée de le voir aller en Irlande devait désormais être bannie », Lord Grenville et Pitt s'obstinaient à croire encore l'expédition destinée à l'Irlande [4]. « Il se peut qu'après la jonction, écrit Pitt à Spencer le 11 mai,

1. Castlereagh, *Memoirs*, t. II, p. 300. Wickam à Castlereagh, 9 mai 1799.
2. P. R. O., Ad. 1, 3985, l'information fut apportée à Plymouth par le lieutenant Batt.
3. P. R. O., Ad. 1, 3985, lettre de Jersen, 5 mai 1799.
4. *The Spencer papers*, Young à Spencer, 10 mai 1799.

les Français aillent à Cadix, mais il est également possible qu'ils se rendent avec toute leur flotte, grossie des Espagnols du Ferrol, en Irlande, ou qu'ils y détachent une partie de leurs forces avec des troupes, tandis que le gros continuerait vers le sud [1] ». En conséquence, et vu l'absence où l'on se trouvait de toutes nouvelles sur le compte de Lord Bridport, l'ordre fut donné à Sir Alan Gardner de continuer à croiser sous le cap Clear [2].

*
* *

La nouvelle du départ de la flotte de Brest avait précédé de plusieurs jours à Dublin l'arrivée de Lord Bridport sur les côtes d'Irlande. Cornwallis, lord-lieutenant de l'île, en fut informé le 4 mai à midi. « Je n'ai pas perdu un seul instant, écrit-il au duc de Portland, pour me préparer à recevoir les Français de mon mieux, au cas où ils échapperaient à Lord Bridport. Les régiments Warwick et Suffolk, dont le départ avait été retardé par les vents contraires, ont été débarqués de nouveau aujourd'hui, et renforceront mes forces le cas échéant. La Yeomanry est placée en service permanent pour veiller sur les entreprises des désaffectionnés [3] ». Lord Bridport, retardé par un vent très frais du N. E. qui porta son escadre fort loin dans l'ouest et dans le nord [4], n'eut connaissance de la côte d'Irlande que le 7 mai dans l'après-midi. La veille, il avait été rallié par l'*Anson* et la *Naiad;* cette dernière frégate lui apprit que le 29 avril elle avait arraisonné un brick prussien, allant de Bordeaux à Dantzig, qui déclara avoir aperçu la flotte française par 46° 56′ de latitude et 6° 30′ de longitude Ouest; le brick avait été retenu deux heures par elle dans la nuit du 27; cette flotte faisait alors route au sud [5]. Mais il ne semble pas que cette nouvelle ait ébranlé Lord

1. *The Spencer papers*, Pitt à Spencer, 11 mai 1799.
2. P. R. O., Ad. 2, 137, Orders and instructions, 11 mai 1799.
3. Castlereagh, *Memoirs*, t. II, p. 299, Cornwallis au duc de Portland, 4 mai 1799.
4. Jusque par 52° 19′ de latitude et 12° 15′ de longitude.
5. Le journal de bord de l'*Océan* porte à la date du 27 : « La voile chassée par la *Créole* nous a été envoyée; elle a été reconnue pour prussienne et gréée en smack. A 1 heure fait servir après avoir visité ce bâtiment.

Bridport dans son opinion. Le 8 au matin, il arriva devant le cap
Clear où il fut rejoint par le *Polyphemus*, la *Glenmore*, la *Phoebe*,
la *Melampus*, le *Cerberus*, le *Shannon*, le *Kangaroo*, et, peu
après, par le *Venerable*, le *Renown*, le *Robust* et les frégates *Beaulieu*, *Amiable* et *Megara*. Ce renfort portant ses forces à 21 vaisseaux, il renvoya le *Polyphemus* à Cork, et fit part à l'Amirauté
de son intention de stationner au large d'Achill Head, et d'étendre
ses frégates tout le long de la côte d'Irlande, depuis les Blaskets
jusqu'à Lough-Swilly, afin d'intercepter la flotte française ; deux
des frégates de l'amiral Kingsmill resteraient sous le cap Clear [1].

Le 13 mai, Bridport arrivait en effet devant Achill Head et y
restait plusieurs jours en croisière sans rien apprendre de l'ennemi. Le 17, il fut rejoint par Sir Alan Gardner, qui lui amenait
le *Royal Sovereign* et l'*Atlas*. Le lendemain, il reçut une lettre de
l'Amirauté, datée du 9, lui annonçant l'envoi d'un nouveau renfort de 4 vaisseaux. Ce n'est que le 20 mai que Bridport fut touché
par de nouvelles instructions de l'Amirauté, lui ordonnant de
laisser la surveillance de la côte aux frégates, de rallier la baie
de Bantry avec toute sa flotte et de s'y ravitailler avec la plus
grande célérité.

Après de longues tergiversations, le cabinet de Londres avait
enfin pris un parti. « Les nouvelles reçues, mandait l'Amirauté à
Bridport, donnant de fortes raisons de croire que la flotte de
Brest a effectué sa jonction avec l'escadre espagnole du Ferrol,
aucune récente nouvelle n'indiquant par ailleurs que l'Irlande soit
l'objectif probable de tout ou partie de cette force combinée, on
en conclut que la flotte alliée a fait route au sud, et que vraisemblablement une grande partie de cette force est destinée à Cadix
ou à la Méditerranée, tandis qu'un détachement pourrait être employé sur un théâtre plus lointain ; en conséquence, nous avons
jugé opportun de faire un détachement de 20 vaisseaux commandé
par Sir Alan Gardner, avec les contre-amiraux Cotton et Collingwood en sous-ordre [2], qui rejoindra Lord St-Vincent devant Cadix

1. P. R. O., Ad. 1, 112, Bridport à l'Amirauté, 8 mai 1799.
2. Collingwood avait reçu l'ordre de hisser son pavillon sur le *Sirius* à Spithead et

ou ailleurs [1] ». Les instructions tracées à Sir Alan Gardner le 14 mai prévoyaient plusieurs cas : si Lord St-Vincent est sur la côte d'Espagne, et les Français et les Espagnols à Cadix, Gardner effectuera immédiatement sa jonction avec St-Vincent. Si St-Vincent est entré dans la Méditerranée à la recherche de l'ennemi et n'a laissé aucune force devant Cadix, Gardner laissera les deux contre-amiraux avec seize vaisseaux devant ce port pour surveiller les Espagnols et, avec le reste de son escadre, il escortera en Angleterre les prises qui se trouvent dans le Tage. Si les Français et les Espagnols sont entrés dans la Méditerranée, Gardner détachera douze vaisseaux en renfort à St- Vincent et reviendra avec le reste, en escortant les prises. Si la flotte ennemie a fait un détachement vers l'ouest, Gardner détachera à sa poursuite un nombre égal de vaisseaux, qui devront se rendre à Ténériffe, puis à Trinidad, voire même au cap de Bonne-Espérance, et il rejoindra Lord St-Vincent avec le reste. Enfin, s'il sait d'une façon sûre que l'ennemi est destiné à l'Irlande, il reviendra avec toutes ses forces devant le cap Clear [2].

Ces instructions, avec leur quintuple hypothèse, reflètent le désarroi où la sortie dérobée de la flotte de Brest avait jeté le gouvernement britannique. Encore ce dernier balança-t-il près de quinze jours avant de se décider à renforcer son escadre de la Méditerranée. Puis, la décision prise, il fallut un laps de temps à peu près égal pour lui donner un effet. Bruix allait ainsi bénéficier d'un mois d'avance. Quels dangers, quels périls les forces

---

de rejoindre sur-le-champ Bridport au cap Clear; il transborderait alors sur le *Triumph* (Ad. 2, 137, Ordre du 12 mai).

1. P. R. O., Ad. 2, 1352, L'Amirauté à Bridport,14 mai 1799.

2. P. R. O., Ad. 2, 1352, Instructions à Gardner 14 mai 1799. Ces instructions subirent une légère modification avant le départ de Gardner. Le gouvernement britannique ayant appris d'une part, par les journaux français, que l'escadre espagnole du Ferrol était arrivée à l'île d'Aix, et d'autre part que 5 navires supposés de guerre avaient été aperçus le 12 courant par le paquebot venant de Lisbonne, craignit de nouveau pour l'Irlande et songea d'abord à retarder le départ de Gardner jusqu'à nouvel ordre (Ad. 2, 1354, Amirauté à Bridport, 20 mai). Puis la nouvelle arrivant que la flotte française avait été aperçue le 2 et le 3 mai au large des côtes du Portugal, faisant route au S. O., dans la direction de Cadix, l'Amirauté renouvela à Gardner l'ordre de départ : seulement elle réduisit son détachement de 20 à 16 vaisseaux. (Ad. 2, 13354, Amirauté à Gardner, 21 mai 1799.)

anglaises de la Méditerranée n'allaient-elles pas courir, avant l'arrivée des renforts envoyés par l'Amirauté ? C'est tout juste si Whitshed, parti le 6 mai, arriverait en temps. Les appréhensions, les craintes que l'on ressentait à Londres se manifestent dans la lettre que Lord Spencer écrivit le 15 mai à Lord St-Vincent : « Je vous dirai simplement que j'espère que l'amiral Whitshed et son escadre vous auront rejoint avant que vous ne vous soyez trouvé dans l'obligation de combattre l'ennemi qui a réussi, malgré toutes nos précautions, à changer le théâtre de la guerre d'une manière qui, pendant quelque temps, rend notre situation très critique... [1] ».

1. *The Spencer papers*. Spencer à St-Vincent, 15 mai 1799.

CHAPITRE IV

L'entrée en Méditerranée

Si quelqu'un s'attendait peu à voir fondre sur lui une armée navale française, c'était bien Lord St-Vincent. La moitié de sa flotte se trouvait dispersée en Méditerranée, bloquant Malte et Alexandrie, protégeant la Sicile et Minorque ; le reste, 16 vaisseaux, sous les ordres de Lord Keith, assurait le blocus de Cadix. Tantôt à l'ancre, tantôt sous voile, croisant à trois ou quatre lieues du port, cette escadre se voyait parfois contrainte d'abandonner sa station quand les vents, soufflant frais de la partie ouest, la mettaient en danger d'être affalée sur la côte ; elle laissait alors porter sur le cap Spartel, évitant de franchir le détroit d'où, seule, une brise d'est aurait pu la ramener [1]. Croisière ingrate et pénible par les mauvais temps d'hiver ; lutte constante contre une mer dure qui déliait les vaisseaux et menaçait de les engloutir. Deux d'entre eux surtout, le *Prince George* et la *Princess Royal,* étaient en très mauvais état. A Keith qui s'en plaignait, Saint-Vincent répondait sèchement : « Le *Foudroyant* fit plus d'eau pendant les sept ans où je le commandai que tous les navires sous vos ordres réunis ; cependant personne ne m'a jamais entendu me plaindre, et je n'en ai jamais pris prétexte pour entrer dans un port. *Tempora mutantur* » [2]. Cette boutade n'empêchait d'ailleurs pas le commandant

---

1. *The Spencers Papers*, t. II, p. 430, St-Vincent à Lord Spencer, 10 janvier 1798. « Quoiqu'une flotte puisse, avec la plus grande facilité, prendre la mer de Cadix par temps modéré, avec n'importe quel vent il est nécessaire d'avoir un vent d'est pour entrer dans l'Océan en partant de Gibraltar, et j'ai fréquemment éprouvé six semaines de vent d'ouest sans qu'il fût possible à un seul navire de franchir le détroit ».

2. B. M., Add. Mss. 31161, St-Vincent à Keith, 21 janvier 1799.

en chef de reconnaître le bien-fondé de la plainte de son lieutenant, de signaler à l'Amirauté l'extrême péril que couraient les
équipages de ces vaisseaux et de demander instamment leur
remplacement, ainsi que l'envoi de plusieurs frégates qui lui per-
missent de communiquer avec ses lieutenants Nelson et Duckworth, toutes les siennes étant affectées à la protection du
commerce[1]. L'inertie des Espagnols avait jusqu'alors favorisé sa
tâche, et St-Vincent s'efforçait de les maintenir dans les mêmes
dispositions, en continuant d'entretenir avec Don Joseph de
Mazarredo des relations de haute courtoisie. Pour la même raison,
il accueillait avec bienveillance les émissaires du prince de la
Paix, soucieux de soulager la misère de l'Espagne, afin d'éviter
que cette misère ne devînt le principe de la ruine pour ce pays en
le livrant aux révolutionnaires français[2].

Cependant les Espagnols, longtemps passifs, paraissaient depuis
quelque temps sortir de leur torpeur. L'activité déployée sur la
côte, l'envoi de troupes à Alicante et à Barcelone pour presser
tous les *pauvres diables* de la côte et armer la flotte, les nouvelles
alarmantes envoyées de Minorque par le général Stuart firent
croire à St-Vincent que les Espagnols, poussés par les Français,
allaient tenter de reprendre cette île. Il proposa aussitôt à Londres
d'embarquer trois des régiments de Gibraltar et de les envoyer à
Minorque afin d'en renforcer la garnison. « Tous les nerfs seront ten-
dus en vue de conserver cette île, écrit-il à Lord Spencer le 1er janvier 1799, qui est réellement d'une valeur infiniment plus grande
pour nous qu'à aucune autre époque de notre histoire maritime. »
« La retraite de la famille royale à Palerme, écrivait-il encore
quelques jours plus tard, rend l'île de Minorque d'une importance
incalculable[3]. » Vers la fin de février, Saint-Vincent apprit que les
trois-ponts le *Real Carlos* et la *Reyna Luisa*, ainsi que deux
autres vaisseaux de 74, prenaient armement à Carthagène et n'attendaient plus que des marins pour mettre en mer, tandis que
de vastes préparatifs étaient en cours sur les côtes de Murcie, de

1. *The Spencer papers*, St-Vincent à Spencer, 13 et 24 février 1799.
2. *The Spencer papers*, St-Vincent à Spencer, 6 mars 1799.
3. *The Spencer papers*, St-Vincent à Spencer, 16 janvier 1799.

Catalogne et à Majorque. Il en conclut que ces navires étaient destinés à couvrir une descente sur Minorque, et il ordonna à Nelson de détacher deux vaisseaux pour renforcer Duckworth [1]. Mais ses craintes n'allaient point seulement à cette île ; la Sicile, à son tour, se trouvait menacée par les Français, maîtres des Calabres. Afin de parer à ce nouveau danger, le général Stuart partit de Port-Mahon le 2 mars, avec les 30e et 89e régiments pour aller tenir garnison à Messine, « car si la Sicile tombe aux mains des Français, ils ne trouveront plus aucune difficulté à jeter des vivres à Malte [2] ».

Cadix, Minorque, la Sicile, tels sont les pivots de la politique méditerranéenne de Saint-Vincent. Si, parfois, il songeait au théâtre occidental de la guerre maritime, c'était pour prédire une descente des Français en Irlande : « Je n'aime pas l'aspect de l'Irlande, écrivait-il à l'Amirauté le 16 avril 1799 ; si les Français y débarquaient en force, ce qu'ils sont certainement capables de faire, malgré la vigilance de notre escadre de l'ouest, le peuple entier se mettra en mouvement et sèmera la destruction partout où il pourra se porter [3] ». Mais son attention était bien vite ramenée au midi, où l'arrivée à Cadix de l'amiral Lacrosse et les efforts déployés par lui pour équiper la flotte espagnole, le mirent de nouveau sur le qui-vive. « La flotte espagnole de Cadix se prépare à sortir en force, mande-t-il le 30 avril à Duckworth, avec 27 ou 28 vaisseaux et de nombreuses frégates, et nous n'avons que 16 vaisseaux à lui opposer. » Le même jour, après avoir pressé Nelson de lui renvoyer le *Minotaur* à tout événement, pour compenser cette infériorité numérique, il ajoute : « En vérité, l'escadre devant Cadix est misérablement dépourvue de frégates et de vaisseaux tout à la fois ».

Le 3 mai, au matin, les 15 vaisseaux de Lord Keith [4] se trouvaient mouillés à trois lieues environ dans l'O. S. O. de Cadix, lorsqu'à 8 h. 40 a. m. l'amiral fut rallié par le sloop *Childers* venant

---

1. B. M., Add., Mss. 31167, St-Vincent à Nelson, 25 février 1799. Duckworth n'avait avec lui que le *Leviathan* et le *Centaur*.

2. *The Spencer papers*, St-Vincent à Spencer, 6 mars 1799.

3. Cf. Brenton, *Life of St-Vincent*, t. II, p. 7.

4. La *Ville de Paris* de 112, le *Barfleur* (pavillon de Keith), le *Prince George*, (pavillon de Sir William Parker), le *London* et la *Princess Royal* de 98, le *Namur*

d'Ouessant, qui lui annonça que la flotte française de Brest et l'escadre espagnole du Ferrol avaient toutes deux pris la mer. Quelques instants après, arrivait la frégate la *Success* dont le commandant rapporta être tombé le 1er mai, vers midi, alors qu'il se trouvait dans l'O. 1/2 S. et à 35 lieues environ d'Oporto, au milieu d'une flotte française de plus de 30 voiles, dont 19 lui parurent être des vaisseaux, faisant route au S. O. 1/4 S. La frégate s'était approchée à moins de 4 milles de deux vaisseaux français; ceux-ci lui avaient donné la chasse, suivis du gros de la flotte, jusque vers 4 heures et demie, heure à laquelle les vaisseaux mirent en panne afin d'attendre la flotte qu'ils avaient distancée [1]. L'arrivée consécutive de ces deux rapports ne laissant aucun doute à l'amiral Keith sur la destination de la flotte française, il détacha aussitôt le *Childers* à Lord St-Vincent à Gibraltar, mit ses transports en sûreté, et appelant à son bord le vice-amiral Sir William Parker, décida avec lui d'appareiller sur-le-champ, pour éviter d'être attaqué à l'ancre et à l'entrée d'un port ennemi, en vue de la flotte espagnole forte de 22 vaisseaux dont plusieurs avaient déjà leurs perroquets croisés. L'escadre anglaise met aussitôt sous voiles; la brise souffle du N. O., parfois en rafales; Keith tire des bordées dans la direction du cap St-Vincent. Dans l'après-midi le *Majestic* signale un convoi dans l'ouest; l'amiral ordonne le branle-bas de combat et signale au *Majestic*, à la *Success* et au *Transfer*, de rester au vent et de reconnaître l'ennemi [2].

Le 4 mai, de très bonne heure, Saint-Vincent reçut les nouvelles que lui apportait le *Childers*. « Il y a les plus grandes chances pour que la flotte de Brest ait l'ordre de se joindre à la flotte espagnole (de Cadix), écrit-il aussitôt à Duckworth. Je ne

de 90, le *Foudroyant* et le *Gibraltar* de 80, le *Montagu*, le *Northumberland*, le *Marlborough*, le *Warrior*, l'*Hector*, le *Majestic*, de 74. Le *Northumberland*, le *Gibraltar* et le *Marlborough* ne rallièrent l'amiral Keith que le 3 mai à 1 heure du matin.

1. P. R. O., Ad. 1, 399, lettre de Peard, commandant la *Success*, à Robert Walpole, ministre britannique à Lisbonne, 2 mai 1799. Le journal de bord de l'*Océan* porte, à la date du 1er mai, les indications suivantes : « L'escadre légère a donné la chasse à une voile vue de l'avant et qui paraissait être une frégate. A 6 h. 30, l'escadre légère a levé la chasse et ralenti sa marche pour rallier l'armée. »

2. P. R. O., Ad. 1, 113. Précis des mouvements de l'escadre de Lord Keith.

puis deviner si leurs opérations seront en définitive dirigées contre l'Irlande, ou bien contre Minorque, l'Italie, la Sicile, l'Égypte et la Syrie. Le vent continue à l'ouest, et si Keith engage le combat, ou si la jonction des Français et des Espagnols s'effectue sans qu'il y ait combat, il ralliera aussitôt Gibraltar et je ferai route avec toute ma force pour la Méditerranée ». En attendant que les événements se précisent, Duckworth devra garder ses forces groupées autour de Minorque; Nelson préviendra les diverses escadres placées sous ses ordres, ainsi que celles des puissances alliées, afin qu'on évite par tous les moyens de se présenter à l'ennemi coupé en tronçons [1]. Le vaisseau l'*Edgar*, capitaine Mac Dougall, qui se trouvait à Tétouan, reçut l'ordre de se tenir derrière Ceuta, prêt à profiter de la première brise d'est pour passer le détroit et rallier Keith devant Cadix. A ce dernier Saint-Vincent mande qu' « au cas où vous engageriez le combat avec la flotte française, ou en cas qu'elle effectue sa jonction avec la flotte espagnole sans combat, ou si tout autre événement imprévu vous oblige à battre en retraite, je désire que vous ralliiez Gibraltar le plus vite possible..... La position que vous avez prise est très judicieuse, et j'ai la plus grande confiance dans l'issue finale [2] ».

Le 4 mai, au matin, sous Cadix, le vent soufflait de l'O. S. O. Au jour, le *Majestic* signala à Lord Keith 3 voiles dans l'ouest et, peu après, 3 autres voiles, toutes apparemment suspectes, des vaisseaux de ligne courant largue avec le vent par bâbord. On n'aperçut d'abord que le haut de leurs huniers, puis, peu à peu, toute la flotte française émergea de l'horizon. A 8 h. 30, on comptait 17 voiles dans l'O. N. O., à 9 h. 30, 27 voiles, à 9 h. 45, 31 voiles, à 10 heures, le *Majestic* signala 33 voiles. Au même instant on aperçut du vaisseau amiral anglais la flotte espagnole

---

1. B. M., Add., Mss. 31162, St-Vincent à Duckworth, 4 mai, à Nelson, 4 mai. Ces lettres furent envoyées par le brick l'*Espoir*, qui quitta Gibraltar pour Port-Mahon et Palerme le 4 mai, à 9 heures du matin. Dans sa lettre à Nelson, St-Vincent ajoute : « La distance à laquelle la flotte française s'est tenue de la côte de Portugal avait pour but de nous empêcher d'avoir des nouvelles, et si la *Success* ne l'avait pas accidentellement rencontrée, nous aurions naturellement conclu qu'elle était allée en Irlande.»

2. B. M., Add., Mss. 31162.

à l'ancre dans la baie de Cadix, droit sous le vent de l'escadre anglaise.

A 9 h. 45 la flotte française paraissant se former en ligne les amures à bâbord, Keith signala de former la ligne de bataille aux mêmes amures. A 11 heures, il rappela le *Majestic* et lui ordonna de prendre poste dans la ligne. Les Français envoyèrent en reconnaissance deux navires qui se couvrirent de signaux.

A 11 h. 50, on s'aperçut que la flotte française virait de bord, en conservant toujours la même distance circonspecte. La brise fraîchissant, Keith fit prendre un deuxième ris dans les huniers. A midi, il ordonna à son escadre de virer vent devant par la contre-marche et de rester en vue de l'ennemi; il relevait à ce moment le gros de l'armée française dans le S. O. à 5 lieues, les éclaireurs de cette armée à 9 milles environ. Cadix dans le S. 68. E. à 29 milles.

Après midi, le vent s'établit au S. O. et souffle de plus en plus frais. Le temps se couvre : il tombe de forts grains de pluie. A 1 h. 30. Keith perd de vue l'armée française. A 2 heures, il fait prendre un troisième ris dans les huniers. A 4 heures, on distingue de nouveau quelques navires français dans le S. O. 1/4 S. A 6 heures, on aperçoit la flotte espagnole au mouillage de Cadix dans l'E. S. E. à 4 ou 5 lieues. A 7 heures, le corps de la flotte française est au S. S. O. 1/2 O., faisant route tribord amures. La nuit tombe; le vent souffle maintenant en tempête; le ciel est noir comme de l'encre. A 8 heures, Keith fait prendre les bas ris dans le petit hunier et le perroquet de fougue, puis serrer cette dernière voile. A 9 h. 45, brusque saute de vent : le *Barfleur* est masqué; Keith ordonne de virer lof pour lof; l'étai du petit mât de hune casse; on établit la trinquette et le foc d'artimon. Nouvelles rafales de pluie. A 11 heures, on entend trois coups de canon dans le S. O. A minuit et à 3 h. 30 du matin, Keith ordonne de nouveaux virements de bord pour s'éloigner de la côte; le temps demeure très sombre, le vent variable S. O. au N. O., une forte houle arrive de l'O. N. O.

Au jour, le 5 mai, Cadix apparut dans l'E. S. E. à 7 ou 8 milles. L'escadre anglaise était restée de conserve quoique en ordre très dispersé ; les vaisseaux avaient fait de légères avaries aux voiles et aux vergues. Du pont, on apercevait quatre navires français dans le N. O. et on en comptait jusqu'à huit de la tête du mât. Keith fit croiser les perroquets et larguer le troisième ris des huniers, dans l'intention de leur donner la chasse. A 8 heures, les navires français passèrent à 7 milles environ au vent de l'escadre anglaise, courant tribord amures ; la flotte espagnole, à l'ancre à Cadix, ses mâts de perroquet dépassés, n'avait pas bougé. Le temps était toujours à grains, le vent soufflant de l'O. à l'O. S. O. Bientôt sa violence redouble ; les navires ayant dû diminuer de toile risquent d'être jetés à la côte. Le *Prince George* casse sa vergue de misaine. Keith perd de vue les quatre navires français dans la pluie. Au coucher du soleil seulement, la brise mollit : l'amiral anglais laisse porter sur le *Prince George* et reforme sa ligne cap au sud[1].

Du côté français, la tempête avait été, dans l'ensemble, supportée avec un égal bonheur. Le 4 mai au matin, Bruix se trouvait à douze lieues dans l'ouest du détroit, avec toute l'armée rangée sur trois colonnes, quand ses frégates éclaireuses signalèrent l'escadre anglaise, forte de 15 vaisseaux de ligne. Cette nouvelle n'était pas pour lui déplaire, car, ayant appris qu'en outre de l'escadre de blocus les Anglais avaient en réparation à Lisbonne 10 vaisseaux[2] à qui l'ordre avait été donné de rejoindre Cadix, il s'attendait à affronter une escadre aussi forte que la sienne et dans cette prévision, il avait remis l'avant-veille à la corvette le *Berceau* des plis pour Mazarredo et Lacrosse, à l'effet de requérir la sortie immédiate d'au moins dix vaisseaux de la flotte espagnole[3].

Dans l'armée française, l'espérance fut vive de voir l'escadre anglaise, si inférieure en force, devenir bientôt la proie de nos

---

1. P. R. O., Ad. 1, 399, *Journal de bord du* Barfleur, Ad. 1. 113. Précis des mouvements de l'escadre de Lord Keith.

2. L'information était évidemment faussé. Il n'y avait dans le Tage que les vaisseaux français capturés à Aboukir, qui attendaient une occasion d'être convoyés en Angleterre.

3. *Archivo Historico Nacional de Madrid*, legajo 4039. Bruix à Mazarredo, 3 mai 1799.

vaisseaux [1]. Placée sous le vent, acculée au fond de la baie de Cadix dans une position très périlleuse, il semblait que cette escadre n'eût aucun moyen d'échapper. L'amiral Bruix forma la ligne de bataille bâbord amures, plaçant 6 vaisseaux en réserve « afin de mettre l'ennemi entre deux feux[2] » ; puis il passa de sa personne sur une frégate, la *Cocarde Nationale*, afin, déclare-t-il, de « mieux suivre les mouvements de l'ennemi et diriger les nôtres ». Entre 11 heures et midi, l'armée vira lof pour lof par la contre-marche et prit les amures à tribord ₃. Le vent soufflant très frais, les vaisseaux prirent deux ris dans les huniers. Vers 3 heures, Bruix prolongea l'armée entre les deux lignes ; les acclamations, l'ardeur et l'enthousiasme déployés par les équipages, constituaient un heureux présage de succès, d'autant plus que l'ennemi ayant changé son ordre de bâbord en tribord et placé ses trois-ponts à l'arrière-garde, Bruix tint pour certain qu'il allait faire sa retraite dans la Méditerranée, et regarda comme très probable que « la journée ne se passerait pas sans que plusieurs de ses vaisseaux ne tombassent entre notre pouvoir ». Mais l'armée de la République était à peine formée comme il convenait à la circonstance, qu'une tempête violente commença à se déclarer. « Bientôt on ne se vit plus ; il ne fut plus possible de manœuvrer ; il fallut songer à sa propre sûreté [4] ».

Il ne restait d'autre parti à prendre que celui de lutter jusqu'au dernier moment contre le terrible vent de sud-ouest qui jetait l'armée à la côte, dans les environs de Cadix. La voilure fut réglée au grand hunier et à la misaine seulement, mais malgré ces dispositions, plusieurs vaisseaux eurent leurs huniers emportés pendant la nuit. L'usage des fanaux étant rendu impossible par le mauvais temps, il fallut signaler les virements de bord à coups de canon. Les avaries de voilure ne permirent pas aux vaisseaux de les exécuter avec ensemble ; le désordre se mit dans l'armée ; trois vaisseaux, le *Terrible*, le *Wattignies*, et le *Jean-Bart* se sépa-

---

1. Cf. *Journal de Moras*. Cf. *Mémoires du baron de Bonnefoux*.
2. A. F., III, 600, Bruix au Directoire exécutif, 7 mai 1799.
3. A. N., Marine, 4. J J. *Journal de bord de l'Océan*.
4. Rapport de Bruix, 7 mai 1799.

rèrent du corps de la flotte. « La nuit fut affreuse, écrit l'amiral, on ne pouvait ni voir ni entendre autre chose que le sifflement des vagues et du vent. Cependant, à minuit, il était instant de virer de bord et je profitai d'un peu de relâchement dans la force du vent pour faire des signaux et les répéter à divers points de l'étendue de notre armée. Si je n'avais pas été sur une frégate, je n'aurais pu m'élever au vent des vaisseaux et peut-être les plus grands désastres en eussent été la suite. A 2 heures, la tempête reprit avec plus de violence encore, et j'attendais le jour avec une anxiété qu'il me serait difficile d'exprimer; il se fit enfin, et je vis qu'à l'exception de trois vaisseaux, tout le reste m'avait suivi. Je les ralliai autant que possible et je manœuvrai pour aller à la rencontre des trois qui s'étaient égarés. » A 10 heures, les éclaireurs de l'armée française aperçurent ces vaisseaux qui fuyaient devant l'escadre ennemie. Après avoir reformé son armée, Bruix, renonçant à chercher l'escadre anglaise et à effectuer sa jonction avec Mazarredo, laissa porter sur le détroit : « Quoique je n'eusse pas encore vu la terre, que la brume et les nuages les plus épais me cachaient, mande-t-il au Directoire, je me décidai à aller chercher le détroit, d'après mon point, parce que les vents reprenaient toute leur violence au S. O., que tout m'annonçait une nuit aussi horrible que la dernière et qu'ainsi c'en était fait de l'armée de la République.

« J'eus enfin connaissance des deux caps qui terminent le détroit dans l'Océan. Je formai l'armée sous les deux rapports de la sûreté nautique et militaire, et, avant la nuit faite, mon arrière-garde avait doublé Gibraltar. »

Il y avait été devancé par un brick anglais, le *Cameleom*, qui, à son arrivée à Gibraltar, déclara avoir traversé le matin même la flotte française, à 8 ou 9 lieues dans le N. O. 1/4 O. du cap Spartel. Au jour, par temps bouché, le brick s'était trouvé au beau milieu d'une flotte qu'il prit d'abord pour celle de Lord Keith, erreur dont il ne revint que quand un lougre eut montré ses couleurs et ouvert le feu sur lui. Une heure après l'arrivée du *Cameleon*, les vigies du Roc signalèrent une escadre passant le détroit avec peu de toile. « Le temps était si noir, nuageux et pluvieux, écrit Saint-

Vincent à Nelson, que les vigies ne purent reconnaître exactement sa force; l'imagination, je pense, leur aura fait compter 23 ou 24 vaisseaux, mais comme j'ai tout lieu de croire que l'escadre espagnole du Ferrol n'a pas joint les Français et qu'aucun navire n'est sorti de Cadix, je conclus qu'ils ont 19 vaisseaux et 6 ou 7 frégates : en tout 26 navires [1] ».

*
* *

Quand Lord Saint-Vincent eut acquis la certitude de l'entrée de la flotte française en Méditerranée, il lança ses ordres à ses lieutenants. Le 5 mai au soir, il mande à Alexander Ball, qui dirige le blocus de Malte, et à Sidney Smith, qui surveille Alexandrie, de se tenir tous deux sur leurs gardes pour le cas où la flotte française chercherait à secourir immédiatement l'une ou l'autre place [2]. Le 6, il ordonne à Lord Keith de le rallier aussi vite que possible et, pour éviter que l'escadre n'ait à mouiller à Gibraltar, il fait charger les vivres qui lui sont nécessaires à bord des transports *Ulysses* et *Calcutta;* il appelle l'*Edgar* à Gibraltar; il enjoint à Nelson de retenir l'escadre du marquis de Niza [3] en faisant valoir le péril qu'elle courrait à quitter la Méditerranée présentement. A son lieutenant favori, Saint-Vincent explique la situation telle qu'il la voit : l'escadre française, dit-il, est destinée à Malte ou à Alexandrie; la flotte espagnole se prépare à attaquer Minorque dont tous les approvisionnements devront donc être évacués; par ailleurs, la crainte où l'on vit à Londres d'une descente en Irlande, enlève tout espoir de la venue d'un renfort tant que l'Amirauté ignorera l'entrée de la flotte française en Méditerranée [4]. Le 7, Saint-Vincent mande à Duckworth de se

1. B. M., Add., Mss. 31162, Saint-Vincent à Nelson, 6 mai 1799.
2. Le *Cameleon* partit le 6 au matin avec les plis pour Ball et Sidney Smith.
3. Dès le mois d'avril, M. de Pinto avait lancé un ordre de rappel à l'escadre portugaise de la Méditerranée, en arguant que le Portugal se trouvait dans l'impossibilité matérielle de l'entretenir, vu l'absence de ports amis en Italie et les dépenses considérables que cet armement entraînait sans que la Cour de Lisbonne disposât d'aucun moyen de paiement (Walpole à Grenville, 6 avril 1799, F. O. 63, 20).
4. B. M., Add., Mss. 31162, St-Vincent à Nelson, 6 mai 1799.

tenir prêt à le rallier avec tous ses navires dès qu'il paraîtra et d'échelonner ses frégates autour de Majorque afin d'avoir connaissance de son approche [1].

Mais la difficulté était de prévenir Lord Keith, car le vent, continuant de souffler très frais de l'ouest, interdisait toute communication par le détroit. Saint-Vincent confia l'ordre à un exprès qui, par la voie de Tétouan, devait gagner Tanger où il louerait un bâtiment pour rejoindre l'escadre; un duplicata fut remis à M. Jackson, pilote de la *Ville de Paris,* qui offrit de partir dans une embarcation non pontée pour porter à Lord Keith l'ordre de rallier Gibraltar; deux bateaux pêcheurs reçurent la même mission : rejetés par la tempête, tous durent revenir au port. Alors Saint-Vincent profita du passage à Gibraltar de l'intendant Coffin qui, venant de Port-Mahon, devait rallier son nouveau poste à Halifax, pour l'acheminer vers Lisbonne en traversant l'Espagne; et, ayant demandé et obtenu pour lui un passeport du gouverneur espagnol, il le chargea secrètement de détacher un bâtiment à Lord Keith, en passant à Faro. Coffin se mit en route le 9.

Le 6 mai après-midi, Lord Keith revint devant Cadix. « J'ai perdu de vue la flotte française dans la tempête d'hier, écrit-il à Lord Spencer, et je suis si près de Cadix que je suis sûr qu'elle n'est pas dans la baie. J'ai tendance à croire que les Français ont passé le détroit, forcés par le temps ou par tout autre motif.

« Je suis très angoissé dans cette situation difficile et ne sais à quoi me résoudre. Si je reste ils peuvent entrer en Méditerranée et faire un mal infini. Si je quitte, la flotte espagnole mettra certainement à la voile. En entrant dans la Méditerranée, je trouverai un navire à Gibraltar et quatre à Minorque, et peut-être sauverai-je cette île. En restant ici, je suis sur la route des renforts que vous pouvez m'envoyer. Le temps est si mauvais et le vent si constamment à l'ouest, que je ne puis espérer recevoir aucune communication du commandant en chef [2]. »

Dans la soirée, Keith détacha la frégate la *Success* à Tanger aux

1. Le *Veturius* partit le 7, avec le pli pour Duckworth.
2. P. R. O., Ad. 1, 399.

nouvelles. Le 7, le vent ayant passé au nord, et le temps étant plus maniable, Keith envoya le capitaine Mundy [1] à Gibraltar pour renseigner Saint-Vincent : « Nous avons eu le temps le plus épouvantable que j'aie jamais vu, concluait-il, et, nous trouvant si près de Cadix, notre situation a été à plusieurs reprises dangereuse ». Dans la journée du 8, Keith poussa une bordée dans la direction du cap Spartel. Le lendemain, tandis qu'il revenait vers le cap Trafalgar et Cadix, il aperçut vers 9 heures un cutter dans l'O. N. O. faisant route sur la flotte ; à 11 heures le cutter rallia : c'était le corsaire *Maria,* qui venait de Faro, et qui repartit une demi-heure après pour Tanger, d'où il revint dans la nuit du 9 au 10, à 2 heures du matin. Au jour, et sans qu'il eût été touché par aucun des ordres de Saint-Vincent [2], Keith fit larguer le deuxième ris et établir les perroquets, puis il mit le cap sur le détroit : à 9 heures du matin, l'escadre entière mouillait devant Gibraltar. Le brick le *Transfer* et la frégate la *Success* l'y avaient précédé. Après avoir pris connaissance des rapports de Keith, Lord Saint-Vincent ne lui ménagea pas sa satisfaction : « Aucun événement au cours de cette guerre, lui écrivit-il, ne fait plus d'honneur aux armes de Sa Majesté que votre conduite le 3, le 4 et le 5 courant, et je vous en félicite de tout mon cœur [3] ».

L'escadre n'avait mouillé que sur une ancre. Elle se ravitailla rapidement et le 11 mai, à midi, elle était de nouveau sous voile [4]. Saint-Vincent, assumant derechef la direction effective de l'escadre, transféra son pavillon du navire de garde *Souverain* sur la *Ville*

---

1. Commandant le brick *Transfer*.

. 2. James, dans son ouvrage *Naval History, etc.,* a cru que Lord Keith avait été touché par l'ordre que portait l'intendant Coffin, grâce au corsaire venu de Faro : le rapprochement des heures montre que c'est impossible. Il ne semble pas davantage que le corsaire *Maria* ait rapporté de Tanger l'ordre tant attendu. En réalité Keith a agi de son propre mouvement en ralliant Gibraltar, ainsi qu'il ressort du passage suivant d'une lettre de Saint-Vincent au général Stuart (13 mai) : « La conduite des Français a naturellement fait croire à Keith qu'ils voulaient effectuer leur jonction avec la flotte espagnole, mais ne voyant rien d'eux le 6, le 7, le 8 et le 9, et observant que les Espagnols étaient encore à Cadix, il décida de faire route sur Gibraltar, le 9 au soir. (**Add.**, Mss. 31162.)

3. B. M., Add., Mss. 31167, Saint-Vincent à Keith, 9 mai 1799.

4. Une seule frégate, la *Success*, l'accompagnait ; encore Saint-Vincent s'excusait-il de la détourner ainsi de sa mission, vu l'urgence.

de Paris, avec l'intention « de procéder le plus vite possible au large du cap Mola (île de Minorque), de réunir à lui les vaisseaux de Duckworth, de prendre position devant Minorque et d'agir ensuite au mieux des circonstances[1] ». « L'escadre de Brest a six nuits et cinq jours d'avance sur nous, mandait-il dans une lettre privée à Lord Spencer; tout ce que je puis dire, c'est que nous emploierons tous les moyens pour conserver Minorque et contrarier les entreprises de l'ennemi quelles qu'elles soient. N'ayant aucun renseignement pour me guider, ni aucun moyen de tracer la route de l'escadre de Brest, je dois chercher ma voie à tâtons du mieux que je peux[2].

** **

L'amiral Bruix allait-il profiter de l'avance qu'il avait acquise pour mettre son plan à exécution? Le 6 mai au matin, il avait quitté la frégate la *Cocarde* et transbordé avec son état-major sur le vaisseau l'*Océan*. L'armée, qui s'était formée la veille en ligne de marche et de convoi, pour franchir le détroit, reçut l'ordre de se ranger sur trois colonnes et l'amiral prit la tête de la colonne du centre. Le temps était beau, le vent soufflait joli frais, la flotte continua à longer les côtes d'Espagne à bonne distance, l'escadre légère l'éclairant sur l'avant, les frégates en chasse sur les ailes. A 8 heures du soir on releva le cap de Gata dans l'E. N. E., à trois lieues environ. Dans la nuit du 6 au 7, un vaisseau fit le signal d'incommodité. Au jour, on s'aperçut que le *Batave* avait abordé le *Cisalpin*, son matelot d'avant, et s'était cassé le beaupré et toute la guibre; le *Fougueux*, qui avait aussi abordé le *Batave*, signala des avaries dans la partie de l'avant[3]. Cet incident de navigation, si regrettable qu'il fût,

---

1. P. R. O., Ad. I, 399. Saint-Vincent à Spencer, 10 mai 1799.

2. Brenton, *Life of Saint Vincent*, t. II, p. 11.

3. A. N., Marine, 4 JJ. *Journal de bord de l'*Océan. L'habileté manœuvrière de certains commandants laissait fort à désirer, si l'on en croit le capitaine de vaisseau Moras, qui fait entendre à ce sujet d'amères doléances : « Le vaisseau le *Wattignies* que commandait M. Gourdon, ayant quitté dans une nuit l'escadre légère qui se tenait au vent de l'armée sur trois colonnes, la traversa et faillit aborder le vaisseau amiral qui ne l'évita qu'avec beaucoup de peine. Le bruit occasionné par la manœuvre des deux vaisseaux et la crainte du danger que présentait le *Wattignies*, qui arrivait à corps de voiles sur nous, éveilla subitement l'attention de l'amiral, qui désirait con-

n'intéressait en somme que deux vaisseaux et n'affaiblissait point sensiblement la force de l'armée ; il provoqua cependant chez l'amiral Bruix une disposition d'esprit qui lui fit bouleverser de fond en comble son plan d'opérations. Le 7 mai, au matin, il écrit au Directoire : « Quoique certain que Jervis ne manquerait pas de se réunir à Nelson, ou du moins de lui compléter vingt-cinq vaisseaux, j'étais résolu à faire route dès que je serais au cap Palos, c'est-à-dire aujourd'hui, pour aller secourir Malte, parce que je pensais que j'aurais eu le temps de retourner à Toulon avant la réunion des ennemis, mais, cette nuit trois vaisseaux de la colonne de gauche se sont abordés ; l'un a perdu son beaupré, l'autre a son avant fracassé et le troisième a d'autres avaries.

« Je ne puis exposer les deux premiers à aller seuls à Toulon, même en les faisant remorquer par des frégates, car ils seraient la proie du premier vaisseau qui les rencontrerait et peut-être de la première bourrasque qui s'élèverait, s'ils étaient privés du secours de l'armée.

« J'ai donc cru devoir me rendre directement à Toulon. Chemin faisant, si je puis avoir quelques renseignements positifs sur la situation de Nelson ou de ses divisions, soyez certains, Citoyens Directeurs, que je ferai tout ce qu'il est humainement possible de faire pour remplir vos vues. Quoi qu'il en soit, vous vouliez votre armée navale dans la Méditerranée : dans trois jours elle peut être à

naître quelle était la f.... bête qui manœuvrait ainsi. M. Gourdon, pour excuser son officier de quart, fit répondre qu'il était sur le pont. L'amiral lui témoigna toute sa surprise de sa manœuvre, l'engagea à reprendre son poste et à tâcher de le mieux conserver....

MM. Daugier, Gourdon et Quérangal, qui passaient pour les aigles de cette armée, ne sont pas les officiers qui ont montré le plus d'exactitude à se maintenir à leur poste ni le plus de précision dans leurs évolutions. En consultant les journaux on verra que l'amiral a été plus souvent satisfait des capitaines Siméon et Le Bozec, officiers infiniment plus modestes dans leur talent comme marins et dans leurs ambitions comme militaires.

Après l'avarie du *Batave*, on a vu le vaisseau l'*Invincible*, capitaine L'Héritier, serre-file de la 1re escadre, se laisser arriérer toutes les nuits de plusieurs lieues, au risque de compromettre son vaisseau de 120 canons et l'armée même. J'ai vu l'amiral lui en faire des reproches particuliers, et lui répondre qu'il tenait à ne pas s'exposer à faire des avaries, pour pouvoir manœuvrer en face de l'ennemi.... (*Expédition de la flotte de Brest dans la Méditerranée en l'an VII*, Extrait des journaux de l'armée par le capitaine de vaisseau Moras, alors capitaine de frégate et adjudant particulier de l'amiral Bruix, Marine, BB, 4, 131.)

Toulon et d'ici à plus de quinze jours, les Anglais ne peuvent être en forces sur sa route [1] ».

Au moment où Bruix traçait ces lignes, l'armée navale arrivait à la hauteur de Carthagène : elle mit en panne à 9 h. 30, à 5 lieues du port, et Bruix fit passer à la *Découverte* ses dépêches pour le Directoire et une lettre pour le Consul de France où il le chargeait de requérir le commandant de la Marine « d'expédier tous les bâtiments espagnols présents dans le port, avec ordre de se joindre à l'escadre française, et dans tous les cas de faire voile vers Toulon, en observant de ne pas s'écarter des côtes [2]. » Le consul répondit le jour même que le capitaine général de Carthagène, don Francisco de Borja, n'avait pas reçu d'ordre de sa cour pour mettre à la disposition de Bruix la *Reyna Maria Luisa* et le *San Juliano* ; toutefois, si l'amiral lui envoyait les équipages nécessaires, il les lui donnerait sur-le-champ, bien persuadé que la cour de Madrid ne désapprouverait pas sa conduite. Mais Bruix n'avait pas attendu la réponse du consul ; présumant les lenteurs calculées du capitaine général, il avait ordonné à l'armée de faire servir et dirigé sa route sur Toulon [3].

Par une coïncidence heureuse, l'amiral, en changeant de résolution, n'avait fait qu'anticiper les désirs du Directoire exécutif. Depuis le départ de la flotte, la situation s'était en effet singulièrement aggravée en Italie. Souvaroff, entré dans la plaine du Pô avec 35.000 hommes, refoulait devant lui l'armée de Schérer ; le Directoire sentit la nécessité, s'il voulait sauver l'Italie du Nord, de concentrer ses forces disséminées d'un bout à l'autre de la péninsule, et il prescrivit, le 4 mai, au général Moreau, qui avait remplacé Schérer, de rappeler promptement à lui l'armée de Naples, dans le cas où cette mesure ordonnée depuis le 8 avril, n'aurait pas encore été exécutée [4]. Le développement de la situation en Italie ne pouvait manquer d'influer sur les opérations de

---

1. A. N., A. F., III, 600, Bruix au Directoire, 7 mai 1799.

2. A. N., Marine, BB, 4, 135. Bruix au consul de France à Carthagène, 7 mai 1799. Cf. également A.E., Cartons des consulats : Carthagène. Lettre du consul au ministre des Relations extérieures, 7 mai 1799.

3. L'ordre de faire servir fut donné à midi 30, le 7 mai.

4. De la Jonquière, *L'expédition d'Egypte*, t. V, p. 158.

la flotte; le Directoire prévint l'amiral Bruix par une lettre, datée du 4 mai.

« Les circonstances dans lesquelles se trouvent les armées d'Italie et de Naples ont déterminé le Directoire exécutif à ordonner la jonction de ces deux armées. Il serait cependant possible que cette jonction ne fût pas effectuée lorsque vous entrerez dans la Méditerranée. Vous devez donc, avant de vous approcher d'aucun des ports napolitains, romains et même toscans, prendre les précautions nécessaires pour vous assurer s'ils sont encore au pouvoir de la République.

« La garnison de Corfou a capitulé il y a environ deux mois. Ainsi vous devez, quant à présent, regarder comme non avenue la partie de vos instructions qui concerne cette place [1]. »

Le lendemain, 5 mai, on apprit à Paris la défaite subie par Moreau, le 28 avril, à Cassano, et la retraite des troupes françaises derrière le Tessin et sur Turin. Cette grave nouvelle imposait au Directoire d'autres mesures dont Talleyrand, ministre de la Marine par intérim, se hâta d'informer Bruix : « Le Directoire exécutif, Citoyen Général, vient d'ordonner l'évacution de Civita-Vecchia, Livourne, Naples et Ancône. Les bâtiments, dont l'expédition pour Malte ou Toulon serait évidemment trop hasardeuse, seront brûlés ou coulés; et tout ce que ces quatre ports renferment en munitions navales ou approvisionnements, qui pourrait être utile à la Marine de nos ennemis, sera également détruit. C'est hier que ces ordres ont été adressés au général commandant en chef l'armée d'Italie. Je me hâte de vous en donner connaissance, afin que, si l'armée navale réunie sous votre commandement approchait des parages où les coalisés vont probablement nous remplacer, vous vous teniez en garde contre les faux signaux ou les avis trompeurs que vous pourriez recevoir [2]. »

La minute de cette lettre comportait encore un paragraphe, qui fut barré, où le ministre ajoutait : « Ce changement survenu dans notre position militaire en Italie ne permet pas que vous suiviez le plan de campagne qui vous avait été tracé. L'intention du Direc-

1. A. N., A. F., III, 600, Le Directoire à Bruix, 4 mai 1799.
2. A. N., Marine, BB, 4, 131. Talleyrand à Bruix, 6 mai 1799.

toire exécutif est que vous vous rendiez directement à Toulon, et vous recevrez en ce port des instructions sur votre destination ultérieure ». C'était là, au yeux des Directeurs, la conséquence logique du renversement de notre situation militaire en Italie. Si Bruix avait pu connaître dès ce moment la pensée du Directoire, son esprit en eût été grandement soulagé. Le 13 mai il arriva en vue de Toulon, et là, à l'ouvert de la rade, conscient de la faute qu'il avait commise, en ne courant pas à Malte où il eût surpris les vaisseaux de Nelson en flagrant délit, il écrivit au Directoire une longue lettre, pour justifier sa conduite et ensevelir le souvenir des opérations avortées sous de nouvelles combinaisons :

« Vous avez vu par ma lettre du 7 mai les motifs qui m'ont obligé de faire route pour Toulon au lieu de me transporter directement devant Malte, où j'étais résolu d'aller dans l'espoir que j'aurais eu le temps de remonter le canal de Sicile, avant que la réunion des forces ennemies dans ce parage m'ôtât la possibilité d'effectuer mon retour.

« L'événement seul aurait pu prouver si ma résolution n'était pas trop hasardeuse, d'après les circonstances actuelles.

« En effet, le jour même de mon départ de Brest, j'ai su que Corfou n'était plus en notre pouvoir, c'est-à-dire que l'armée n'avait plus un seul port ouvert au delà du canal de Sicile et qu'ainsi, pour l'anéantir, il suffisait à l'ennemi, après son passage, de réunir ses forces dans ce canal, ou même dans les ports de Sicile où ils pouvaient encore mieux qu'à la voile, observer notre retour.

« Le port de Malte est inaccessible puisqu'il est bombardé par les rebelles et que si l'armée y entrait elle serait incendiée avant d'avoir pu prendre les précautions nécessaires pour mettre les vaisseaux à l'abri de la bombe.

« La peste a commencé ses ravages en Egypte. Ils ne finiront qu'en thermidor, et quand la peste ne serait pas à Alexandrie où l'on ne trouve ni pain, ni viande, ni vin, on serait inexcusable de rester dans ce port avec 24 vaisseaux de ligne, sans une nécessité absolue.

« Dans cet état de choses, quelles seraient donc les chances

qu'aurait à courir l'armée navale si, au commencement de l'été,
et la force de l'ennemi pouvant être sous peu de temps double de
la sienne, elle s'enfonçait dans une mer d'où n'ayant nulle part
terre à toucher, elle ne pourrait sortir que par une seule issue,
éclairée par les ports ennemis ?

« Voilà, Citoyen Président, la question que je ne puis me dispenser d'examiner sérieusement sans me rendre indigne de la
confiance dont le Directoire exécutif m'a honoré...

« Sans doute l'armée irait à Malte sans opposition majeure ; elle
jetterait 12 à 1.500 hommes et quelques subsistances dans cette
place. Elle en éloignerait momentanément la division ennemie
qui la bloque et peut-être même s'emparerait de quelques-uns
des vaisseaux qui composent cette division.

« L'armée poursuivant sa marche pourrait encore arriver supérieure devant Alexandrie et la division qui croise sur cette côte en
serait au moins chassée si elle réussissait à éviter un combat
inégal.

« Mais abstraction faite de la peste, que ferait l'armée navale
devant Alexandrie ?... Elle ne pourrait pas y jeter des troupes,
puisque le faible renfort donné à Malte l'aurait déjà mise au-
dessous de son complet.

« Elle ne pourrait pas y verser des subsistances, puisque ayant
déjà consommé des vivres, devant en consommer longtemps encore avant de regagner Toulon, et ne pouvant enfin compter que
sur ses propres ressources, elle ne pourrait les partager sans s'exposer aux plus désastreux événements.

« Quoi qu'il en soit, utile ou non devant Alexandrie, toujours
est-il certain qu'après un certain temps l'armée serait forcée de
diriger sa route vers le canal de Sicile, et de remonter ce canal
à l'époque des plus longs jours, pour gagner Toulon ou Naples.

« Or il est impossible d'espérer qu'alors Nelson, renforcé par
10 à 12 vaisseaux de l'escadre de Jervis et par autant peut-être
de celle de Bridport, ne s'oppose pas au passage de l'armée, avec
une force de 36 à 40 vaisseaux de ligne. Dans l'alternative de périr
par la famine ou d'aller au-devant d'un combat inégal, l'armée
de la République n'hésiterait pas à prendre ce dernier parti.

« Il ne faut pas se le dissimuler, la reddition de Corfou a forcément vicié la combinaison du plan que le Directoire exécutif avait adopté, et je ne doute pas qu'il n'ait déjà senti la nécessité de le modifier.

« Mon devoir me prescrit de lui soumettre à cet égard mon opinion fondée sur l'expérience de la mer et sur l'essai que je viens de faire des ressources que vous offre la belle armée que j'ai l'honneur de commander.

« 1° Je pense en fait que Malte est approvisionnée pour toute la belle saison, et qu'ainsi il n'est pas urgent de compromettre l'armée navale pour conserver cette forteresse.

« 2° Que je n'ai ni troupes, ni munitions à laisser à Alexandrie, que quand j'en aurais, il faudrait attendre que la saison de la peste fût passée, et qu'ainsi il est encore moins urgent de compromettre 23.000 hommes et 24 vaisseaux pour Alexandrie que pour Malte.

« Mais d'après ce raisonnement, l'armée navale primitivement destinée à secourir ces deux points, sera-t-elle forcée d'y renoncer?

« Non, Citoyen Président, mais au lieu de s'enfoncer d'abord dans le *vase* et de laisser l'ennemi maître d'en fermer le *goulot,* je crois qu'il faut avant tout s'emparer de ce goulot, c'est-à-dire s'assurer de ses derrières, se ménager une retraite et marcher ensuite en avant.

« Je propose en conséquence au Directoire exécutif d'essayer d'enlever la Sicile, et je crois que cela peut se faire par un coup de main.

« Déjà l'armée navale peut mettre momentanément à terre 7 à 8.000 hommes d'excellentes troupes. Il passe néanmoins pour constant qu'il n'y a à bord des vaisseaux que les garnisons d'usage et pas un soldat de débarquement : cette circonstance est très favorable au secret de l'expédition.

« Que l'on dispose de suite à Naples seulement 200 grenadiers pour chaque vaisseau. L'armée les prendra sans même jeter l'ancre. Le lendemain peut-être elle aura débarqué 12.000 hommes d'élite en Sicile et je ne pense pas qu'il en faille davantage pour s'emparer de cette île.

« L'artillerie et les munitions indispensables seraient embarquées d'avance sur deux frégates, avec une destination simulée,
pour l'armée d'Italie, et par ce moyen l'expédition que je propose
pourrait être aussi prompte que secrète.

« Je ne puis quant à présent donner plus de développement à ce
plan; dans mon métier, il n'y a pas de plan fixe possible. On se
marque un but, et ensuite les renseignements qu'on se procure à
la mer, la situation de l'ennemi, ses dispositions, la force du vent,
sa direction et beaucoup d'autres circonstances que l'on ne peut
prévoir déterminent l'exécution.

« Le Directoire exécutif sait bien que si nous prenions la Sicile,
Alexandrie et Malte ne seraient plus difficiles à protéger, et qu'il
faudrait bien enfin que les Russes et les Anglais quittassent la
Méditerranée.

« Parlerai-je des Espagnols au Directoire exécutif? Ne pourrait-on pas leur offrir la perspective de la reprise de Mahon pour
les engager à venir se joindre à nous ou du moins à entreprendre
quelque chose? Jervis laissera la moitié au plus de ses 25 vaisseaux devant Cadix. Dans ce cas Mazarredo, qui l'a vu fuir devant
nous, se décidera, sans doute, à sortir pour nous rallier, s'il en
reçoit l'ordre. Alors nous serions 48, et 2 qui n'attendent à Carthagène que des équipages, que je pourrais facilement leur compléter, porteraient l'armée navale à 50 vaisseaux.

« Si Jervis, contre toutes les probabilités, garde des forces importantes devant Cadix, alors les Espagnols ne sortiront pas. Cette
hypothèse est la plus favorable pour nous : elle laisserait encore
pour quelque temps Nelson dans la position où il est.

« Dans ce cas mon plan s'exécuterait avec certitude et, la Sicile une fois en notre pouvoir, j'ose affirmer que la flotte anglaise
ne pourrait plus m'empêcher de tenir la mer, d'aller à Malte, en
Égypte, et partout où j'aurai de l'eau à courir, car alors je puis
l'observer, l'éviter, aller où elle ne peut me deviner; mais, dans
l'état actuel, je n'ai qu'une porte pour sortir et cette porte lui appartient.

« Je n'ai point eu de nouvelles de France depuis mon départ.
Je n'ai pu non plus me procurer les moindres renseignements

sur l'Italie, Nelson, ses forces et sa position, quoique j'aie constamment fait éclairer l'armée à 7 ou 8 lieues en avant et sur les ailes. J'attends avec impatience la corvette que j'ai fait entrer à Cadix pour prévenir Mazarredo de mon passage et le requérir de me suivre. Si les vents me l'avaient permis, j'aurais sacrifié 24 heures à l'attendre.

« A moins que les nouvelles que je vais apprendre à Toulon exigent que l'armée remette aussitôt sous voiles, j'y attendrai les ordres du Directoire exécutif. Dans tous les cas, je serai obligé d'y rentrer incessamment pour reprendre les 3 vaisseaux désemparés par l'abordage. Ainsi les ordres du Directoire exécutif me parviendront certainement avant que je m'éloigne des côtes.

« Je ne dois pas terminer cette lettre sans vous dire un mot de l'état de l'armée navale ; je le dis sans exagération, elle est maintenant au pair des meilleures armées qu'ait jamais eues la France... Cinq à six mâts de hune rompus par la tempête ont été dépassés et remplacés sans arrêter un instant les mouvements de l'armée.

« L'abordage de la nuit du 6 au 7 mai ne peut être imputé qu'à la maladresse des officiers subalternes. Les capitaines ne s'étaient pas couchés, depuis le 4 ; ils dormaient quand l'événement a eu lieu [1]. »

Tard dans la soirée, Bruix mouilla en grande rade de Toulon. Les nouvelles qu'il y apprit rendirent le calme à son esprit. A 11 heures du soir, il rouvrait sa lettre au Directoire et ajoutait un post-scriptum pour dire qu'il venait d'être informé par une lettre du ministre des Relations extérieures [2] des ordres donnés le 5 mai au général Moreau. « Je remercie la fortune de l'événement qui m'avait d'abord affligé et qui a forcé l'armée navale de tou-

---

1. Dès son arrivée à Toulon, Bruix réunit une commission pour rechercher l'officier qui était coupable de l'abordage, et il le fit débarquer sur-le-champ, en demandant au Ministre de statuer sur son sort. Il fit débarquer également « quelques officiers qui commandaient les quarts et dont les capitaines m'ont rendu des comptes qui prouvent que ces officiers sont au-dessous de leurs fonctions. Je les ai remplacés par des enseignes instruits, zélés ; je leur ai donné l'ordre de faire le service de lieutenant et j'espère qu'ils mériteront d'être confirmés dans ce grade ». (Bruix au ministre de la Marine, 25 mai 1799.)

2. Sans doute un duplicata de la lettre écrite par Talleyrand à Bruix, le 6 mai 1799.

cher à Toulon. Peut-être, ajoutait-il, pourra-t-elle servir puissam-
ment nos armées de terre [1]... »

         * *

En s'éloignant de Cadix, Bruix avait signalé à la corvette le
Berceau de faire route sur ce port avec ses dépêches pour Lacrosse et Mazarredo. La corvette se détacha de l'armée le 5 mai,
à hauteur du cap Trafalgar et fit voile sur Cadix, mais à quatre
heures de l'après-midi, les vents devinrent si contraires et la
brume tellement épaisse que, parvenu à cinq lieues de la baie, le
capitaine de frégate Bourrand, commandant le *Berceau,* dut
renoncer à l'espoir d'y entrer. Cinglant alors vers le détroit, il
mouilla, le 6 mai au matin, à Malaga, et partit le lendemain à
franc-étrier pour Cadix [2].

L'amiral Lacrosse n'avait pas assisté sans appréhension à l'appareillage précipité de l'escadre anglaise le 3 mai. Sa finesse de
marin le portait à croire que la frégate dont l'arrivée était cause de
de ce mouvement, avait dû communiquer à Keith une très importante nouvelle. Était-ce le départ de l'armée de Brest? Cette éventualité n'eût, en tout cas, trouvé personne en défaut à Cadix :
Mazarredo était prêt à partir, ses vaisseaux dans la partie la plus
élevée de la rade, le plus à l'ouvert possible pour rendre l'appareillage aisé. L'amiral espagnol se montrait rempli de bonne
volonté. N'avait-il pas songé un instant, pour hâter ses préparatifs,
à emprunter 100.000 piastres effectif au consul de France, sur les
dépôts d'argent provenant des prises neutres condamnées par le
Consulat? C'était là agir en galant homme, mais Roquesante s'y
était refusé [3]. Depuis une semaine, amiral, officiers généraux,
états-majors, équipages, tout était à bord. « Le service de mer

1. AN., AF., III, 600, Bruix au Directoire, 13 mai 1799.
2. AN., AF., III, 600, lettre de Bourrand au Directoire exécutif, Malaga, 6 mai 1799.
Cf. A. E., Espagne, 655, lettre du consul de Malaga au ministre des Relations Extérieures, 6 mai 1799.
3. A. E., cartons des consulats, Cadix. An VII, Roquesante à Talleyrand, 3 mai 1799.

semble commencé, écrivait Lacrosse, et l'amiral m'a répété qu'il mettrait à la voile à la minute nécessaire [1]. »

Cependant les journées du 4 et du 5 mai s'étaient écoulées sans apporter rien de nouveau. Le 6, l'escadre anglaise était revenue prendre sa station devant Cadix ; Lacrosse en conclut qu'elle ne s'était éloignée du port que pour affronter au large le violent coup de vent de S. S. O., qui avait soufflé pendant trois jours ; ses craintes disparurent, et le 6 au soir, « comblé de preuves d'affection et de cordialité par les chefs de la marine espagnole », il donna un grand dîner en leur honneur, auquel fut convié le gouverneur de la ville. « A ce repas de vingt-cinq personnes, on a bu à l'alliance durable des deux nations : ce toast a été accueilli avec transport [2]. »

Le 8 mai, au matin seulement, Mazarredo avertit Lacrosse que le 5, au coucher du soleil, on avait aperçu, de l'observatoire d'Algésiras, une flotte de 24 vaisseaux, 4 frégates et 3 petits bâtiments de guerre, embouquer le détroit. Dès l'instant que l'escadre anglaise se trouvait la veille encore en vue de Cadix, ce ne pouvait être, disait avec raison l'amiral espagnol, que l'armée française qui, « voyant perdu le coup de la réunion », avait profité du beau temps de l'ouest pour continuer sa route vers la Méditerranée [3]. Quelques heures après le sémaphore de Rota signala qu'un vaisseau battant pavillon français était venu faire tête à San-Lucar [4].

C'était le *Censeur*, monté par le chef de division Faye, qui, parti de Brest le 28 avril, après avoir fait le parcours prescrit par Bruix [5],

---

1. A. N., Marine, BB, 4, 133, Lacrosse au ministre de la Marine, 3 mai 1799.
2. A. N., Marine, BB, 4, 133, Lacrosse au ministre de la Marine, 7 mai 1799.
3. A. N., Marine, BB, 4, 133, Mazarredo à Lacrosse, 8 mai 1799.
4. Petite anse située au nord de Cadix.
5. A. N., Marine, BB, 4, 133, rapport du chef de division Faye au ministre de la Marine. Il annonce qu'il a quitté Brest le 28 avril, et gagné d'abord dans l'ouest pour éviter les croisières ennemies. « Je gouvernai ensuite pour doubler le cap Finisterre à la distance qui m'était prescrite... Le 2 mai, à minuit, j'étais au point de rendez-vous indiqué par mes instructions secrètes. Sûr de ma latitude, je ne m'occupai plus que de prévenir l'effet que pouvait produire dans ma longitude une différence est ou ouest du point qui m'était assigné ; je fis en conséquence sur ces deux directions le chemin que je crus nécessaire pour rencontrer l'armée... »
Le *Censeur* avait, on l'a vu, manqué son appareillage le 26 avril. Bruix s'exprime durement sur le compte du chef de division Faye ; il déclare au ministre qu'il a eu tort :

battu et délié par le mauvais temps, était venu chercher un refuge à Cadix. Ayant déjà perdu deux ancres, « acculé dans le fond d'une anse couverte de bancs dangereux, le *Censeur* courait le plus grand péril, la mer forte, le vent chargeant en côte, les Anglais pouvant à chaque instant lui couper la retraite ; on ne doit son salut qu'aux soins actifs prodigués par les autorités espagnoles [1] ». Le lendemain le navire fut amené à Cadix ; il faisait 25 pouces d'eau à l'heure. Il fallait de toute nécessité le faire passer au bassin, et comme les travaux pourraient traîner en longueur, Lacrosse demanda à Mazarredo l'autorisation d'échanger le *Censeur* contre un des navires espagnols désarmés dans le port et en état de prendre la mer. Vivres, équipages, canons, agrès, apparaux, tout le matériel du *Censeur* servirait [2].

Le 10 mai, à 9 h.30 du matin, le commandant Bourrand arriva enfin à Cadix avec ses dépêches. C'était pour Lacrosse l'ordre de requérir le général Mazarredo de sortir sur-le-champ. Toutefois,

---

« 1° D'avoir été au mouillage, sans que je lui en aie fait le signal et quoique son petit mât d'hune fût cassé.

« 2° De n'avoir pas exécuté l'ordre que je lui ai donné de sortir par le Toulinguet, dès que je fus instruit de son accident.

« 3° Surtout, de n'avoir pas appareillé le soir avec la *Constitution*, c'est-à-dire six heures après son démâtage, tandis que ce temps est plus que suffisant pour repasser un mât de hune même étant sous voiles. »

Au surplus, Bruix juge le commandant du *Censeur* inepte comme marin et incapable de commander un vaisseau (Bruix au ministre, 25 mai 1799).

1. A. N., Marine, BB, 4, 133, Lacrosse au Directoire, 10 mai 1799. A propos de l'arrivée du *Censeur*, Urquijo écrit à Azara que Mazarredo, par les mesures actives qu'il a prises, a sauvé du pouvoir des Anglais le vaisseau français qui faisait côte par suite de mauvaise manœuvre. Le premier ministre espagnol gémit sur « l'inexpérience » de la marine française. « La nôtre, dit-il, a relevé et amené le *Censeur* à Cadix depuis Chipiona où il avait touché ; il est déjà dans le bassin ; il fait 34 pouces d'eau par heure. On va le réparer avec toute la promptitude possible. Il est bien étonnant, ajoute le Ministre, qu'il n'eût à bord que 4 câbles sans rechange, et tout le reste est dans la même proportion ; cela ne s'appelle point armer des vaisseaux et je ne serais point étonné qu'il arrivât à d'autres le même malheur qu'au *Censeur* qui, une heure plus tard, serait tombé au pouvoir des Anglais qui sont venus pour le chercher.

« Je ne vous envoie point la correspondance de Mazarredo avec moi qui est très intéressante, parce qu'elle est très volumineuse, mais vous verriez dans toutes ses dépêches combien il se lamente sur le défaut de communications des plans, ce que nous aurions pu faire en prenant en passant l'escadrille du Ferrol et attaquant Jervis... Enfin, il n'y a plus de remède et nous allons à ce qui peut se faire. » (A. E. Espagne, supplément 26, Urquijo à Azara, 13 mai 1799)

2. Le 24 mai, le roi d'Espagne autorisa l'échange du *Censeur* contre le *San-Sébastiano*

Lacrosse crut discerner que cette réquisition visait un cas spécial : « Il paraît, écrit-il au Directoire, que l'amiral était primé par l'idée qu'il rencontrerait Jervis, qu'une action s'engagerait à la vue des côtes d'Espagne, et la réquisition qu'il m'ordonne de frapper semblerait n'être indiquée, d'après quelques passages de cette missive, que pour ce cas spécial ». Or les circonstances étaient entièrement modifiées ; l'armée française avait franchi le détroit sans combat : elle était entrée en Méditerranée, sans donner de point de ralliement. Que faire dans ces conjonctures ? Réduit à juger d'après ses propres lumières, Lacrosse pensa qu'il serait de l'intérêt des alliés que les forces espagnoles entrassent en Méditerranée. Le théâtre des grandes opérations maritimes, écrit-il au Directoire, doit être là. L'Océan sera abandonné, toutes forces navales qui y seraient laissées étant ainsi segrégées (*sic*), séparées, isolées de la masse des autres me sembleraient perdues pour la combinaison. L'escadre espagnole étant à Carthagène, ou à Malaga, la circulation est rapide, la communication aisée, le concert peut s'établir. Barcelone, Marseille, Toulon, Nice et l'Italie formeront une chaîne difficile à rompre. Les Anglais ne peuvent bloquer avec fidélité un aussi grand développement des côtes. Ils sont tenus plus loin de leurs ports, de leurs arsenaux, de leurs grands magasins[1] »... Sous l'empire de ces idées, il crut devoir donner à la dépêche de l'amiral Bruix toute l'étendue possible et adressa, en conséquence, la réquisition à Mazarredo, en l'accompagnant de la lettre suivante :

« La lettre que l'amiral Bruix vous a écrite et celle du 3 mai qu'il m'a adressée, les différentes instructions qu'il m'avait transmises antécédemment, se réunissent pour m'attester ce que j'ai développé à Votre Excellence ce matin, c'est que le départ de l'armée espagnole dans les circonstances présentes me paraît d'urgente nécessité et j'aurai l'honneur de vous soumettre les puissants motifs qui me fixent invariablement à cet égard.

« Par une lettre du 13 avril, le ministre en me confiant l'objet principal de ma mission, m'annonce le départ de l'escadre de Brest composée de 24 vaisseaux et sa destination réelle, m'enjoint de lui

1. A. N., Marine, BB, 4, 133, Lacrosse au Directoire, 10 mai 1799.

rendre compte de l'état de votre escadre et m'intime, *dans le cas où l'armée française paraîtrait devant Cadix, ou que j'apprisse par une voie sûre qu'elle est engagée avec l'ennemi,* de vous requérir à l'instant pour se rendre au point où elle se trouvera.

« Aucune de ces hypothèses ne s'étant encore présentée[1], je ne devais vous adresser de réquisition que dans les cas exprimés par cette lettre ; je devais attendre des ordres supérieurs, mais je trouve encore dans cette première dépêche une indication pour ma conduite subséquente, puisque le ministre ajoute : « Vous serez informé de notre apparition à la côte d'Espagne et des mouvements que l'armée navale devra faire ».

« Dans cet état de choses, le capitaine Bourrand, commandant le *Berceau,* expédié par l'amiral Bruix le 5 mai, m'apporte une dépêche de ce général en date du 3 mai, et une autre qui vous est adressée.

« Je trouve dans celle qui me concerne cette phrase textuelle, qui, isolée de toutes circonstances environnantes, m'impose une obligation que que je remplirai : «*Requérez sur-le-champ l'amiral Mazarredo de sortir dans le jour même pour se joindre à nous.* » Une seconde insinuation ajoute s'il est possible, à ce premier ordre : « L'essentiel, soit que je me trouve devant Cadix ou dans le détroit aux prises avec l'ennemi, ou seulement en vue, est que tout ce qu'il y a de vaisseaux espagnols en état de sortir sortent sur-le-champ et me rallient. . . . .

« Vous ignorez le point de concours où vous devez joindre Bruix, mais vous pourriez en entrant dans la Méditerranée, relâcher dans un des ports espagnols de cette mer, pour y attendre des lumières sur le point de rendez-vous, ou le lieu de rencontre : votre transport en Méditerranée serait une contenance active qui en imposerait aux Anglais. . . . .

« Je vous envoie donc copie de l'arrêté du Directoire exécutif du 15 mars, qui est mon titre de créance et d'action auprès de vous, lorsque je crois convenable d'en faire usage. Je joins en même temps les signaux de reconnaissance entre les deux armées[2] ».

1. On a vu en effet que la flotte de Bruix était restée hors de vue de Cadix.
2. A. N., A. F., III, 600, Lacrosse à Mazarredo, 10 mai 1799.

Mazarredo fut froissé de ce ton impérieux. Doué d'un esprit délié et souple, il n'eut point de peine à faire sentir à Lacrosse la faiblesse de son argumentation ; il opposa à ses raisonnements actuels ceux qu'il lui avait tenus la veille et l'avant-veille. Lacrosse n'avait-il pas dit qu'en restant à Cadix, la flotte espagnole retiendrait l'escadre ennemie dans ces parages, et qu'ainsi la flotte française lancée comme la foudre en Méditerranée, aurait toujours la supériorité sur tout ce qu'elle pourrait rencontrer ? Lacrosse était maintenant d'avis que la flotte espagnole allât chercher l'escadre française en Méditerranée. Rien, en vérité, ne motivait ce changement. Néanmoins, Mazarredo se déclarait prêt à mettre à la voile dès que Bruix lui aurait fait passer des avis, et sans qu'il fût besoin d'aucune réquisition à cet effet : « Je vous renvoie donc le titre de créance que vous m'avez présenté, et je garde les signaux de ralliement qu'il aurait été nécessaire de recevoir plus tôt. Vous pouvez être certain que je ne négligerai aucun moyen pour réparer les inconvénients qui résultent de l'entrée de la flotte française dans la Méditerranée, circonstance qui eût été aux deux marines alliées l'occasion de frapper un coup peut-être décisif pour leur assurer la supériorité sur mer pendant toute la campagne. Mais vous sentez bien que pour de grandes opérations navales, le succès ne dépend pas seulement de la volonté qui les fait entreprendre, mais de leur bonne combinaison, un seul jour pouvant décider du sort futur de toute une marine[1] ».

Un ordre de la cour de Madrid vint heureusement fort à point triompher des scrupules ou des hésitations de Mazarredo. Depuis l'arrivée dans la capitale du courrier extraordinaire qui apportait la nouvelle de la sortie de l'escadre de Brest, la plus grande activité n'avait cessé de régner dans les conseils du Gouvernement. Trois courriers avaient été expédiés au Ferrol, à Cadix, et à Carthagène, pour faire activer tous les travaux maritimes. Au Ferrol, on s'occuperait de l'armement des trois vaisseaux restant dans le port : le *San-Ferdinand*, le *Sérieux*, et le *San-Ermenegildo*. Douze cent mille francs étaient mis à la dispo-

---

1. A. N., A. F., III, 600, Mazarredo à Lacrosse, 11 mai 1799.

sition de Mazarredo pour compléter la solde des officiers et des équipages de son escadre. A Carthagène, l'ordre fut donné de réunir des matelots pour armer les quatre vaisseaux qui s'y trouvaient[1].

Grande fut la surprise du ministère espagnol en apprenant, le 9 mai, à l'arrivée du courrier expédié de Carthagène par don Francisco de Borja, l'entrée de l'amiral Bruix en Méditerranée. La cour de Madrid s'attendait à une jonction des forces françaises avec celles qu'elle avait à Cadix; que Bruix ne l'eût pas tentée, cela déroutait ses prévisions. Elle ne savait davantage à quel motif imputer la direction donnée à la division navale du Ferrol, que le Directoire avait appelée à Rochefort, « à moins que ce mouvement n'ait eu pour but de tromper l'ennemi sur la destination de celle de Brest ». Néanmoins le ministère reconnut bien vite le parti qu'il pouvait tirer de ces circonstances nouvelles. « Qu'a-t-il pu et dû résulter de cette situation des choses et des informations réunies, écrit un diplomate accrédité à la cour de Madrid, lorsqu'elles sont parvenues au Gouvernement espagnol? Que la conduite de Borja a été approuvée, qu'on lui a envoyé l'ordre de faire tout ce qui pourrait prudemment dépendre de lui pour concourir aux vues de l'amiral français, sans oublier que l'objet essentiel, pour le moment et les circonstances, paraissait devoir être celui de la reprise de Minorque, qu'en conséquence on envoyait tous les ordres nécessaires aux commandants destinés à cette expédition en même temps qu'on envoyait à M. de Mazarredo celui d'agir de son côté avec toute l'activité, pouvoir et énergie nécessaires pour obtenir des succès favorables à la cause commune... [2] ». Aussi Guillemardet pouvait-il écrire à Paris que le ministre d'État paraissait disposé à « ordonner la sortie de l'escadre de Cadix, pour la diriger vers la Méditerranée, faciliter la reprise de Mahon, et se réunir ensuite, s'il est nécessaire, aux flottes de la République [3] ». Dans l'après-midi du

1. A. E., Espagne, 655, Guillemardet à Talleyrand, 9 mai 1799.
2. A. E., Espagne, supplément 26. Le baron de Forell au comte de Loss, 13 mai 1799.
3. A. E., Espagne, 655, Guillemardet à Talleyrand, 10 mai 1799.

10 mai, le ministère espagnol ordonnait effectivement à l'amiral Mazarredo d'opérer sa sortie et de se rendre à Carthagène.

Cet ordre parvint à Cadix le 12. Mazarredo fit aussitôt le signal d'appareiller et son escadre commença à sortir du port. Elle comprenait cinq vaisseaux à trois ponts : le *Concepcion*, le *Principe de Asturias*, le *Santa-Ana*, le *Conde de Regla*, le *Mexicano*; deux vaisseaux de 80 canons, le *Neptuno*, et le *Pelayo*; et dix de 74, le *San-Francisco de Paulo*, le *San-Francisco de Asis*, le *Saint-Juan Nepomuceno*, l'*Oriente*, le *Bahama*, le *Conquistador*, le *San-Pablo*, le *San-Telmo*, le *Soberano*, et le *San-Joaquim*; quatre frégates et trois avisos. Le 13 au soir, toute l'escadre était sortie et mouillée au sud-ouest de la ville; le 14, à 5 heures du matin, elle mit à la voile, les vents de N. O., joli frais, et dirigea sa route vers le détroit[1].

Sa navigation fut d'abord heureuse, le 15, on la signalait au cap de Gate. Présumant que l'escadre anglaise s'était mise à la recherche de l'escadre française, Mazarredo crut le moment opportun pour exécuter les instructions de sa cour; il envoya tant à Carthagène qu'à Alicante les ordres et avis nécessaires pour que les troupes, les vaisseaux et les transports qui s'y trouvaient vinssent le joindre afin de se porter, sous sa conserve, aux îles Baléares[2]. Mais le mauvais temps déjoua ses projets. « Dans la nuit du 16 au 17 mai, écrit Mazarredo, une tempête de N. N. E. et de la quelle je n'ai pas vu d'exemple pendant mes longues années de navigation, a non seulement occasionné le délabrement de l'armée, mais encore la démâtage d'un grand nombre de vaisseaux. Plusieurs ont perdu leur poulaine et même une partie de leur cuivre. Un escadron (*sic*) a été réduit au point de ne pouvoir être d'aucune utilité et ce n'est que par le secours des remorques que nous sommes parvenus à entrer à Carthagène dans la nuit du 20[3] ». L'escadre y arriva dans le plus piteux état. Le *Mexicano*

---

1. A. N., Marine, BB, 4, 133, Lacrosse au ministre de la Marine, 14 mai 1799.

2. A. E., Espagne, supplément 26., Forell au comte de Loss, 23 mai 1799.

3. Mazarredo à Bruix, 20 juin 1799, Lacrosse, après avoir appris les accidents de navigation arrivés à la flotte espagnole, écrit au ministre : « La mauvaise qualité des matières que les marines, privées du commerce du Nord, sont obligées d'employer, des cordages échauffés, des mâts dégradés, vermoulus, pourris même, sont cause de ce

et le *Conquistador* avaient démâté de tous leurs mâts, le *Pelayo* de son grand mât et de tous les mâts de hune, le *San-Francisco-de-Asis* de son petit hunier, l'*Oriente* de son mât d'artimon et de tous les mâts de hune, le *San-Joaquim* et le *Soberano* de leur grand mât de hune, enfin le *San-Telmo* de son grand mât, du mât d'artimon et du petit hunier. La frégate la *Mathilde* avait perdu tous ses mâts[1]. C'était un véritable désastre. Aussitôt entré à Carthagène, Mazarredo écrivit à sa cour qu'il fallait renoncer à toute entreprise pour le moment et consacrer tous les efforts à réparer les avaries de l'escadre : cette opération exigerait au moins un mois de temps, pendant lequel l'escadre espagnole se trouverait incapable de prendre part aux opérations actives.

désastre. La mâture basse du *St-Sebastien*, que l'on nous livra comme installé le plus à neuf, et qui serait sorti ainsi sous l'armement espagnol, est tellement avariée que pour prévenir tout retard, on l'a fait remplacer par celle du *Censeur* (A. B., Marine, BB 4, 133. 11 juin 1799).

1. A. E. Carton des consulats, Carthagène. Lettre du consul au ministre de la Marine, 21 mai 1799.

CHAPITRE V

Le Séjour à Toulon

Le premier soin de l'amiral Bruix en arrivant à Toulon avait été de faire réparer les avaries subies par son armée navale [1]. Les travaux ne parurent tout d'abord ne devoir comporter que la mise en état du *Cisalpin,* du *Batave* et du *Fougueux,* dont « l'un a perdu son mât de beaupré et son taille-mer ; l'autre a toute sa partie de l'avant ébranlée, et le troisième a des avaries qui ne sont guère moindres ». Mais, comme toujours en pareil cas, la liste des travaux ne tarda pas à s'allonger. Dès le lendemain de l'arrivée, les capitaines du *Terrible* et de l'*Invincible* rendaient compte à l'amiral de diverses avaries très graves occasionnées à leurs bords respectifs par la tempête. Sur le *Terrible,* les jottereaux de misaine et les barres d'élongis se trouvaient absolument pourris, et, dans ces conditions, c'était, paraît-il, un *rare bonheur* que le vaisseau n'eût pas perdu sa mâture à la mer. La mâture de l'*Invincible* ne valait guère mieux, « surtout à sa vergue de misaine, que l'on aurait changée de suite si l'arsenal ne s'était pas trouvé dépourvu de rechange ». Le *Formidable* avait fait des avaries assez graves dans la partie supérieure de son grand mât : sa hune était pourrie et, en la décapelant, elle se rompit en deux morceaux. Les autres vaisseaux avaient peu de réparations ; pour eux le port n'aurait à remplacer que sept à huit mâts de

1. L'armée navale comprenait en tout 36 voiles : 24 vaisseaux, 7 frégates et 5 corvettes. La trente-septième voile, le *Berceau,* avait été détachée devant Cadix pour porter les dépêches de Bruix à Lacrosse. La *Découverte,* laissée à Carthagène, avait rallié l'armée la veille de son arrivée à Toulon.

hune perdus à la mer. Mais la remise en état du *Fougueux* et du *Batave*, qui furent conduits le 14 mai en petite rade pour être plus à portée des ateliers, exigeait des délais plus longs dont l'amiral profita pour demander au port de porter à 92 canons la force des vaisseaux l'*Indomptable* et le *Formidable*, les ingénieurs déclarant que cette augmentation d'artillerie ne nuirait en rien à leur vitesse et à leur solidité[1].

Le port de Toulon avait alors comme commandant des armes l'amiral Vence et comme chef des services administratifs l'ordonnateur de la marine Bertin. Le premier, loin d'aider l'amiral Bruix dans sa tâche, se mit, dès le lendemain de son arrivée, à critiquer sa conduite, le blâmant ouvertement de n'avoir pas fait entrer la flotte à Cadix pour la réunir à celle des Espagnols, déclarant que « c'est encore une escadre qu'on veut perdre, etc... ». Si bien que Bruix se vit obligé de signaler son attitude déplacée au Directoire qui décida, séance tenante, de le relever de ses fonctions[2]. Tout

1. A. N., Marine, BB., 4, 131. Bruix au ministre de la Marine. Le 25 mai, l'ordonnateur de la Marine envoyait au ministre un état des travaux exécutés depuis le 14 mai sur les vaisseaux de l'amiral Bruix. En voici le détail :

Océan, Rajusté les barres de gouvernail, fait une vergue de grand hunier.

Terrible, Fait deux petits mâts de hune, les jottereaux du mât de misaine ainsi que les élongis.

Formidable, Refait à neuf la grande hune. Depuis le 20 mai on s'occupe à unir le gaillard d'avant au gaillard d'arrière, de manière à en former une troisième batterie.

Indomptable, Création d'une troisième batterie comme ci-dessus.

Constitution, Refait à neuf le grand cabestan dont la mèche est pourrie. Fait un grand mât de hune et une vergue de perroquet de fougue.

Tyrannicide, Refait à neuf le grand cabestan, mèche pourrie.

Cisalpin, Refait la bouteille de tribord et une partie du couronnement.

Redoutable, Fait un grand mât de hune, un petit mât de perroquet, une vergue de petit perroquet, une barre de hune.

Républicain, Cisalpin, Dix Août, Invincible, Wattignies, Convention, Mont-Blanc Gaulois, Jean-Bart, Zélé, Tourville et Jemmapes, Fait des objets de menue mâture.

J.-J.-Rousseau, Fait une vergue d'artimon, un mât et une vergue de perroquet de fougue.

Fougueux, Il a fallu repousser les chevilles du taille-mer, des courets de jottereaux, de la courbe de capucine et des lisses de herpe ; travail long.

Batave, Comme le *Fougueux*, mais travail plus long encore, puisque toutes les parties qui composent la guibre, ainsi que la figure, ont été emportées. Refait un mât de beaupré.

Convention, Changé deux aiguillots au gouvernail. (A. N., Marine, BB, 4, 134.)

2. A. N., Marine, BB, 4, 131, Bruix au Ministre de la Marine, 19 mai 1799. Cf A. F. III

autre fut la conduite de l'ordonnateur de la marine Bertin. Dès
que l'escadre était arrivée sur rade, il avait fait mettre embargo
sur tous les bâtiments indistinctement qui se trouvaient dans les
ports de l'arrondissement, afin de tenir secrète, autant que possible, la nouvelle de cette relâche [1]; il informa l'amiral Bruix
de notre situation militaire en Italie, et mit à sa disposition toutes
les ressources du port. Elles étaient malheureusement assez
minces [2]; fait plus grave, la caisse était vide, Bruix avança aussitôt, sur ses propres fonds, 300.000 francs à l'ordonnateur, afin qu'il
pût subvenir aux besoins de l'armée navale; le secours était
faible, à peine suffisant pour couvrir l'achat des chanvres, assurait
Bertin qui demanda au Ministre un crédit immédiat de deux
millions [3]. C'est qu'il ne s'agissait pas seulement de secourir l'armée navale; il fallait aussi pourvoir aux besoins de l'armée
d'Italie où la pénurie était affreuse. Une nouvelle, malheureusement fausse, annonçant une victoire remportée par cette armée [4],

14 B. Arrêté du Directoire exécutif ordonnant au contre-amiral Vence de se rendre à
Rochefort, et nommant le contre-amiral Renaudin commandant des armes à Toulon
(25 mai). Dès le 14 mai, l'amiral Vence avait adressé au ministre de la Marine la lettre
suivante : «... Je ne puis m'empêcher de vous témoigner mes inquiétudes relativement
à la mission de l'armée navale, dont les réussites et le but me paraissent manqués
puisque la jonction avec les Espagnols n'a point été opérée. Mes craintes à ce sujet
sont fondées tant sur le séjour que l'armée est dans le cas de faire en rade pour cause
de vents contraires que sur les dispositions et mesures que nos ennemis s'empresseront
de prendre dans une circonstance où ils sont instruits certainement de ce qui se passe
et qui les met à portée de profiter des avis qu'ils sont à même de recevoir. Les forces
qu'ils ont dans la Méditerranée, jointes aux escadres turque et russe, ainsi qu'à celles
qu'ils enverront sans doute pour les renforcer, seront plus que suffisantes pour contrarier les opérations de notre armée navale qui aurait dû, ce me semble, entrer à
Cadix où elle se serait réunie alors aux Espagnols, afin d'agir conjointement pour
remplir les vues du Gouvernement ». (A. N., Marine, BB, 4, 131.)

1. Le séjour de l'armée navale à Toulon se prolongeant, Bertin fit relâcher, le 20 mai,
les bâtiments français, mais maintint l'embargo sur les bâtiments étrangers.

2. Dans une lettre du 9 juin 1799 Bertin déclare au ministre de la Marine que les
établissements maritimes de Toulon n'ayant été formés dans le dernier siècle que
pour 15 vaisseaux de ligne au plus, « n'ont pas reçu l'accroissement progressif de nos
forces navales ».

3. Le ministre accorda 1.200.000 francs, mais pas davantage « attendu le besoin des
diverses parties du service public ».

4. Lettre du général St-Hilaire à l'ordonnateur Bertin, Draguignan, 15 mai 1799. Il
annonce « l'heureuse nouvelle de la victoire que l'armée d'Italie réunie à celle de
Naples, sous les ordres du général en chef Moreau, vient de remporter sur l'armée
autrichienne. Cet événement, ajoute-il, est d'autant plus heureux que les suites des

détourna Bruix de croire à son péril immédiat, et le fit tourner ses efforts vers la République Ligurienne, dont la situation, sous le rapport des subsistances, était devenue extrêmement critique. L'amiral employa ses fonds à acheter des blés, emprunta 6.000 quintaux au munitionnaire et les envoya sous escorte par voie de mer à Gênes. Deux chargements de blé de 3.000 quintaux respectivement suivirent le premier, indépendamment d'un envoi de 2.500 quintaux fait par un négociant de Marseille. L'amiral prescrivit également d'enlever l'artillerie du vaisseau vénitien le *Frontin* et de le réduire à 40 jours d'eau, pour lui donner un assortiment de vivres, en biscuit, farines, salaisons, vin, eau-de-vie et munitions de guerre, soit 1.000 tonneaux environ, destinés à l'armée d'Italie. Enfin, Bruix, averti que les barbets s'étaient réunis à des rebelles d'Oneille afin de s'emparer de cette commune, et s'occupaient à la « déménager par voie de mer », expédia les frégates la *Romaine*, la *Créole* et le lougre le *Vautour*, pour intercepter les bâtiments des rebelles, et forcer, conjointement avec le général Pouget, la commune d'Oneille à rentrer sous les lois de la République.

Tandis que Bruix s'employait ainsi à tourner à profit la relâche que les circonstances l'avaient conduit à faire à Toulon, le Directoire, ayant reçu la dépêche expédiée par l'amiral le 7 mai, lui exprimait ses regrets qu'il n'eût pas... outrepassé ses instructions. « Le succès, mandait-il, a couronné la manœuvre hardie que vous avez ordonnée pour dérober à l'amiral Bridport la connaissance de votre sortie ; ce premier avantage, et la rapidité de votre marche devaient vous faire espérer que l'escadre de Lord Saint-Vincent ne vous échapperait pas ; et il est vivement à regretter que la tempête qui s'est élevée au moment où vous étiez prêt à l'atteindre, ait déconcerté vos dispositions et vous ait enlevé une victoire certaine. La destruction de cette escadre nous aurait, pendant plusieurs mois au moins, rendus maîtres de la Méditerranée ; l'armée navale aurait pu s'emparer des vaisseaux turcs et russes, intimider les puissances barbaresques, rouvrir les communications

dernières affaires avaient abattu l'esprit public et relevé l'audace de tous les malveillants et des brigands des montagnes du Piémont ». (A. M., BB, 4, 131.)

avec l'armée d'Égypte et même porter la terreur dans Constantinople en s'approchant des Dardanelles. Telles eussent été, Citoyen
Général, les résultats importants que vos premières opérations
pouvaient promettre, et votre résolution d'attaquer Lord Saint-
Vincent semble annoncer que vous aviez conçu ce vaste plan. »
Puisque ce plan n'a pu être réalisé, « l'intention du Directoire est
cependant que vous suiviez celui que vos instructions vous tracent,
mais avec toute la célérité et en même temps avec la circonspection que les circonstances commandent ».

C'est que, depuis le départ de l'armée navale de Brest, notre
position militaire a changé de face en Italie. Le gouvernement
a donné l'ordre d'évacuer Civita-Vecchia, Livourne, Naples et
Ancône; la division aux ordres du général Macdonald, qui occupait l'État napolitain, n'a pu encore se rallier au gros de
l'armée commandée par le général en chef Moreau, qui s'est
porté sur le territoire ligurien pour faciliter cette jonction. Le
succès de ce mouvement conserverait à la République des troupes
aguerries et procurerait à l'armée de précieux renforts. « Dans
cet état de choses, le Directoire désire que vous appareilliez de
Toulon le plus promptement possible, et que vous vous présentiez devant Gênes. Le général Moreau, que le Directoire prévient
de votre prochaine apparition [1], vous fera connaître notre situation sur le continent au moment de votre arrivée, et dans le cas
où la division de Macdonald serait encore enveloppée par l'ennemi, vous examineriez de concert si l'armée navale ne pourrait
pas se porter devant Naples, recueillir les républicains et les porter au lieu qui serait déterminé entre vous deux. »

Cette entreprise effectuée ou non, le Directoire prescrivait à
Bruix de parcourir ensuite tous les points indiqués par ses instructions. Les dispositions faites par nos ennemis lui en laissent le

---

1. Cf. A. N., A. F., III, 602. Lettre du Directoire au général Moreau, 17 mai 1799. « Le
Directoire exécutif s'empresse de vous informer que la flotte de la République, partie
de Brest le 26 avril, est entrée dans la Méditerranée, et qu'elle a dû mouiller à Toulon
vers le 10 mai, et qu'après y avoir séjourné très peu de jours, l'amiral Bruix doit se
rendre dans le port de Gênes pour s'y aboucher avec vous. Si votre jonction avec
l'armée de Naples n'était pas encore effectuée ou si vous jugiez qu'elle ne pût s'effectuer que par mer, vous en concerteriez les moyens avec l'amiral Bruix. »

temps. Les derniers journaux anglais annoncent que Lord Bridport était encore le 6 mai à l'ouvert de la Manche : sa réunion à Lord Saint-Vincent, si elle est ordonnée, sera de ce fait tardive. Il est probable aussi que Saint-Vincent a dû souffrir de la tempête subie par l'armée navale et qu'il répare ses avaries soit à Gibraltar, soit sur les côtes de Barbarie. Enfin, les forces navales espagnoles, d'après des nouvelles envoyées de Madrid le 10 mai, sont sur le point d'entrer en Méditerranée [1].

Trois jours plus tard, le 20 mai, le Directoire, en possession de la lettre que Bruix lui avait adressée à son arrivée à Toulon, lui confirmait ses instructions du 17 sur le concours à prêter au général Moreau en vue de faciliter par mer la jonction de l'armée de Naples, en supposant que cette jonction ait dû éprouver de trop puissants obstacles sur terre. « Il serait possible, ajoute-t-il, que le général Moreau eût requis le secours des troupes de débarque-que vous avez à bord, et vous n'auriez pas hésité à l'en aider, bien entendu que vous ne dégarnirez pas vos vaisseaux des troupes nécessaires à la manœuvre et que vous ne donnerez que celles destinées au débarquement.

« La jonction des deux armées, poursuivaient les Directeurs, sera sans doute effectuée avant que l'amiral Bridport ait pu renforcer l'escadre de Nelson, et si Jervis avait divisé son escadre pour augmenter celle-ci, il y a lieu de croire que les Espagnols seraient sortis de Cadix pour nous joindre. Les avantages de cette réunion sont incalculables. Le Directoire aurait appris avec plaisir qu'elle se fût effectuée à votre passage. Si elle peut se faire encore sans danger, le Directoire vous autorise à prendre toutes les mesures qui pourront l'opérer. Vous vous trouveriez dans ce cas plus fort que l'ennemi. Vous ne manquerez pas de profiter de cet avantage pour balayer la Méditerranée. La présence de la flotte française pourra faciliter les approvisionnements de la Ligurie et de la Toscane, empêcher des explosions dans les États évacués, et donner du courage et relever les espérances des amis de

---

1. A. N., Marine, BB, 4, 131, Talleyrand à Bruix, 17 mai 1799. Cf. également A. F., III, 602, lettre du Directoire à Bruix, 17 mai 1799.

la liberté; elle pourra aussi faciliter la délivrance des troupes qui, laissées dans quelques forteresses, s'y trouveraient trop pressées. Suivant les circonstances, vous pourrez ensuite dégager Malte et remplir enfin une partie de vos instructions. Quant à l'expédition de la Sicile, elle paraît dans ce moment devoir être au moins ajournée [1]. »

A cette dépêche du Directoire était jointe une lettre de Talleyrand précisant la pensée des Directeurs sur le concours éventuel de la flotte espagnole. Le Directoire, informé par son ambassa-

1. A. F., III, 603. Le Directoire à Bruix, 20 mai 1799. Avant d'être adressée à Bruix cette lettre fut soumise à l'examen du Comité des généraux, habituellement consulté par le Gouvernement pour l'élaboration du plan de campagne. Le Comité formula les observations suivantes :

« Après avoir pris connaissance des dépêches de l'amiral Bruix du 7 et du 13 mai, les généraux pensent que la réponse du Directoire remplit tous les objets que les circonstances peuvent permettre :

« 1° Que l'on peut différer l'intention de ravitailler Malte, non seulement parce que cette place ne paraît pas encore réduite à des besoins pressants, mais parce que cette opération, qui n'est que particulière, détournerait de plusieurs objets d'une utilité plus générale et plus urgente.

« 2° Que, par les mêmes raisons, le projet de soumettre la Sicile nous paraît devoir être ajourné.

« 3° Que les secours proposés pour Alexandrie, dans un moment où l'on dit que la peste exerce ses ravages, pourraient entraîner les plus graves inconvénients.

« 4° Que l'idée de profiter de l'arrivée de l'escadre française à Toulon pour transporter à l'armée d'Italie des troupes, des vivres, des munitions et toutes espèces de secours avec la célérité ordinaire des transports par mer, peut produire des avantages incalculables, non seulement par rapport au matériel des objets qui manquent à cette armée, mais encore relativement à l'espèce de révolution avantageuse dans les opinions qui doit naître de l'apparition à l'improviste d'un secours puissant et inattendu; d'autant plus encore, si l'amiral prend le parti de se présenter ostensiblement dans la rade de Sarzana (entrée du golfe de la Spezzia).

« 5° Que ces secours à porter sur la côte de Gênes pourront s'opérer sans préjudicier aux mesures à prendre pour remplir le plus important de tous les objets : celui d'employer tous les moyens possibles pour déterminer la jonction avec l'escadre espagnole.

« 6° Qu'indépendamment des secours directs qui pourront être portés à l'armée de Moreau, l'amiral pourra s'aboucher avec lui dans les parages de Gênes, pour concerter ensemble sur les divers moyens relatifs aux circonstances du moment, pour faciliter et accélérer sa jonction avec l'armée de Naples, attendu qu'il pourrait être plus avantageux de renforcer directement l'armée de Naples par Livourne, que de renforcer celle de Moreau.

« 7° En conséquence de ces vues, les généraux pensent que les mesures les plus urgentes, eu égard aux circonstances présentes, consistent à distribuer des ordres dans toutes les parties pour faire affluer dans Toulon des troupes, des vivres, des munitions, des armes, de l'argent; en faisant arriver tout ce que l'on pourra tirer des départements voisins, et en pourvoyant incessamment au remplacement de tous ces

deur des desseins de la cour de Madrid sur l'emploi des forces navales espagnoles, cherchait à obtenir d'elle deux décisions : l'une qui maintînt à Rochefort la division Melgarejo, afin de retenir une

objets, qui arriveront successivement de proche en proche et par échelons ». (A. N.. A. F., III, 152 a.)

Le Directoire consulta également un conseiller, demeuré anonyme, qui formula les observations suivantes :

« J'ai lu avec un double intérêt les lettres de l'amiral Bruix à raison du goût particulier que j'ai toujours eu pour ce qui tient à la marine.

« En se rendant devant Cadix, l'escadre française ayant dérobé sa sortie de Brest à l'ennemi, ne pouvait manquer une des deux opérations suivantes également avantageuses, ou de combattre Jervis avec des forces qui devaient lui assurer le succès, ou s'il fuyait, à ne pouvoir être atteint, à débloquer Cadix et à se faire joindre, par l'escadre espagnole, car cette jonction si importante devient aujourd'hui problématique.

« Je crois à tout le bien que Bruix dit des officiers de sa flotte, je crois qu'ils se battront fort bien, mais les abordages malheureux dont il se plaint ne proviennent certainement que du défaut d'expérience dans la manœuvre d'un vaisseau ou escadre, surtout dans un mauvais temps.

« Les abordages ni les mauvais temps ne devaient pas détourner d'un des deux objets principaux : il fallait mettre à la cape pendant le mauvais temps, s'élever dans le N. N. O. si on était assez près de terre, de manière à craindre quelque danger, et fallut-il perdre quelques jours ainsi, attendre en panne devant Cadix la sortie de la flotte espagnole. Cette réunion permettait d'avoir la supériorité dans la Méditerranée assez longtemps pour exécuter de grandes vues.

« Je crois bien que les Anglais ont évité le combat, qu'à la faveur de la brume ils ont gagné un mouillage sur la côte de Barbarie...

« Je ne partage pas l'avis de l'amiral relativement aux dangers de son opération à Malte, car il serait ridicule de penser que l'escadre dût entrer dans le port. Le bombardement est ici insignifiant. L'escadre, en se présentant, mettait en fuite celle qui bloque le port, dont l'entrée, défendue par les forts occupés par nos troupes, est libre pour nous. Il fallait donc préparer sur deux ou trois frégates et pendant le trajet, tout ce qu'il fallait jeter dans Malte, et se présenter devant le port pour y faire entrer ces bâtiments en les attendant sous voiles.

« Je crois qu'il était possible, pendant ce temps, qu'une partie de l'escadre combinée fût envoyée contre Nelson, qui eût été atteint à l'improviste avant d'être renforcé. Du moins on pouvait l'espérer, et dans tous les cas les escadres pouvaient se réunir soit en mer, soit à Toulon.

« Je ne parle point ici des vues sur l'Egypte, cela me conduirait trop loin.

« Si plusieurs articles de la lettre de l'amiral m'ont fait quelque peine, notamment celui qui renferme son projet sur la Sicile, j'ai été bien satisfait de la totalité de la réponse que lui a faite le Directoire : elle ajourne dans des termes convenables cette opération et prescrit d'ailleurs les plus sages dispositions.

« Si quelque chose doit consoler du parti qu'a pris l'amiral Bruix, tant à l'égard de Jervis que de sa réunion à la flotte espagnole et de son projet de ravitaillement de Malte, c'est de s'être mis par là à même d'arriver plus tôt à Toulon et d'y devenir très utile à nos opérations en Italie. Il faut que sans attendre les trois vaisseaux avariés, il mette à la voile, se rende dans les mers de Gênes, s'assure du golfe de la Spezzia. Qu'il donne à Moreau ses 8.000 hommes de troupes de débarquement et se con-

partie des vaisseaux anglais dans l'Océan, en laissant subsister la menace d'un débarquement en Irlande [1]; l'autre, par laquelle renonçant à employer la flotte de Mazarredo à la reprise de Minorque [2], elle prescrivit à cet amiral de rallier sans délai l'armée française, en se portant à l'ouvert de la rade de Toulon, l'amiral Bruix devant assumer le commandement en chef [3]. « Je me flatte, écrivait Talleyrand à Bruix, que le gouvernement espagnol reconnaît l'utilité de cette jonction pour le succès de la cause commune; cependant l'intention du Directoire n'est pas que vous attendiez les Espagnols; il convient seulement que vous laissiez au général Vence un paquet pour Mazarredo, dans lequel vous lui tracerez la route qu'il devra tenir pour vous rejoindre, soit sur les côtes d'Italie, soit dans les parages que vous aurez à parcourir ultérieurement... [4] ».

Ces dépêches parvinrent à l'amiral Bruix le 25 mai, au moment où il allait appareiller avec 22 vaisseaux pour la rivière de Gênes,

certe avec les généraux en chef des deux armées de terre pour favoriser leur jonction, si elle n'est déjà faite.

« Je vois avec douleur que ce sera peut-être là la seule opération importante de l'armée navale dont je crains bien de deviner le sort. Elle va rentrer après à Toulon pour joindre ses trois vaisseaux et se ravitailler; pendant cet intervalle, les Anglais réuniront 25 à 30 vaisseaux et viendront bloquer Toulon...

« Je crains aussi de la faiblesse espagnole que quelques vaisseaux anglais devant Cadix ne leur fournissent un prétexte pour y rester.

« Mes occupations ne me permettent pas d'en dire davantage. » (A. N. A. F., III. 600.)

1. Le Directoire songeait même à faire venir cette division navale à Brest, pour la rapprocher des côtes d'Angleterre et rendre la menace plus sensible. Le 14 mai, il faisait voter une loi l'autorisant à faire débarquer, séjourner et même passer éventuellement sur le territoire français 3.000 hommes de troupes embarqués par cette division (A. E.).

2. A. E., Espagne, 655. Talleyrand à d'Azara, 18 mai 1799 : « ... Quelque importante que soit pour l'Espagne la reprise de Minorque, je pense que cette opération aurait aujourd'hui de grands inconvénients par les délais qu'elle doit nécessairement entraîner. Il est probable que l'amiral Bridport va tenter, par tous les moyens possibles, de se joindre à Lord Saint-Vincent, et l'escadre espagnole pourrait être compromise si elle restait seule devant Minorque. Si, au contraire, elle se réunit à l'armée navale, l'ennemi trouve un nombre de vaisseaux au moins égal au sien, et nous devons compter sur le courage des officiers des deux marines pour soutenir avec éclat l'honneur des pavillons alliés. Vous trouverez sans doute convenable, Monsieur l'Ambassadeur, de faire part à votre Cour de ces observations et de l'engager à renoncer à toute opération qui séparerait dans ce moment les forces des deux Puissances... »

3. A. E., Espagne, 655 et 656, Talleyrand à d'Azara, 18 mai, 20 mai, 23 mai. A. M. BB. 4.1334 Talleyrand à Guillemardet, 20 mai.

4. AM., BB, 4, 131, Talleyrand à Bruix, 20 mai 1799.

laissant à Toulon le *Batave* et le *Fougueux* dont les réparations n'étaient pas terminées. Bruix avait décidé de se porter sans retard au secours du général Moreau, au reçu d'une lettre très pressante où le général Dessole, chef de l'état-major général de l'armée d'Italie, loin de confirmer la nouvelle annoncée par le général Saint-Hilaire, exposait la situation extrêmement critique de cette armée.

« A l'instant où j'apprends votre arrivée dans le port de Toulon avec des troupes de débarquement, écrivait le général Dessole, je m'empresse, Citoyen Amiral, de vous présenter le tableau de notre situation à cette armée, quoique j'ignore encore à quel point votre mouvement et votre destination sont ou ne sont pas liés à nos opérations d'Italie.

« Le général Moreau, qui reçut le commandement de cette armée le 8 floréal (27 avril), pendant qu'on était aux prises depuis plusieurs heures, ne put combattre que pour assurer la retraite et le salut de l'armée. L'abandon de la Cisalpine a été le résultat de ces événements, et après avoir passé le Tessin, et couvert autant que possible les points principaux du Piémont, l'armée est venue prendre position vers Alexandrie, derrière la Bormida, étendant sa gauche sur le Pô à Valenza, et sa droite aux montagnes qui couvrent la Ligurie.

« Tel était même dès lors l'état des choses et notre faiblesse que l'ennemi n'a pas tardé à séparer du corps d'armée une grande partie de la droite, en pénétrant jusqu'à Novi, et moi-même envoyé ici (à Gênes) par le Général en chef pour des opérations essentielles, après avoir failli en route être enlevé, ainsi que le général Pérignon, par les Russes, je me trouve depuis dix jours séparé du quartier général, sans pouvoir établir des communications, même pour des lettres. Les insurrections éclatées dans tout le Piémont cernent l'armée entière et infestent toutes les routes. Courriers, détachements, espions, rien ne peut pénétrer; et deux ou trois généraux se rendant d'Alexandrie ici, ont péri dans les mains de ces brigands, dont le nombre croît sans cesse et qui viennent de s'emparer du fort de Ceva.

« Vous jugerez par là, Citoyen Amiral, de la position critique de l'armée, ayant en tête un ennemi très supérieur; le général Moreau rassemblant tous ses faibles moyens fait jusqu'ici des prodiges. Déjà deux tentatives repoussées vigoureusement ont arrêté et contenu les Austro-Russes; une troisième plus heureuse pourrait leur rendre tous leurs avantages, et perdre les débris de notre armée. L'armée de Naples arrive bien en Toscane, mais ce n'est que dans sept à huit jours qu'elle sera totalement réunie, et dans dix ou douze au moins qu'elle pourra commencer à agir vigoureusement, et que ses mouvements sur les derrières de l'ennemi se feront sentir d'une manière efficace. Les progrès de l'insurrection du Piémont et la lenteur des renforts tant annoncés, tant attendus de France et d'Helvétie, ajoutent aux dangers et à la difficulté de la position de général Moreau.

« La situation particulière de la droite et de toute la Ligurie n'est guère plus rassurante. Le petit nombre des troupes qui y est, pour défendre une étendue considérable et les débouchés des montagnes, permet à peine d'espérer une défense vigoureuse dans le cas d'une forte attaque; et l'insurrection d'Oneille, si elle prend de la consistance, achève de nous ôter la retraite sur la France comme celle de Montferrat la retraite sur l'armée. La présence de quelques frégates anglaises qui ont été aperçues ici, contribue à augmenter ces inquiétudes.

« Je n'ajouterai rien, Citoyen Amiral, au tableau que je viens de vous tracer. Vous devez sentir à l'instant que huit à dix jours critiques vont décider sous peu du sort de notre armée et de toute l'Italie. Un prompt et vigoureux effort peut tout à coup faire pencher la balance dans cet intervalle. Ma situation personnelle me le fait sentir davantage, et je ne doute pas que cette tentative ne fût décisive, pourvu qu'elle se fît avec la rapidité des vents ou de la foudre.

« J'ignore également quels sont vos ordres, vos projets, votre destination et votre situation dans la Méditerranée par rapport aux Anglais; quoi qu'il en soit, et en prévenant les intentions du général en chef et peut-être du gouvernement, je vous expose qu'il dépend, sans doute, de vous dans ce moment de sauver les armées d'Italie et l'Italie même.

« Veuillez me faire connaître le parti que vous croirez devoir prendre d'après ma lettre. S'il était tel que mes désirs et nos besoins me le font espérer, vous jugerez sans doute comme moi, que le mieux, et le plus sûr, serait d'arriver directement à Gênes même, avec les troupes de débarquement[1]. »

Cette lettre, reçue par Bruix le 23 mai, fut suivie, deux jours après, d'une missive plus brève, mais non moins pressante du général Dessole :

« Je m'empresse de vous prévenir que l'armée commandée par le général Moreau a été forcée de quitter la Bormida et de se replier sur Asti.

« Le général, en se retirant, a jeté sur Gênes la division du général Victor, forte de 7.000 hommes d'infanterie et de 200 chevaux. Cette division, avec les forces qu'il y avait déjà, pourra bien couvrir Gênes, mais difficilement tous les débouchés de la rivière du Levant, depuis la Toscane jusqu'à Gênes. Alors l'armée de Naples peut d'un instant à l'autre être coupée dans sa dernière retraite et livrée à la merci de toutes les forces de l'ennemi. Voyez, Citoyen Amiral, si le mouvement que je vous proposais hier, vous pouvez l'effectuer. Il sauve l'armée de Naples, l'Italie, et peut-être les départements méridionaux de la France[2] ».

Le 25 mai, vers midi, la brise commençant à se lever, Bruix ordonna l'appareillage. Mais trois vaisseaux seulement de l'avant-garde purent, ce jour-là, profiter d'un souffle de vent favorable pour mettre à la voile; le calme les força bientôt de mouiller à nouveau pour ne pas tomber à la côte. Le lendemain 26, trois autres vaisseaux parvinrent à appareiller et à se joindre aux trois premiers, qui, dès le matin, avaient remis sous voile. D'autres, qui s'étaient toués pour être plus à portée de profiter des brises, avaient été forcés de remouiller. Ce délai permit à Bruix de recevoir une troisième lettre de Gênes, signée conjointement par les généraux de division Pérignon, Victor et Dessole, qui constituait comme un dernier appel, un cri suprême de détresse poussé de la côte ligurienne.

1. AM., BB, 4, 131, Dessole à Bruix, Gênes, 20 mai 1799.
2. A. N., Marine, BB, 4, 131, Dessole à Bruix, 21 mai 1799.

« L'insurrection générale du Piémont, les forces infiniment supérieures de l'ennemi ont obligé le général Moreau à faire encore un mouvement rétrograde. Il se retire sur Nice avec son artillerie, sa cavalerie et une partie de son infanterie. Il a jeté sur Gênes le général Victor avec 6.000 hommes d'infanterie pour couvrir la Ligurie et conserver encore un moyen de jonction avec l'armée de Naples. L'ennemi est donc maître du Piémont, à l'exception de quelques citadelles mises en état de défense trop à la hâte pour en espérer une longue résistance; à nous, il ne reste que la rivière de Gênes pour recevoir et porter des renforts sur l'armée de Naples par des chemins qui ne permettent le transport d'aucune espèce d'artillerie et que la cavalerie traverserait difficilement à raison de la pénurie des fourrages.

« Le seul moyen de se rendre encore une fois maître de l'Italie, de sauver l'armée de Naples, de sauver même les départements frontières de France laissés forcément à découvert, c'est de réunir tout à coup des forces considérables en s'unissant à l'armée de Naples qui tout à l'heure va avoir à soutenir elle seule l'effort de toutes les forces de l'ennemi; ce moyen, s'il est vrai que vous ayez comme on l'assure 15.000 hommes de débarquement [1], est entièrement dans vos mains. Jamais circonstance plus urgente pour prendre un parti décisif; jamais circonstance plus heureuse pour réparer de grands revers. Voyez, Citoyen Amiral, si vous vous

---

1. On lit dans le journal de Moras : « Le chiffre des troupes embarquées avait été grossi à dessein, par la rumeur publique, tant il paraissait important d'abuser les ennemis sur les secours que la flotte portait en vivres, munitions et hommes au général Moreau. » En réalité, Bruix ne disposait que des forces suivantes : les garnisons des vaisseaux formant 2.600 hommes environ de très bonnes troupes et parmi lesquels il se trouvait 250 grenadiers et 400 chasseurs, 1.400 canonniers de marine environ, exercés à toutes les armes, un bataillon de 1.000 hommes, composé en grande partie de conscrits exercés depuis deux mois, appartenant au port de Toulon, et que Bruix avait pris sur lui de faire embarquer le 24 mai au soir, en les remplaçant au service de la place par des novices — au total 5.000 hommes, que l'amiral pouvait consentir à débarquer, mais pour quelques jours seulement. Au cas où Moreau jugerait ce chiffre insuffisant, Bruix examinerait s'il ne lui serait pas possible de « prendre une position inexpugnable » dans le Golfe de la Spezzia, et alors il pourrait ajouter à ses premiers 5.000 hommes, 3.000 bons soldats d'artillerie de marine embarqués sur 1 flotte en qualité de canonniers ou de marins et qui étaient, selon l'expression de l'amiral « l'âme de nos équipages ». (A. N., Marine, BB, 4, 131.) Bruix au ministre de la Marine 25 mai 1799.

croyez suffisamment autorisé par elles à venir débarquer sur la Spezzia les troupes que vous avez sur la flotte [1] ».

Dans la nuit du 26 au 27 mai, l'armée tout entière se toua, et le lendemain, le vent se formant de la partie du nord-ouest, la flotte mit à la voile pour la rivière de Gênes.

*
* *

Les nouvelles instructions du Directoire liaient les opérations de la flotte à celles de l'armée d'Italie. Ni dans l'esprit des généraux consultés, ni dans celui des Directeurs, la flotte anglaise ne devait venir troubler ses mouvements. Le rapport du Comité des généraux ne faisait aucune allusion à cet ennemi; quant au Directoire, si l'idée de son existence parut un instant effleurer son esprit, il trouva commode de s'en débarrasser grâce à une hypothèse : l'escadre de Jervis, déclarait-il, avait dû être éprouvée par la tempête et, se trouvant en quelque point de la côte de Barbarie, occupée à se réparer, n'était plus en état d'intervenir. Qu'était-il en réalité advenu de l'escadre anglaise?

Saint-Vincent avait quitté Gibraltar le 11 mai, à midi, avec ses seize vaisseaux. Le lendemain, il apprit d'un navire neutre que l'escadre de Brest avait été aperçue devant le cap de Gate, le 6 au soir, courant vers l'est, les bonnettes établies. Le 13 mai l'escadre rencontra le *Cormorant*, capitaine Lord Mark Kerr, qui rapporta avoir communiqué le 8 courant avec le *Cameleon* [2] devant Formentera; avisé de la situation par ce dernier, il avait immédiatement détaché le *Hyena* à Port-Mahon avec la nouvelle de l'approche de l'escadre de Brest. Ce même jour, Saint-Vincent détacha le *Majestic*, capitaine Hope, avec mission de reconnaître le port de

1. A. N., Marine, BB, 4, 131, Lettre écrite de Gênes le 23 mai, reçue par Bruix le 26. Elle était accompagnée d'une lettre de Dessole à l'amiral demandant du blé, des subsistances pour la Ligurie et pour l'armée d'Italie obligée par les événements à se replier sur « le territoire le plus borné et le plus ingrat de l'Italie. Notre situation, sous le rapport des subsistances, ajoutait Dessole, est bien plus effrayante que notre situation militaire ».

2. Le *Cameleon*, parti de Gibraltar le 6 mai, portait, on l'a vu, les dépêches de Lord Saint-Vincent à Ball et à Sidney Smith.

Carthagène. Hope rallia le lendemain disant qu'il avait vu dans le port deux vaisseaux avec leurs perroquets, et qu'il pouvait bien y avoir deux ou trois vaisseaux de plus, mais certainement pas une flotte. Le 14, à midi, le capitaine Mundy, commandant le *Transfer*, apporta une nouvelle recueillie du patron d'un brick suédois, selon laquelle l'escadre de Brest se trouvait, le 10 mai, entre l'île d'Iviça et la côte d'Espagne; le patron avait compté 33 navires dont 24 lui parurent être de grande taille, faisant route vers le nord, sous toutes voiles. « La question, écrit ce jour-là Saint-Vincent à Keith [1], est de savoir si la flotte de Brest a fait route sur Toulon ou si elle est allée escorter les troupes espagnoles à Minorque. En aucun cas il n'est désirable que nous allions dans l'est de Mahon sans avoir rallié les vaisseaux qui s'y trouvent, parce que nous pouvons nous attendre à voir la flotte espagnole surgir avant peu. » En conséquence, Saint-Vincent traça la route par les Colombretes, jugeant utile de passer au nord des Baléares avant de gagner Port-Mahon, dans l'espoir d'obtenir d'autres renseignements sur l'escadre française.

Le 15 mai, après avoir passé les îles d'Iviça et de Majorque, l'escadre rencontra des brises folles, auxquelles le calme succéda. Mais ce calme dura à peine quelques heures. Le 16, le vent se lève de la partie est et amène un temps bouché et de la pluie. Le 17, la tempête éclate, avec grosse mer de l'est, vent variable de l'E. N. E. au Nord. Les navires, qui font route à l'est, tanguent beaucoup; le *Majestic* craque son petit mât de hune; Saint-Vincent change alors la route et fait voile vers l'ouest toute la nuit. Le 18, la houle ayant beaucoup diminué et le vent halant l'ouest, Saint-Vincent fit faire route à l'E. N. E. pour atterrir sur la côte nord de Majorque; on en eut connaissance vers midi. Le 19, l'escadre doublait la pointe N. E. de Majorque, passait de nuit entre Majorque et Minorque; le lendemain 20 mai, elle était rejointe par les quatre vaisseaux de Duckworth : le *Leviathan*, le *Centaur*, le *Bellerophon*, le *Powerful*. Le même soir, la flotte anglaise mouillait sur une ancre à Port Mahon, à l'exception de l'*Edgar* qui, s'étant échoué au sud-est de l'île de

1. B. M., Add. Mss., 31167.

l'Hôpital, dut débarquer tous ses canons et se faire haler par le *Barfleur* et le *Defence*, avant d'être remis à flot le 21 à minuit.

Duckwort apportait au commandant en chef quelques renseignements sur la flotte française. Ayant appris du patron d'un brick ragusain que cette flotte était passée, le 10 mai, entre Iviça et la côte d'Espagne et naviguait avec une certaine confusion, l'un des navires sans beaupré, un autre avec un mât de misaine de fortune, un troisième et un quatrième démâtés d'un mât de hune, il avait aussitôt détaché une de ses frégates la *Santa Teresa*, pour reprendre son contact. Cette frégate était revenue le 16, après avoir arraisonné deux bricks qui déclarèrent que les Français avaient passé la baie de Rosas le 12 mai, faisant route sur le cap Sicié [1]. Ces renseignements donnèrent à Saint-Vincent toute raison de croire que l'escadre de Brest était allée à Toulon, encore que le manque de frégates l'empêchât de s'en assurer. Toutefois, confessait-il à Nelson, « dans l'ignorance totale des objectifs poursuivis par les Français, et ayant jusqu'ici fort mal deviné leurs desseins (car je les croyais partis pour Malte et Alexandrie), je crains de donner une opinion. Dans l'état où est Naples, on peut penser qu'ils feront d'abord une apparition là, et qu'ils se dirigeront ensuite vers la Sicile [2] ».

C'était la crainte de Nelson. Le 12 mai, le brick l'*Espoir* était arrivé à Palerme avec la nouvelle que la flotte française avait été vue au large d'Oporto, faisant route vers le sud, dans l'intention probable de se joindre à la flotte espagnole. Sans perdre un instant, Nelson écrit à Duckworth « qu'il lui envoie huit, neuf ou dix vaisseaux en toute hâte, de manière à se joindre à notre grand et excellent commandant en chef, ou à sortir de la Méditerranée pour le rallier s'il l'ordonne ». Et, à cet effet, il rappelle Troubridge [3] à Palerme, ordonne à Ball de confier le blocus de Malte à l'escadre russe [4] et de partir avec tous ses vaisseaux pour Port-Mahon, en

---

1. P. R. O., Ad. 1, 399, lettre de Duckworth, 16 mai 1799.

2. B. M., Add. Mss. 31167, Saint-Vincent à Nelson, 21 mai 1799.

3. Troubridge était devant Naples.

4. Une forte division de l'escadre russo-turque bloquait alors le port d'Ancône, le reste de l'escadre combinée se trouvant à Corfou. Prévenu de l'entrée de Bruix en Méditerranée, l'amiral Ouchakoff rappela à lui cette division. Celle-ci leva le blocus

emmenant s'il est possible quelques navires russes et turcs; quant
à lui, Nelson, il ne quittera pas Palerme, « car le sort de cette île
paraît dépendre de ma présence. Rien ne pouvait consoler la
reine cette nuit, si ce n'est la promesse de ne pas partir, à moins
que la bataille ne se livre au large de la Sardaigne [1] ». Mais le
lendemain, 13 mai, à 9 heures du soir, Nelson apprenait par le
Petterel, capitaine Austen, que la flotte de Brest avait franchi le
détroit de Gibraltar ; il changea aussitôt ses dispositions. A la concentration sur Minorque, il substitue la concentration sur la pointe
ouest de la Sicile, enjoignant à ses lieutenants Ball et Troubridge
de le rejoindre à Marittimo, et il exprime dans une lettre à Jervis
l'espoir que Duckworth viendra l'y renforcer avec sa division, « ce
qui lui permettrait de regarder l'ennemi en face [2]. »

C'est cette lettre du 14 mai que Saint-Vincent reçut à Minorque
le 21. Il jugea devoir faire droit à la requête de son lieutenant,
et donna l'ordre à Keith de faire partir Duckworth avec 4 vaisseaux. On s'expliquerait difficilement que Saint-Vincent eût ainsi
consenti à affaiblir son escadre si la nouvelle ne lui était parvenue
le jour même de la prochaine arrivée du contre-amiral Whitshed
avec 5 vaisseaux et deux frégates envoyés par l'Amirauté pour
le renforcer [3]. Mais le lendemain, cette combinaison s'écrou-
lait.

« La division Duckworth, écrit Saint-Vincent à Nelson ce jour-
là, était sortie du port ce matin, avec ordre de faire route immédiatement sur le rendez-vous indiqué dans votre lettre du 14, lorsque le cutter *Sandwich* [4] apporta la nouvelle que la flotte espagnole avait franchi le détroit à 3 heures du matin le 15, forte de
17 à 20 vaisseaux. Le lieutenant Lemprière ayant aperçu un cer-

---

d'Ancône le 22 juin, pour ne reparaître devant la place qu'un mois plus tard. Ainsi
les mouvements de l'amiral Bruix, en contraignant les Alliés à relâcher la pression
qu'ils exerçaient sur la place du côté de la mer, permirent au général Monnier de prolonger la défense d'Ancône (la place ne se rendit que le 14 novembre 1799).

1. *Correspondance de Nelson*, t. III, p. 352, Nelson à Saint-Vincent, 12 mai 1799.
2. Lettre du 14 mai.
3. Add. Mss. 31162, St-Vincent à Nelson, 21 mai 1799. La nouvelle lui fut apportée
par le brick *Telegraph*.
4. Ce cutter avait été expédié de Gibraltar le 15 mai, à 9 heures du matin, par le
commissaire Inglefied.

tain nombre de feux près du cap de Gate la nuit suivante; et ayant été reconnu le jour d'après par deux vaisseaux et un brick présumés espagnols, il n'y a aucun doute que la flotte espagnole ne fasse route de ce côté. Je ne puis, dès lors, diminuer ma force si inadéquate aux nombreux points que je dois défendre. Je ne puis rien vous dire non plus sur ce que vous avez à faire, ignorant l'état réel des choses en Sicile. Si vous suivez votre plan primitif et si vous venez devant Port-Mahon avec toutes vos forces, je vous engage à croiser autour de l'île de Minorque, dont je ne me tiendrai jamais éloigné, après que j'aurai poussé une pointe sur le cap de Creus, dans l'espoir d'intercepter l'escadre espagnole. Si j'échoue, j'irai devant le cap Formentor, au nord-est de l'île de Majorque, où l'on fait de grands préparatifs en vue d'une descente sur Minorque[1] ».

Intercepter la flotte espagnole au cas où elle manifesterait l'intention de se rendre à Toulon, et manœuvrer de manière à rester à proximité de Minorque pour interdire toute tentative de débarquement dans l'île, tel allait être, au cours des jours qui suivirent, le but des mouvements prescrits par Lord Saint-Vincent. Le 22 mai, il détache la frégate la *Success* et le brick le *Telegraph* à la recherche de la flotte espagnole, le premier navire devant le cap Orepoza, l'autre entre le cap Saint-Sébastien et le cap de Creuss. Le lendemain, il envoie le *Sandwich* rejoindre devant Carthagène la frégate la *Caroline* déjà détachée par Duckworth pour assurer le service d'exploration de ce côté. A tous ces bâtiments l'amiral indique un premier rendez-vous devant le cap de Creus, mais s'ils n'y trouvent pas l'escadre et s'ils y restent vingt-quatre heures sans nouvelles, ils devront faire route sur le cap Formentera, « car l'expérience que j'ai acquise de la lenteur de la traversée du golfe du Lion pour rejoindre le cap Sicié, mande Saint-

---

1. Add. Mss. 31162, Saint-Vincent à Nelson 22 mai 1799. Le 22 mai, le major général Sir James Saint-Clair Erskine, commandant les troupes anglaises à Minorque, envoyait en effet à St-Vincent les renseignements suivants :

« Il y a à présent 11.000 hommes à Majorque; on en attend d'autres pour porter la force à 20.000; 300 hommes fabriquent journellement des fascines, palissades, etc., qui sont transportées toutes à Alcudia.

« L'attaque est fixée au mois de juin. »

Vincent à Keith, décourage une plus longue poursuite, alors que de tels préparatifs sont en cours, à notre connaissance, pour effectuer une descente sur Minorque [1] ».

Le 22 mai, au soir, l'escadre tout entière sortit du port [2], ses vivres et ses approvisionnements au complet, et prit la mer dans la direction du cap de Creus. Mais le vent soufflant droit de l'avant, elle n'atteignit son rendez-vous que le 28, jour où le capitaine Markham, commandant le *Centaur*, étant entré dans la baie de Rosas, annonça qu'il n'y avait aucun navire de guerre en cet endroit. L'escadre resta alors à croiser devant les caps Saint-Sébastien et de Creus pendant les journées des 28, 29, 30 et 31 mai. Le 29, Saint-Vincent détacha la *Thetis* devant Toulon, avec ordre d'observer la flotte française et de venir lui rendre compte soit devant le cap de Creus, soit à la pointe N. E. de Mahon. Le 30, l'escadre fut ralliée par la *Santa Teresa* qui apportait deux plis : l'un du contre-amiral Whitshed [3], qui écrivait du cap Falcon [4] pour annoncer sa prochaine arrivée avec la *Queen Charlotte*, le *Captain*, le *Bellona*, le *Defiance* et le *Repulse*, — l'autre du capitaine Bowen, commandant la *Caroline*, qui donnait les résultats de sa recherche dans l'espace de mer compris entre la côte espagnole et la côte de Barbarie; la *Caroline*, avait aperçu le 19 mai un vaisseau espagnol démâté de son mât d'artimon, de son grand et de son petit mât de hune, et parlé à un marchand anglais qui lui déclara avoir aperçu le 18 au matin, sur la longitude du cap Palos (et à mi-chemin entre la côte d'Espagne, et celle de Barbarie) trois vaisseaux et une frégate partiellement démâtés, faisant route vers la côte d'Espagne, et le 19 au matin, deux autres vaisseaux dans le même état [5]. Enfin, Jervis reçut ce même jour [6] une lettre de Marittimo où Nelson lui détaillait ses mouvements. Après avoir lancé son ordre de concentration à ses lieutenants, Nelson avait été rejoint le 17 mai devant Palerme par le *Cullo-*

---

1. Add. Mss. 31162, St-Vincent à Keith, 22 mai 1799.
2. A l'exception de l'*Edgar* qui ne rallia que le lendemain matin.
3. Whitshed était arrivé à Gibraltar le 19 mai. N'y trouvant point St-Vincent, il continua route aussitôt pour le rejoindre (Ad. I. 112, Whitshed à Amirauté, 19 mai).
4. Cap de la côte de Barbarie, voisin de la ville d'Oran.
5. P. R. O., Ad. 1, 399. Rapport du commandant de la *Caroline*, 19 mai 1799.
6. Ou peut-être le 31 mai seulement, au matin.

den, le *Minotaur,* le *Swiftsure* et le *Saint-Sébastien;* mais la tempête, qui soufflait de l'E. S. E., ne lui permit de prendre la mer que le 20. Il profita de ce répit pour se renforcer du *Haerlem,* navire appartenant au roi des Deux-Siciles, sur lequel on embarqua à la hâte huit canons de 24. Le *Zealous* rallia le 21, à l'aube, et le 23 Nelson arrivait devant Marittimo avec le *Vanguard,* le *Culloden,* le *Minotaur,* le *Zealous,* le *Swiftsure,* le *Principe Real,* le *Saint-Sébastien,* le *Haerlem* et la frégate la *Minerve.* Il ne trouva pas le capitaine Ball au rendez-vous [1]. Dans ces conditions, Nelson estimait qu'il ne pouvait que rester du côté nord de Marittimo, afin de couvrir Palerme, que son intention était de protéger jusqu'au bout. « Vous pouvez être assuré, ajoutait-il dans sa lettre à Jervis, que l'escadre placée sous mes ordres ne tombera jamais au pouvoir de l'ennemi. Avant d'être détruite, je ne doute pas que celui-ci n'ait les ailes si complètement coupées qu'il ne devienne une proie facile [2] ».

La lettre de Nelson, l'annonce de la très prochaine arrivée de Whitshed, la certitude que l'escadre espagnole avait fortement souffert de la tempête, décidèrent Saint-Vincent à détacher sans plus tarder Duckworth avec le *Leviathan,* le *Northumberland,* le *Foudroyant* et le *Majestic,* pour renforcer Nelson [3]. « Duckworth vous arrivera à temps, mande-t-il à ce dernier, car quoique je n'aie aucune information sûre que l'escadre de Brest soit entrée à Toulon, cependant d'après sa route et les indices de jonction avec les Espagnols, je n'en doute pas. La position que vous avez prise est très judicieuse ». En exécution de ces ordres, la division Duckworth quitta l'escadre à 11 heures du matin le 31. Elle n'avait pas encore disparu que le *Marlborough* signalait cinq voiles dans le S. S. O. et, à 4 h. 30 du soir, Whitshed ralliait fort opportunément avec sa division, malgré que le temps fût bouché et tempétueux [4].

---

1. Ball avait avec lui l'*Alexander,* l'*Audacious* et le *Goliath* détachés au blocus de Malte.

2. Correspondance de Nelson, t. III, p. 364, Nelson à Saint-Vincent, 23 mai 1799.

3. Add. Mss. 31162, Saint-Vincent à Keith, 31 mai; Add. Mss. 31.167, Saint-Vincent à Nelson, 31 mai 1799.

4. Ad. 1, 399, Saint-Vincent à l'Amirauté, 1er juin 1799.

Mais l'homme qui jusqu'alors, malgré le délabrement de sa santé, avait dirigé les mouvements de l'escadre anglaise, et assumé la responsabilité suprême, était arrivé au bout de ses forces : il s'effondra. A la date du 1er juin, on lit dans le journal de Lord Saint-Vincent :

« Attendu que le rapide déclin de ma santé rend absolument nécessaire que je sois immédiatement déchargé du fardeau que m'impose le commandement de l'escadre à la mer, et attendu que mon intention est d'aller à Port-Mahon pour me soigner, le vice-amiral Lord Keith prendra le commandement de l'escadre et croisera de manière à assurer la protection de Minorque menacée par une invasion venant de Majorque, et à prévenir, autant qu'il est possible et sans nuire à cet important objectif, la jonction de la flotte espagnole de Cadix avec l'escadre de Brest, entrée dans la Méditerranée, et qu'on pense être à Toulon. Dans ce but, une position entre la pointe nord-est de Majorque et la côte d'Espagne qui lui est opposée semble adéquate.

« Nonobstant mon ordre de ce jour, le vice-amiral Keith se rendra avec l'escadre devant Toulon et, après avoir reconnu la force de l'ennemi qui s'y trouve, rejoindra sa station conformément à l'ordre ci-dessus [1]. »

A 2 heures de l'après-midi, le 1er juin, Saint-Vincent s'éloignait sur la *Ville-de-Paris*, abandonnant à son lieutenant le commandement effectif de l'escadre, se réservant toutefois de guider ses mouvements au mieux des informations qui lui parviendraient à Minorque. Désormais Lord Keith allait se trouver aux prises avec l'amiral Bruix.

1. P. R. O., *Admirals Journal's*, n° 93, Journal de St-Vincent.

CHAPITRE VI

La Phase Ligurienne

A son départ de Toulon, le 27 mai, Bruix avait fait route vers Gênes, mais les vents contraires et les calmes prolongèrent la durée de la traversée. Ce n'est que le 2 juin, dans la soirée, que l'armée navale arriva à proximité du port où Bruix détacha un aviso avec une lettre destinée au général Dessole. « L'armée navale, mandait l'amiral, vient d'arriver : y est-elle assez à temps pour être de quelque utilité à l'armée d'Italie?

« Si la jonction des troupes de Naples n'était pas encore faite et qu'il y eût trop de difficultés à l'effectuer par terre, l'armée navale ne pourrait-elle pas opérer cette jonction par mer?

« Dans ce cas, où devrais-je aller prendre cette division, et sur quel point faudrait-il la débarquer?

« Si le général Moreau voulait, au contraire, envoyer de la Ligurie un renfort à l'armée de Naples, n'y aurait-il pas plus de sûreté, et même de célérité, à charger la flotte de porter ce renfort?

« Faites-moi donc connaître promptement ce que je dois et puis faire pour seconder efficacement les vues du général en chef... [1] ».

Le 3 juin, les vents du sud, soufflant assez frais et portant l'armée en côte, forcèrent Bruix à louvoyer sous bonne voilure en attendant le retour de l'aviso expédié à Gênes. Un peu après-midi un bâtiment le rejoignit et lui remit une lettre de Paris, datée du 25 mai, où Talleyrand annonçait à Bruix qu'une escadre de 24 voiles avait été aperçue le 13 mai, par le travers de Car-

---

1. A M., BB, 4, 131. Bruix à Dessole, 2 juin 1799.

thagène, et que cette escadre ne pouvait être qu'ennemie. Par ailleurs, l'escadre de Cadix, forte de 17 vaisseaux, était sortie le 14 mai,
se dirigeant vers le détroit, et le Directoire n'épargnait aucun
effort pour persuader aux Espagnols de se joindre à l'armée
navale, et à Mazarredo de se rendre d'abord devant Toulon.
« Le Directoire, poursuivait Talleyrand, vous recommande de
nouveau d'apporter dans tous vos mouvements la plus grande
rapidité et de suivre exactement les instructions qu'il vous a remises, sauf les modifications qu'il m'a chargé de vous prescrire
par ma lettre du 17 mai [1]. J'attends avec la plus vive impatience
la nouvelle de votre départ et celle de votre réunion avec le général Mazarredo. » Talleyrand terminait sa lettre en signalant à
Bruix la situation critique des effectifs de la garnison de Malte, et
lui enjoignait de la renforcer avec 12 à 15.000 hommes, pris soit
dans l'armée d'Italie, soit parmi les troupes embarquées sur la
flotte [2].

Cette lettre jeta Bruix dans un cruel embarras : « Vous m'an-
noncez, répond-il aussitôt à Talleyrand, l'entrée de Jervis dans
la Méditerranée... Vous m'informez en même temps que la flotte
espagnole est sortie de Cadix. Vous la supposez devant Minorque,
et vous me prévenez que le Directoire désire que je la rallie à mon
pavillon le plus tôt possible. Mais aussi vous me prescrivez de
suivre exactement les instructions que j'ai reçues, sauf modifications indiquées par votre dépêche du 17 mai.

« C'est avec le sentiment de la plus profonde douleur que je me
vois forcé de vous observer que l'exécution simultanée de ces
deux ordres est impossible.

« Si j'attends Mazarredo devant Toulon, Gênes ou ailleurs, ou
que j'aille au-devant de lui, je diffère de remplir ma mission primitive.

« Si je me porte sans délai, comme vous le recommandez, sur
les points indiqués par mes instructions, je m'éloigne de Mazarredo, et à moins de lui supposer une vitesse quadruple de la

1. Voir supra, page 132 et ss.
2. **A M.**, BB, 4, Talleyrand à Bruix, 25 mai 1799 ; A M., BB, 4, 133, ministre Guerre
à ministre Marine, 25 mai 1799.

mienne, quelque renseignement que je lui laisse sur mon itiné-
raire, que les circonstances peuvent modifier chaque jour, il est
certain que notre réunion ne peut plus s'opérer qu'au point
extrême de ma mission, ou même pendant mon retour, et il ne
faut pas perdre de vue qu'en courant ainsi après la flotte française, l'escadre espagnole pourrait être battue séparément par les
Anglais.

« Dans l'alternative pénible où votre lettre me met de ne pouvoir obéir à l'un des ordres que vous me transmettez sans déso-
béir forcément à l'autre, je dois me décider pour celui qui offre
le moins d'incertitude dans les moyens.

« Ainsi, au lieu d'attendre les Espagnols ou d'aller les chercher,
puisque votre correspondance même ne me donne que des espérances sur leurs dispositions à se rallier à moi, je vais me borner
à laisser ici, comme je l'ai fait à Toulon, des renseignements pour
Mazarredo, et je dirigerai ma route vers Malte, dès que je ne serai
plus nécessaire à l'armée d'Italie.

« J'approvisionnerai Malte, je tâcherai de réduire ou de pacifier
les rebelles, et je renforcerai la garnison de cette place, mais je
vous prie de ne pas perdre de vue que ce sera aux dépens de la
garnison des vaisseaux que je compléterai celle nécessaire à la
défense de Malte ; car je n'ai pu obtenir du département de la
Guerre les troupes de débarquement que j'avais demandées, et il
avait été définitivement convenu que j'en prendrais en Italie. Les
circonstances ne le permettent plus.

« Cependant, comme mon expédition sur Gênes m'aura fait
perdre quelques jours, je me rapprocherai de Toulon en remon-
tant, et si j'apprends quelque chose de positif sur la direction des
Espagnols, soit par vos dépêches, soit par les avis de Mazarredo
même,... je ferai tous mes efforts pour opérer notre jonction
avant de rien entreprendre, et si j'y parviens, je n'aurai pas à regretter le temps que cette jonction bien importante m'aura fait
perdre [1]... »

Au moment où Bruix établissait sa communication avec Dessole,

---

1. A. M., BB, 4, 131, Bruix au ministre, 3 juin 1799, à 3 h. ᵧ. m.

la situation s'était encore modifiée dans la rivière de Gênes. La division Victor, ayant opéré un mouvement sur la droite, avait chassé l'ennemi de Pontremoli et des autres postes de la montagne et l'avait rejeté dans la plaine de Parme; la rivière du Levant se trouvait ainsi dégagée et un débarquement à la Spezzia n'avait plus de raison d'être. Dans la rivière du Ponant au contraire, où le général en chef venait de pénétrer avec ses troupes [1], afin de les ramener sur Gênes pour déboucher ensuite par la Bocchetta et se réunir dans les plaines du Tortonais avec l'armée de Naples, une réaction de l'ennemi était à craindre, car il chercherait vraisemblablement à arrêter ce mouvement infiniment dangereux pour lui, et peut-être de nature à lui faire perdre en entier le fruit des premiers succès de la campagne. C'est ce que Dessole manda dans sa réponse à l'amiral Bruix : « Je sens que l'ennemi doit chercher à faire un effort sur Savone et y prévenir l'arrivée du général Moreau. Déjà il a fait quelques mouvements qui l'annonçaient. D'après l'ordre du général en chef, le général Pérignon s'est mis en mesure pour couvrir le point que l'ennemi doit naturellement menacer, mais il a dû pour cela se dégarnir sur d'autres points essentiels, et il n'a pu malgré tout y réunir qu'un corps assez faible. C'est donc vers Savone qu'il est essentiel que vous portiez la

---

1. Cf. AG, armée d'Italie, registre C. J., lettre de Moreau au Directoire exécutif. Finale, 2 juin 1799. « Je sors des montagnes et me rends à Gênes pour y déterminer le mouvement des deux armées. Je ne pense pas que l'ennemi puisse s'opposer à notre réunion. A ma première sortie des montagnes, j'ai vu la flotte qui arrivera demain à Gênes... L'affreuse prise de Ceva me force à entreprendre d'entrer dans la rivière de Gênes par des chemins auxquels personne n'avait osé songer. Si j'en tire le parc, ce sera une espèce de miracle opéré par entêtement et par les efforts extraordinaires de l'armée. Tout semblait conjuré contre nous jusqu'aux éléments. Obligés de faire des chemins au travers des précipices affreux, un orage avait détruit notre travail en deux jours ; il a été tel que plusieurs voitures, hommes et chevaux, ont été entraînées. On y a vu de malheureuses vivandières abandonner leurs enfants. Personne n'a perdu courage ; on a recommencé les travaux avec une nouvelle ardeur et malgré tous les obstacles et la pénurie des vivres. J'espère que nous en sortirons, sûrement avec des pertes, mais en remportant au moins le plus précieux...

« Obligé de me rendre à Gênes pour établir ma relation avec la flotte, l'armée de Naples interceptée depuis longtemps, j'ai laissé le convoi sous la conduite du général Grenier... L'ennemi m'a suivi par la rive gauche du Pô, a fait quelques tentatives sur la citadelle de Turin, a poussé jusqu'à Coni, et enverra probablement un parti à notre suite dans les montagnes. Il faut envoyer des vivres dans la rivière de Gênes : le pays est menacé de la disette; j'espère également que le Ministre aura donné ses ordres pour m'organiser un équipage d'artillerie à Nice. »

flotte et y fassiez débarquer les 5.000 hommes que vous pouvez nous prêter, d'autant plus que le mouillage de Vado, qui est suffisant pour la flotte que vous commandez, est à peu près l'endroit même où le corps de troupes de terre doit être établi. Le général de division Laboissière, qui en aurait le commandement, a maintenant son quartier général à Savone [1]. »

Bruix reçut cette lettre le 3 juin au soir. Réglant ses mouvements d'après les indications du général Dessole, il se dirigea aussitôt sur le mouillage de Vado. Le 4 juin, de bonne heure, il expédiait des corvettes à Loano et à Finale dans l'espoir de se mettre en rapport avec le général Moreau, mais le général en chef était déjà passé. Arrivé à Gênes dans la journée du 4, Moreau écrivait de son côté à l'amiral Bruix pour lui demander une entrevue, signaler l'extrême besoin où se trouvait l'armée en poudre et en boulets de 6, ainsi que l'urgence de lui amener par la voie de mer un train d'artillerie de campagne. Bruix reçut la lettre de Moreau le 5 au matin. A ce moment, l'avant-garde seule de la flotte avait pu jeter l'ancre dans la baie de Vado, le calme retenant le reste de l'armée navale à deux lieues environ de l'ouvert de la baie.

Ne pouvant aller de sa personne à Gênes, tant que sa flotte ne serait point mise en sûreté, Bruix y détacha son canot et le fit suivre d'une corvette dès que la brise fut levée, afin de prendre et de ramener le général Moreau; il donna aussi des instructions pour qu'on satisfît le plus rapidement possible aux besoins signalés par le général en chef. « Si l'armée peut aller au mouillage ce matin, écrit-il au ministre de la Marine, j'aurai débarqué 5.000 hommes qui couvriront Savone, qui est le point où les dispositions de l'ennemi annoncent qu'il veut arrêter la marche de nos troupes qui viennent de Loano en suivant la côte. Déjà ses patrouilles se sont montrées sur les hauteurs à 4 ou 5 lieues de Savone. J'agirai ultérieurement d'après ce qui aura été arrêté dans ma conférence avec Moreau.

« Je prévois, Citoyen Ministre, vu surtout la fréquence des calmes dans ces parages que, quelque peu que la situation critique de ce

____

1. A. M., BB, 4, 131, Dessole à Bruix, 3 juin 1799.

général exige désormais de l'armée navale, elle ne pourra se reporter à la hauteur des îles d'Hyères avant dix jours. Cette circonstance me permet de recevoir les ordres du Directoire, sans ajourner l'exécution de ceux que j'ai précédemment reçus.

« Il est donc encore temps que vous soumettiez cette question au Directoire :

« L'amiral français doit-il d'abord manœuvrer pour opérer sa jonction avec les Espagnols avant de suivre sa mission primitive? Ou bien doit-il suivre cette mission et se borner à laisser à Mazarredo des renseignements sur la route qu'il doit tenir?

« Les motifs qui me portent à faire cette question sont :

« 1° l'incertitude dans laquelle m'a jeté votre dépêche du 25 mai, qui me recommande avec la même instance et ma mission primitive et ma jonction avec les Espagnols;

« 2° la certitude de l'entrée de Jervis dans la Méditerranée avec 16 vaisseaux de ligne, et peut-être aussi une division de l'armée de Bridport;

« 3° l'avis que je viens de recevoir par le consul Belleville que Nelson informé de mon arrivée avait réuni toutes ses forces se montant à 14 vaisseaux...

« 4° enfin l'impossibilité démontrée à tout marin que Mazarredo puisse jamais me rallier, si je donne dans les mers de Sicile avant lui, et la probabilité de sa défaite s'il se décidait à tenter la réunion de cette manière.

« Le Directoire exécutif, en me confiant la conduite des seules forces navales qui restent à la République, m'a trop élevé au-dessus de moi-même pour que je n'aie pas le courage de sacrifier ma gloire personnelle à la conservation de ces mêmes forces, c'est-à-dire en d'autres termes à l'accomplissement des vœux du Directoire même, qui veut que tout ce qui est possible et utilement glorieux se fasse, mais rien au delà.

« Combien je serais indigne de la confiance dont il m'a honoré, si, pour aller chercher un combat glorieux, je lui dissimulais mon opinion sur ce qui me paraît meilleur à faire !

« Non, Citoyen Ministre, je n'aurai pas cette lâche ingratitude. Je vous déclare donc avec toute la franchise d'un républicain

que je crois fermement que l'armée ne peut traverser le canal
de Sicile à présent, sans être forcée de combattre des forces au
moins égales, que les suites du combat ne peuvent être aussi
funestes à l'ennemi qui a des ports dans ces parages, qu'à nous
qui n'en avons pas;

« que Mazarredo ne peut pas me rallier, si je ne l'attends pas
ou si je ne vais pas le chercher;

« que sans l'une ou l'autre de ces combinaisons, sa défaite est
presque certaine si, comme je ne le crois pas, il courait après moi
pour me joindre.

« Enfin, et qu'ainsi, pour avoir voulu chasser trop tôt les
Anglais de la Méditerranée, ils y conserveraient plus que jamais
leur supériorité.

« Si au contraire le Directoire juge que la jonction des deux
escadres doit se faire avant tout (et cette jonction peut être très
prochaine), nous serons supérieurs partout. Partout l'ennemi sera
attaqué et repoussé avant que de nouveaux renforts demandés en
Angleterre puissent lui rendre sa supériorité[1]. »

Dans la nuit du 5 au 6 juin, une partie de l'état-major du général
Moreau arriva à bord de l'*Océan*. Le général en chef fit son apparition en personne le 6 vers six heures du matin. Son arrivée fut
saluée de 13 coups de canon. Il passa la matinée à bord du vaisseau
amiral qui exécuta un simulacre de combat en sa présence[2].
« J'ai vu l'amiral Bruix, écrivait Moreau quelques jours plus tard
au Directoire exécutif[3]; j'ai été à bord de sa flotte mouillée à la
rade de Vado. Je ne puis trop me louer de tout ce qu'il a fait pour
l'armée. Il s'est privé de tout ce qu'il a pu en troupes, nous a
donné de l'eau-de-vie, de la poudre, des boulets, en un mot tout
ce qui pouvait nous convenir dans la flotte était à notre disposition. Ses équipages, les plus beaux et les mieux tenus qu'on puisse
voir, nous ont accueillis aux cris de *Vive la République*. Leur
enthousiasme est un heureux présage de succès...

« Je n'ai pu me servir de la flotte pour notre réunion avec

1. A. M., BB, 4, 131, Bruix au ministre de Marine, 5 juin 1799.
2. A. M., 4 JJ. *Journal de bord de l'*Océan.
3. A. G., Registre C. J., Moreau au Directoire, Gênes, 9 juin 1799. Cf. AF, III, 604.

l'armée de Naples; outre que je l'aurais compromise, ce mouvement eût été trop long. Nous n'aurions eu qu'un seul débouché à la Bochetta, et puis la rivière de Gênes ne pouvait nous nourrir. Il était indispensable de sortir dans le Plaisantin. Les forces que j'ai réunies à l'armée de Naples ne me laissent aucun doute sur le succès qu'elle doit avoir... »

Au moment où l'armée navale voyait ainsi s'évanouir le pressant motif qui l'avait dirigée sur la rivière de Gênes, l'amiral Bruix recevait de Paris d'importantes dépêches qui le délivraient enfin de ces incertitudes. Le Directoire, alarmé de la tournure prise par les événements sur terre, se décidait à rappeler Bonaparte et, dans ce dessein, il traçait à l'amiral de nouvelles instructions.

« Le Directoire exécutif, après avoir réfléchi sur la situation actuelle des choses, a senti la nécessité de réunir et concentrer le plus possible les forces de la République. En conséquence, il vous ordonne de prendre les moyens les plus prompts pour effectuer votre jonction à la flotte espagnole. Dès qu'elle sera opérée, vous chercherez la flotte anglaise, et si, comme il est vraisemblable, vous êtes alors supérieur en forces à l'ennemi, vous le combattrez. Aussitôt que vous aurez mis les Anglais hors d'état de s'opposer avec succès à vos opérations, vous ferez voile pour l'Égypte à l'effet d'y embarquer l'armée. Vous vous concerterez sur les moyens avec le général Bonaparte, et vous pourrez laisser en Égypte une partie de ses forces, s'il le juge nécessaire[1]. »

Une lettre personnelle de Talleyrand à Bruix accompagnait ces instructions : « Voilà votre mission revenue à votre première idée, mon cher Bruix, j'en suis enchanté. Vous voilà hors du vague, vous avez un but, un but prescrit, un but de la plus grande importance. Le Directoire n'écrit qu'un mot à Bonaparte[2].

---

1. A. F, III, 604, Le Directoire à Bruix, 26 mai 1799.
2. Cf A. N., A. F. III, 604, Le Directoire à Bonaparte : « Les efforts extraordinaires, Citoyen Général, que l'Autriche et la Russie viennent de développer, la tournure sérieuse et presque alarmante que la guerre a prise, exigent que la République concentre ses forces.

« Le Directoire vient, en conséquence, d'ordonner à l'amiral Bruix d'employer tous les moyens qui seront en son pouvoir pour se rendre maître de la Méditerranée et de se porter en Égypte, à l'effet d'en ramener l'armée que vous commandez. Il est chargé de concerter avec vous sur les mesures à prendre pour l'embarquement et le transport.

Je lui envoie une lettre de Barras, à laquelle j'ai joint quelques lignes. Le Directoire s'en rapporte à vous pour l'instruire de notre situation intérieure et extérieure. Ramenez-le. On vous recommande le secret le plus absolu sur votre mission [1]. »

Dans la soirée du 6, Bruix reçut un courrier de Toulon lui annonçant que l'escadre de Jervis, forte de 22 vaisseaux, dont 6 à trois ponts, 3 de 80 et 13 de 74, avait paru devant ce port. Le lendemain un autre courrier lui apprit que l'ennemi remontait les côtes occidentales du département du Var. Bruix n'avait pas fini de débarquer les secours promis au général Moreau; il avait encore à protéger le transport de son artillerie de Loano à Gênes; il songea un instant à s'embosser dans la rade, sur deux lignes parallèles, le plus près de terre possible, « pour éviter de voir répéter les fautes et les désastres d'Aboukir [2] ». Mais ni le temps, ni l'activité de ses capitaines ne secondant ses intentions [3], il prit le parti de faire appareiller l'armée. Toute la journée et toute la nuit du 7, on travailla sans arrêt au débarquement des troupes, des munitions et des vivres promis au général Moreau, et le 8, à 6 heures du matin, l'amiral ordonna l'appareillage [4].

« Vous jugerez, Citoyen Général, si vous pouvez avec sûreté laisser en Égypte une partie de vos forces, et le Directoire vous autorise, dans ce cas, à en confier le commandement à qui vous croirez convenable.

« Le Directoire vous verrait avec plaisir revenir à la tête des armées républicaines que vous avez jusqu'à présent si glorieusement dirigées. »

1. Cf de la Jonquière, *L'expédition d'Égypte*, t. V, p. 167.

2. *Journal de Moras.*

3. *Journal de Moras.*

4. Cf. le *Journal de bord de l'Océan*, 5 au 6 juin, au mouillage de Vado. « Beau temps, petit frais de la partie du S. E. L'armée s'est occupée à rectifier son ordre de mouillage afin d'être à même de former une ligne serrée en étant embossée et présentant le travers à l'ennemi au large s'il venait...

« 6 au 7 juin, Beau temps, vent faible et variable depuis le S. E. jusqu'au N. O., où il a venté bon frais pendant la nuit et le matin, ce qui a empêché les vaisseaux de finir leur opération pour l'embossage...

« 7 au 8 juin, Beau temps, petit frais de N. O. Dans l'après-midi, on a débarqué de tous les vaisseaux les 1.000 hommes embarqués à Toulon. Divers bâtiments de l'armée ont mis à terre des boulets de petit calibre, des balles, de la poudre, du biscuit, du vin et de l'eau-de-vie... La nuit, on a ordonné à l'armée d'embarquer ses canots et de lever les ancres à jet avec lesquelles ils étaient affourchés. A 4 heures du matin, hissé les huniers et viré à pic. Vent faible, temps orageux, mer belle.

« Dans la matinée, il n'a pas cessé de pleuvoir. De 6 à 9 heures, tous les vaisseaux

Tandis que l'armée mettait sous voiles, Bruix reçut une dernière lettre de Paris, où Talleyrand annonçait que l'amiral Mazarredo était entré à Carthagène [1], après avoir essuyé une violente tempête. « Quelle que soit la bonne volonté des Espagnols, écrivait le ministre, il paraît que leurs vaisseaux ont été tellement maltraités que, d'après un premier aperçu, ils ne pourront reprendre la mer avant quarante jours.

« Mais il n'est pas douteux, ajoutait Talleyrand, que le coup de vent qui a contraint Mazarredo à entrer à Carthagène n'ait également accueilli l'escadre de Lord Saint-Vincent qui était entrée le 11 mai dans la Méditerranée. L'ennemi n'aura pas dû moins souffrir que nos alliés, et tout porte à croire qu'il aura été dispersé par la tempête, ou qu'il aura cherché à gagner un des ports de l'État de Naples ou de la Sicile pour s'y réparer... J'avais été d'abord mal informé sur le nombre des vaisseaux qui composent l'escadre anglaise... Saint-Vincent ne réunit que 17 vaisseaux en guerre ou en flûte, au lieu de 24 que je vous avais annoncés.

« Ainsi, en même temps que les événements vous privent d'un renfort qui aurait pu vous être très utile, il est on ne peut plus probable que l'ennemi va se trouver dans l'impossibilité d'opérer une jonction qui lui eût donné la supériorité sur vous, et que vous serez pendant longtemps maître de la mer.

« Le moment est donc favorable, Citoyen Général, pour suivre votre destination, et le Directoire exécutif attache la plus grande importance à ce que vous exécutiez ses ordres avec toute l'activité dont vous êtes capable [2]. »

Cette lettre, dont l'argument reposait sur des informations inexactes, n'ébranla pas l'amiral Bruix : « L'escadre anglaise, répond-il sur l'heure à Talleyrand, ayant paru sur Toulon d'abord et ensuite sur Saint-Tropez, je me suis déterminé à aller au-devant d'elle plutôt qu'à l'attendre dans ce mouillage.

« Si cependant je réussis à me dérober à sa connaissance, je

ont mis sous voiles; la tenue était si bonne que le vaisseau le *Terrible* a demandé à couper son câble, ce qui lui a été accordé. Dérapé à 9 heures. A 11 heures, fait servir vers l'Ouest en suivant la côte. »

1. La nouvelle en avait été transmise à Paris par Guillemardet, le 23 mai.
2. A. M., BB, 4, 131, Talleyrand à Bruix, 31 mai 1799.

me rendrai le plus promptement possible à Carthagène, d'après l'avis que vous me donnez que les Espagnols y sont. C'est à mon sens le seul moyen d'opérer notre jonction.

« Le seul mouvement de Saint-Vincent sur Toulon vous prouve, Citoyen Ministre, que les avis que vous aviez reçus sur la situation de l'ennemi ne sont pas exacts et que, loin d'avoir sur lui la supériorité que vous me supposez, la sienne serait évidente si Nelson venait se rallier à lui.

« Dans cet état de choses, je me renfermerai dans les ordres que le Directoire m'a donnés par sa dépêche du 26 mai [1]. »

A 8 heures du matin, tous les vaisseaux étaient sous voiles. Les derniers avis parvenus à Bruix annonçaient l'apparition de l'armée ennemie devant Monaco et Villefranche. Les deux flottes, égales en nombre, se trouvaient ainsi très proches et semblaient marcher à la rencontre l'une de l'autre. Malgré toute son habileté, Bruix réussirait-il à dérober sa marche et à passer sans être obligé de livrer combat à la flotte de Lord Keith?

*
* *

Le 1ᵉʳ juin, à 2 heures du soir, Lord Keith [2] ayant assumé le

1. A. M., BB, 4 131, Bruix à Talleyrand, 8 juin 1799.
2. Elphinstone, George Keith, Viscount Keith (1746-1823). Entré dans la marine en 1761 à bord du *Gosport*, commandé par le capitaine John Jervis; promu lieutenant en 1770; commande le *Scorpion* en 1772, le *Romney* en 1775, la frégate *Perseus* en 1776, puis le *Warwick* de 50 canons en 1780. Il capture le navire danois *Rotterdam* de 50 canons, le 5 janvier 1781, après un brillant combat. Il lutte contre les frégates *Aigle* et *Gloire* à l'embouchure de la Delaware en septembre 1792. Nommé membre du Parlement, il y siège pendant dix ans. Il reprend du service au moment de la guerre avec la France, commande le *Robust* en février 1793 et sert en Méditerranée avec Lord Hood; il s'empare, le 27 août, du fort Lamalgue; le 30, il attaque et repousse un corps français à Ollioules. Ces opérations à terre attirent l'attention de ses chefs sur ses connaissances de tactique militaire. Chevalier du Bain, le 30 mai 1794, il est nommé contre-amiral le 12 avril 1794. En cette qualité, il sert quelques mois dans la flotte de Lord Howe, puis, en avril 1795, il est nommé commandant en chef de l'escadre des Indes. Promu vice-amiral le 1ᵉʳ juin 1795, il concourt à la prise de la ville du Cap en 1795, s'empare d'une escadre hollandaise à Saldanha Bay en 1796. Rentré en Angleterre en mars 1797. Créé baron Keith of Stonehaven Marischal en mars 1797. Il commandait à Sheerness lors des mutineries de la flotte. Keith avait la réputation d'avoir de la chance; les mesures qu'il prit furent heureuses; il calma la

commandement de la flotte anglaise, s'était dirigé sur Toulon, en conformité des ordres donnés par Saint-Vincent. Le 2, au matin, on aperçut de la tête du mât la côte provençale, à 17 ou 18 lieues dans le N. E. 1/4 E. Dans l'après-midi, Keith fut rejoint par le lougre *Thetis,* revenant de Toulon où il avait observé la présence de quatre vaisseaux. Le soir, à 8 heures, l'escadre anglaise n'étant plus qu'à six lieues du cap Sicié, Keith donna au brick *Telegraph* l'ordre de gagner la terre pendant la nuit et de capturer quelques pêcheurs.

Le 3 juin, à 4 h. 30 du matin, l'escadre anglaise aperçut un bâtiment à voiles latines qui venait de Toulon et faisait route sur elle, avec le pavillon français et un signal battant. A 6 h. 30, le *Montagu* n'eut que la peine de le cueillir. C'était le brick la *Dorade,* armé de 4 canons, que l'amiral Vence avait détaché au-devant de l'escadre, lorsque le sémaphore de la Ciotat la lui avait signalée la veille, dans la persuasion où il était de se trouver en présence de l'escadre espagnole [1]. Vers midi, la brise soufflant de l'O. N. O., et le temps étant clair, l'escadre se rapprocha du cap Sicié. Le *Centaur,* le *Defiance* et le *Montagu,* ouvrirent le feu sur des bâtiments qui s'empressaient de chercher un refuge dans la rade de Toulon; les forts de Sicié et de Cépet répondirent à la canonnade. Au-dessus de la terre basse des Sablettes, on aperçut les mâts de quatre vaisseaux au mouillage dans la rade [2]. Une frégate et un brick français vinrent mouiller sous la protection des forts. La flotte captura et détruisit quelques caboteurs. A 3 heures, le *Barfleur* mit en panne pour ramasser l'équipage d'une tartane chargée de vivres. Par les équipages génois des trois pinques et de la tartane capturés, Lord Keith apprit que l'escadre de Brest avait mis à la voile depuis quelques jours et s'était dirigée vers le golfe Juan. A 6 heures du soir, il détacha en con-

la rébellion en l'espace de quinze jours. Il hissa ensuite son pavillon à Plymouth sur le *Queen Charlotte* comme commandant en second l'escadre de la Manche, et calma l'effervesecnce des équipages. A la fin de 1798, il fut envoyé en Méditerranée comme second de Lord St-Vincent. (*Dictionary of National Biography.*)

1. L'ordonnateur Bertin en fit sa plainte au ministre de la Marine, car il avait vivement déconseillé à Vence l'envoi de ce brick, avant qu'on eût pu s'assurer de la nationalité de l'escadre signalée.

2. Ces quatre vaisseaux étaient le *Fougueux,* le *Batave* et deux ex-vénitiens.

séquence le *Telegraph* pour porter cette nouvelle à Lord Nelson et, bien que ses instructions ne l'autorisassent à aller que jusqu'à Toulon, il donna l'ordre d'établir les perroquets et les bonnettes et fit route à l'est. dans l'intention de pousser jusqu'au golfe Juan.

Le 4 juin, au matin, l'escadre anglaise était encore en vue du cap Cépet, mais à midi elle avait disparu. Le soir, on la signalait de Fréjus. Le 5, dans l'après-midi, elle arriva en vue des îles Sainte-Marguerite dont les forts, ainsi que celui de la Garoupe, ouvrirent le feu sur le brick anglais l'*Espoir*, qui rangeait la terre de très près.

Au moment où Lord Keith arrivait ainsi à l'ouvert du golfe Juan pour constater que la flotte de Bruix n'y était pas, il fut rejoint par le brick le *Telegraph*, qui demandait instamment à parler à l'amiral. Ce brick s'était séparé de l'escadre anglaise le 3 au soir, avec mission de porter des dépêches à Nelson. Le 4 juin, à midi, il avait rencontré un brick danois, parti de Livourne quatre jours plus tôt, et qui lui fournit des indications sur la flotte française. Soucieux de porter ces renseignements à la connaissance de Lord Keith, sans cependant se détourner de sa mission, le capitaine du *Telegraph* essaya vainement, dans l'après-midi du 4, de parler à un cutter qu'il avait à la vue : le cutter ne répondit pas à ses signaux. Le 5, au jour, le *Telegraph* aperçut un autre cutter à une lieue environ ; pensant qu'il appartenait à l'escadre anglaise, le *Telegraph* lui donna la chasse, mais le calme persistant ne lui permit pas de s'en rapprocher. A 8 h. 30, le *Telegraph* vit poindre dans l'ouest la flotte de Lord Keith. Il fit alors route pour s'en rapprocher et hissa à 9 h. 30 le signal particulier demandant à parler à l'amiral, signal qu'il appuya d'un coup de canon. L'amiral fit l'aperçu, et le *Telegraph* profitant d'une légère brise, continua de se rapprocher de lui. A 3 heures du soir, Lord Keith, reconnaissant le *Telegraph*, lui signala de faire route pour sa destination, tandis que l'*Argo* passait près du brick pour lui parler. Mais le *Telegraph* n'obéit pas. Il hissa de nouveau le signal demandant à parler au commandant en chef. A 4 h. 30, le *Barfleur* mit en panne et détacha une embarcation ; le capitaine du *Telegraph* se rendit à bord de l'amiral et fit part à Lord Keith des informations qu'il avait recueillies sur la flotte française[1]. Quelques instants après, le *Barfleur* laissait porter, faisant toutes voiles vers l'est, suivi de la flotte entière. A 8 heures du soir, du *Barfleur* on relevait Villefranche au N. 1/2 O., à trois lieues.

Le 6 juin, au matin, les vents se mirent à souffler de la partie de l'est. L'escadre anglaise louvoya à la vitesse de 3 à 4 nœuds, le *Centaur*, l'*Argo*, la *Teresa* et l'*Espoir* détachés en éclairage vers le nord-est et le sud-est. A midi, on relevait le cap delle Mele dans l'E. N. E., et à 10 lieues environ. Dans l'après-midi le vent mollit un peu et l'escadre ne fit plus qu'une vitesse moyenne de deux nœuds. Le *Barfleur* diminua de voiles pour attendre les navires restés en arrière ! Lord Keith écrivit alors à Nelson la lettre suivante :

« Peu de temps après que j'eus expédié le *Telegraph*, la nuit dernière, le vent souffla frais de l'est, temps favorable naturellement pour l'ennemi, s'il est destiné à vos parages, et contraire pour moi qui le poursuis ; c'est de la malchance, car, si mes renseignements sont corrects, je ne doutais pas de le rejoindre avant qu'il n'eût quitté la côte d'Italie, ou de l'enfermer dans quelque port, ce qui l'eût rendu inoffensif. Mais le fait que Minorque est sans défense, sans flotte, qu'une grande force se prépare à l'attaquer, joint au fait que j'ai déjà à un tel point dépassé mes instructions, va m'obliger à abandonner la poursuite et à retourner au secours de cette île. Mais je vous ai détaché[2] le *Bellerophon* et le *Powerful*, espérant qu'ils vous arriveront en temps utile, car je suis convaincu que les Français ne sont pas à plus de 30 lieues d'ici en ce moment. Mon escadre est déployée sur la mer, sans rencontrer toutefois un seul bâtiment qui puisse me fournir un renseignement.....[3] ».

Malgré son intention d'arrêter bientôt la poursuite de l'ennemi, Lord Keith continua quelque temps encore sa marche vers l'est. A 8 heures du soir, le *Barfleur* relevait San Remo au nord et le cap delle Mele à l'E. N. E., à 7 lieues. Le 7 juin, au matin, l'escadre louvoyait encore entre l'E. N. E. et l'E. S. E, mais, à 9 heures 1/2, la brise fraîchit : Keith fit serrer les voiles de perroquet et prendre

1. P. R. O., Captains' logs, n° 4033. *Journal de bord du* Telegraph.
2. Le détachement ne se fit effectivement que le lendemain.
3. *Correspondance de Nelson*, t. III, p. 379. Keith à Nelson, 6 juin 1799.

deux ris. A 11 heures, une forte brise qui se mit à souffler de l'est, acheva de le décider : il ordonna au *Bellerophon* et au *Powerful* de faire route pour leur destination, et au reste de l'escadre de laisser porter, cap au sud-ouest.

Au moment où il renonçait ainsi à chercher l'escadre de Bruix, Keith ne se trouvait plus qu'à 45 milles de la baie de Vado[1]. Ayant largué un des ris pris dans la matinée, établi les perroquets et même les bonnettes de perroquet, l'escadre anglaise s'éloignait maintenant à la vitesse de huit nœuds, poussée par la forte brise d'est. Elle navigua ainsi tout l'après-midi. A 6 heures du soir, on aperçut un brick. Le *Barfleur* tira deux coups de canon pour lui faire prendre la panne et le *Centaur* s'en fut l'interroger : c'était un brick suédois, le *Sophia Madrinan Junus*, allant de Gênes à Alger. Le patron rapporta être passé la veille à portée de canon de 25 navires de guerre à l'ancre devant Albenga ; parmi eux, disait-il, on comptait 10 vaisseaux à deux ponts, aucun à trois ponts, les autres étaient des frégates, le reste de la flotte se trouvant à Toulon. Il ajouta que lundi dernier (3 juin) tous ces bâtiments se trouvaient devant Gênes et que, depuis lors, ils étaient à Albenga, à l'exception de trois voiles croisant à l'entrée.

Le capitaine Markham, commandant le *Centaur*, jugea l'information si importante qu'il demanda aussitôt à parler à Lord Keith. L'escadre mit en panne à 7 h. 30 du soir. Une demi-heure après, Markham introduisait le patron du suédois devant l'amiral. L'homme renouvela ses déclarations : il avait quitté Gênes le 5 courant, il avait aperçu la flotte française au nord du cap delle Mele : elle comprenait 25 voiles ; la veille, à 4 heures du soir, elle était encore à l'ancre, à l'exception de trois navires en train d'appareiller [2].

Ainsi informé de la position de l'escadre française, Lord Keith ordonna par signal à son escadre de serrer le vent. A 8 heures et demie du soir, les navires dépannèrent et firent route au

---

1. Position du *Barfleur*, le 7 juin à midi : cap delle Mele au N. E. 1/4 E., Monaco au nord ; la Garoupe à 7 ou 8 lieues dans le N. O. 1/4 O., latitude : 43° 21′ (*Journal de Th. Widdon, pilote du* Barfleur).

2. P. R. O., 399., Rapport du capitaine Markham.

S. S. E., à la vitesse moyenne de 3 nœuds. A minuit et demi, l'escadre vira de bord et mit le cap au N. E. Le 8 au matin, le vent était variable entre l'E. N. E. et l'Est. A 9 heures, l'escadre reprit la bordée vers le S. E., vitesse 1 à 2 nœuds. A midi, elle se trouvait à 31 lieues dans le S. 26 W. du cap delle Mele. Elle tira encore une bordée vers le N. N. E. Enfin, à 2 h. 30 du soir, Lord Keith, renonçant une deuxième fois à la poursuite, signala de laisser porter, fit établir les bonnettes et mit le cap à l'ouest, puis à l'O. S. O.; il abandonnait définitivement la chasse, pour rallier Minorque, à la vitesse de 6 à 7 nœuds [1]. « Peu après que j'eus détaché le *Bellerophon* et le *Powerful* pour vous rejoindre, écrit-il à Nelson [2], je capturai un suédois qui m'informa que la flotte française était alors à l'ancre près de la baie de Vado. Je serrai immédiatement le vent, et essayai de retourner, mais le vent continua de souffler de l'est avec violence, ce qui, s'ajoutant à mes ordres et au risque que courait Minorque, me fit abandonner l'entreprise le jour suivant et retourner à mon rendez-vous. »

Le 9 juin, l'escadre anglaise courait à l'O. S. O., avec vent de S. E., à la vitesse moyenne de 6 nœuds, quand elle fut rejointe à 5 heures du matin par le *Triton,* et peu après vers 10 heures par le *Vincejo.* Ces deux bâtiments venaient de Port-Mahon et apportaient à Lord Keith des dépêches de Saint-Vincent. Arrivé à Port-Mahon, avec la *Ville-de-Paris,* le 3 juin au matin, Saint-Vincent y avait appris que « le 27 mai, on disait couramment à Marseille que la flotte française avait appareillé avec 24 vaisseaux à destination de Malte ». Aussitôt Saint-Vincent avait ordonné au capitaine Long, commandant le *Vincejo,* de se rendre aussi vite que possible devant le cap Sicié pour remettre à Lord Keith un ordre ainsi libellé : « Si le vice-amiral Keith ne trouve pas la flotte française à Toulon, il devra faire route aussi vite que possible avec toute l'escadre sur l'île de Marittimo, et tâcher de joindre Lord Nelson; et si l'ennemi fait une tentative sur la Sicile, il emploiera tous ses efforts pour le combattre. Mais, si l'ennemi a quitté ces

---

1. *Journal de Thomas Widdon,* Master's logs, n° 2746. Cf Captain's logs, n° 1265, *journal du* Barfleur, et captain's logs n° 1291, *journal du* Centaur.
2. P. R. O., Ad. 1, 400., Keith à Nelson, 17 juin 1799.

parages pour gagner un autre port du Levant, il laissera le contre-amiral Whitshed et la division qu'il a amenée d'Angleterre au contre-amiral Lord Nelson, et ne perdra aucun moment pour revenir prendre sa station devant le cap Formentor, pointe N. E. de Majorque, en ayant soin de communiquer avec moi à son passage devant le cap Mola. » Une lettre particulière de Saint-Vincent à Keith complétait sa pensée : « Si vous trouvez la flotte française partie, poussez une pointe du côté de Nelson, et suivez les ordres que vous apporte le capitaine Long avec la plus grande rapidité, car il n'y a aucun doute que les Espagnols vont faire une tentative sur Minorque, dès que leurs préparatifs seront terminés [1]. » Le surlendemain, Saint-Vincent changeait d'idée. « Les événements se modifient si brusquement, écrit-il ce jour-là à Keith, que j'ai cru nécessaire de vous envoyer le *Triton* avec l'ordre de revenir avec toute votre escadre devant la baie d'Alcudia, pour contrecarrer les desseins de l'ennemi sur Minorque et aussi pour vous opposer à l'approche de l'escadre espagnole [2]. » Lancé sur la piste du *Vincejo*, le *Triton* n'avait pas réussi à le rattraper, mais il l'avait en fait devancé auprès de Lord Keith qui reçut ainsi presque simultanément l'ordre et le contre-ordre. Dès lors ce dernier put se féliciter de n'avoir fait qu'anticiper les désirs de son chef en abandonnant la recherche de la flotte française sur les côtes d'Italie, et de fait, quand Saint-Vincent reçut le 10 juin par le brick l'*Espoir* le compte rendu des mouvements ordonnés par Lord Keith entre le 3 et le 8 courant, il manda à son lieutenant : « J'approuve entièrement ce que vous avez fait, et j'aurais certai-

---

1. B. M. Mss. 31.167, St-Vincent à Keith, 3 juin 1799.

2. Voir *Admiral's Journals* pour le texte de l'ordre qui est du 5 juin. La pensée de Lord St-Vincent ressort également de la lettre suivante qu'il adressa, le 6 juin, à Keith, par le *Petterel* : « Campbell est arrivé ce matin avec la *Dorade* et m'a apporté vos deux lettres du 3 courant... Si l'assurance qui vous a été donnée par les patrons génois que la flotte ennemie se trouve au Golfe Juan est vraie, je serai déchargé d'une grande anxiété, car cela assurera la jonction de Duckworth avec Nelson et permettra à ce dernier de couvrir la Sicile, et, s'il est rallié par les vaisseaux russes et turcs, il sera en force pour combattre l'escadre de Brest.

« Je serais content de vous savoir de retour devant Alcudia pour surveiller les mouvements de l'ennemi, car il n'est pas douteux qu'ils fassent des préparatifs formidables de descente sur cette île.

« J'approuve que vous alliez reconnaître le golfe Juan, et je compte que vous reviendrez aussitôt. » (Add. Mss. 31.167.)

nement agi, dans des circonstances semblables, précisément de même manière... Je déplore bien sincèrement que vos efforts ardus pour atteindre la flotte française (dont les mouvements vous ont été si fréquemment rapportés) aient été vains. J'admire et j'approuve entièrement votre conduite, et c'est une grande consolation pour moi, brisé comme je le suis par la maladie, d'avoir à la tête de l'escadre un officier doué d'une telle activité et d'un pareil jugement [1] ».

Si Saint-Vincent appréciait ainsi son lieutenant, les amiraux commandant en sous-ordre dans l'escadre étaient loin de porter sur lui un jugement aussi flatteur. Tandis que Keith, dans une lettre à Spencer [2], n'accuse que sa « malchance », sans consentir à prendre « aucun blâme » pour lui-même, Whitshed, dans une lettre qu'il écrivait au premier Lord de l'Amirauté [3], tout en déclarant « vouloir s'abstenir de parler des opérations de la flotte », n'en exprimait pas moins la crainte que « l'occasion glorieuse ne fût passée », et ajoutait : « Je ne puis m'empêcher de regretter que la mauvaise santé de Saint-Vincent nous ait privés de son énergie et de son jugement ». De son côté l'amiral Sir William Parker, commandant en second l'escadre, pour souligner sans doute la mollesse avec laquelle son chef poursuivait les Français, n'imagina-t-il pas de donner un dîner à son bord, alors que, selon Keith, « l'escadre forçait de voiles pour rejoindre l'ennemi ». Il s'en était suivi une correspondance aigre-douce entre les deux amiraux. Mais la plus cinglante leçon vint de Nelson.

Celui-ci croisait toujours devant Marittimo quand, le 28 mai, il reçut les lettres que Saint-Vincent lui avait écrites de Minorque le 21 et le 22 mai. Le commandant en chef lui laissant le soin d'agir au mieux des circonstances, Nelson décida de se porter avec son escadre à Palerme, de s'y approvisionner pour six mois et de se tenir prêt pour toute mission. « En restant en Sicile, écrit-il à Saint-Vincent, je couvre le blocus de Naples, et je préserve cette île d'une attaque, car si nous retirions nos vaisseaux d'ici,

---

1. B. M., Add. Mss. 31167, Saint-Vincent à Keith, 10 juin 1799.
2. *The Spencer papers*, Keith à Lord Spencer, 16 juin 1799.
3. *The Spencer papers*, Whitshed à Spencer, 15 juin 1799.

la population recevrait une telle douche qu'elle ne résisterait certainement pas. Étant donné l'aspect favorable des affaires en Italie, je suis sûr que les Français n'attaqueront pas la Sicile tant qu'ils sauront que nous sommes là [1]. » Rassuré par la présence de Saint-Vincent en Méditerranée, Nelson faisait même reprendre le blocus de Malte, que, sous la pression des circonstances, il avait tout d'abord ordonné à Ball de lever.

Le 6 juin, Nelson fut rejoint à Palerme par la division Duckworth, et sept jours après, le 13 juin, par le *Bellerophon* et le *Powerful* qui lui apportaient la lettre de Keith en date du 6 juin. Les informations qui y étaient contenues l'amenèrent à modifier un plan d'action qu'il venait de se tracer. « Étant alors en route pour Naples, écrit-il le 16 juin à Keith, avec des troupes, etc... en vue de terminer les affaires dans ce royaume et de replacer Sa Majesté sur son trône ; considérant toutefois que la force de la flotte française signalée sur la côte d'Italie se montait à 22 vaisseaux de ligne et que cette flotte serait probablement renforcée par les navires laissés à Toulon au moment où je lisais ces lignes, la force que j'ai avec moi n'étant, d'autre part, que de 16 vaisseaux, dont aucun à trois ponts, trois de nationalité portugaise, et un anglais de 64, tous très à court d'hommes, je n'eus d'autre parti à prendre que de rentrer à Palerme, y débarquer les troupes, les munitions, etc... ce qu'ayant fait, j'ai repris la mer pour gagner Marittimo où j'espère être rejoint par l'*Alexander* et le *Goliath*, à qui j'ai ordonné, il y a dix jours, de lever le blocus de Malte et de me joindre. J'aurai alors 18 vaisseaux. Je croiserai au large de Marittimo, attendant avec anxiété un renfort qui me permette d'aller chercher la flotte ennemie et de l'engager sans un moment de retard ; car je considère que la meilleure défense des possessions de Sa Majesté Sicilienne consiste à placer mon escadre bord à bord avec l'escadre française [2]. »

1. *Correspondance de Nelson*, t. III, p. 366. Nelson à St-Vincent, 28 mai 1799.
2. *Correspondance de Nelson*, t. III, p. 379.

CHAPITRE VII

La Phase Espagnole

Ainsi, quand l'amiral Bruix s'ébranla de la baie de Vado le 8 juin au matin, son adversaire, qui avait une première fois fait demi-tour la veille, se trouvait encore, malgré une velléité de retour offensif, à 100 milles environ du cap delle Mele. Dans l'après-midi de ce jour, Keith devant de nouveau tourner bride, les deux armées allaient suivre désormais des routes divergentes, la flotte française sur l'arrière de la flotte anglaise. Aucune rencontre, dès lors, n'était plus possible entre elles, mais Bruix ignorait sa chance et il rendit compte de sa navigation au Directoire exécutif en ces termes :

« Malgré les difficultés de me soustraire à la vue de l'armée ennemie, avec une flotte aussi considérable, dans un golfe borné comme celui au fond duquel je me trouvais, je conçus l'espoir, en calculant ses bordées d'après les vents régnants, de couper ses eaux à une distance suffisante pour n'en être pas vu.

« En conséquence, et bien pénétré que ce serait une victoire rempor-tée que d'effectuer ma jonction sans combat, je formai l'armée sur une seule ligne parallèle à la côte, que je rangeai toujours à la portée de canon, contre l'avis des pilotes qui craignaient le temps. Je pris la tête de ligne, et malgré les bourrasques de l'orage, je me couvris de voiles pour dépasser de bonne heure la partie de la côte où je présumais que la bordée de l'ennemi le porterait le soir.

« Je fus singulièrement favorisé par les éléments. Je coupai le point critique à l'heure que je désirais, et n'y voyant pas l'ennemi, je restai persuadé qu'il était maintenant entre Gênes et moi et qu'ainsi ma jonction était assurée[1]. »

Ne voulant laisser aucune trace de sa direction, Bruix fit route pendant la nuit de manière à se trouver, au point du jour, hors de vue de Toulon, où il détacha la corvette l'*Eole*, avec ordre de se présenter devant le port, sans y mouiller, et de transmettre au capitaine du *Batave*, à lui seul et sous le secret, l'ordre d'appareiller sur-le-champ avec sa division et de le rallier en chassant l'armée jusqu'à Carthagène[2]. A midi, le 9 juin, l'armée avait parcouru 70 lieues depuis la veille. Dans la nuit du 9 au 10, le calme régna, mais le 10, au matin, la brise se leva de nouveau et poussa l'armée jusqu'en vue des côtes de Catalogne ; depuis le 8 au soir, elle n'avait rencontré aucun bâtiment, et Bruix était bien décidé à emmener avec lui tous ceux qui se trouveraient dans son horizon, afin que Jervis ne pût acquérir la moindre notion sur sa direction. « Si, comme je l'espère, écrivait-il le 10 juin au Directoire, Mazarredo se pénètre comme moi de la nécessité de brusquer notre opération, je ne désespère pas de trouver encore Jervis soit sur nos côtes, soit sur celles d'Italie, de détruire, ou du moins

1. AF, III, 604 Cf. AM, BB, 4, 131. Bruix au Président du Directoire, 10 juin 1799. Cf. également le journal de bord de l'*Océan*, du 8 au 9 juin. « Jolie brise de la partie du nord, l'armée cinglant en ordre de marche et de convoi dans les eaux les uns des autres prolongeant la côte à une demi-lieue environ de distance. A 3 h. 30 du soir, un canot de la corvette la *Fauvette*, mouillée à Oneille, est venu à bord avertir l'Amiral que la veille, à midi, l'armée anglaise, au nombre de 28 voiles, était à la vue de cette ville et qu'elle avait paru se diriger vers l'E. S. E. Le soir jusqu'à 8 heures, le temps a été orageux, le vent a varié beaucoup dans sa force et sa direction... »

2. Cf. AM, BB, 4, 134. Lettre de l'ordonnateur Bertin au ministre de la Marine, 9 juin 1799. « L'amiral Bruix, informé dans la rade de Vado, par le courrier que je lui ai expédié le 3 juin, de l'approche de l'armée anglaise et de sa force, a dû profiter d'une légère brume qui obscurcissait un peu l'horizon et par une manœuvre aussi savante qne hardie, appareilla en toute hâte du mouillage de Vado, après avoir fait couper les câbles d'une partie de ses vaisseaux, presque en présence de l'ennemi, passa entre la côte et la flotte anglaise qui n'en était éloignée que de cinq lieues, pour diriger sa marche vers l'ouest, et, favorisé par un bon vent d'est, faire route pour Carthagène et se réunir à l'armée espagnole.

« Un avis expédié par Bruix est arrivé aujourd'hui à Toulon pour donner au chef de division Daugier l'ordre d'appareiller de suite avec le *Batave* et le *Fougueux* et de le suivre à Carthagène. Cet aviso a quitté l'armée à 7 lieues au large devant Toulon, marchant dans le plus grand ordre et avec la rapidité de l'éclair par un vent d'est forcé. »

de mettre sa flotte dans l'impossibilité d'agir de longtemps, et d'avoir rempli, sous trois à quatre mois, la mission dont m'a chargé le Directoire exécutif par sa dépêche du 26 mai [1]. »

A Paris, où l'on se flattait encore, le 1er juin, de l'espoir que la tempête avait malmené Jervis, comme elle avait dégréé les vaisseaux de Mazarredo [2], l'annonce de l'apparition de l'escadre anglaise devant Toulon dissipa soudain les espoirs que cette hypothèse purement gratuite avait fait naître. La situation fut même un instant jugée si grave que le ministre de la Marine alla jusqu'à proposer au Directoire de « modifier les instructions de l'amiral Bruix et de remettre à un autre moment l'exécution des projets qu'il avait arrêtés [3]. Cependant, comme Bruix faisait valoir dans

---

1. A. M, BB, 4. 131, Bruix au Directoire, 10 juin 1799. Dépêche transmise par la corvette l'*Albanaise* qui relâcha à Barcelone.

2. A. M., BB, 4 131, Talleyrand à Bruix 1er juin « ...Si le général Mazarredo a été forcé par la tempête d'entrer à Carthagène, Lord Saint-Vincent n'a pas été moins maltraité. Ainsi, vous n'avez pas à craindre d'être poursuivi par l'ennemi; et comme vous avez actuellement des forces supérieures, le succès de l'armée navale dépendra par-dessus tout de la rapidité de votre marche.

« Le Directoire exécutif s'en repose sur vous; vous connaissez ses intentions et ses espérances ; il a la plus grande confiance dans vos talents, et il attend de grandes choses de l'armée que vous commandez et d'une circonstance sur laquelle l'Europe entière a les yeux fixés. Le hasard des éléments et ceux de la victoire peuvent vous donner des chances que d'ici l'on ne peut pas prévoir. Songez que c'est à 'audace que la République a dû la plus grande partie de ses succès.

3. A. M., BB, 4, 131. « ...Il est impossible de prévoir ce qui pourra résulter d'un combat qui s'engagerait entre les deux escadres : le nombre des vaisseaux est bien le même, mais les Anglais en ont six à trois ponts, tandis que nous n'en avons que quatre. Ce dont on ne peut douter, c'est qu'il y aura de part et d'autre beaucoup d'acharnement et un très grand intérêt à remporter la victoire, puisque d'une part nous avons à défendre presque tout ce qui reste de notre Marine, et que de l'autre, les Anglais, s'ils sont vainqueurs, deviennent les maîtres absolus des deux mers.

« Mais, quel que soit le résultat de l'action, il est certain que la plupart des vaisseaux seront désemparés et hors d'état de tenir la mer. L'ennemi aura rempli l'objet qu'il doit se proposer, si nous sommes forcés de rentrer à Toulon pour nous réparer; mais cette chance, toute fâcheuse qu'elle est, nous laisserait encore les moyens d'entreprendre sous peu de temps, une nouvelle opération, tandis que nous serions exposés à des dangers sans nombre, si l'amiral tentait après le combat de remplir la suite de sa mission, avec quelques vaisseaux.

En effet, Lord Saint-Vincent, qui commande probablement l'escadre aperçue de Toulon aura sans doute expédié des avisos dans toute la Méditerranée, pour que les vaisseaux anglais disséminés sur divers points se réunissent au plus tôt, et tandis que les Turcs et les Russes et même les Portugais croiseront à l'ouvert de l'Adriatique, devant Alexandrie et Malte, Nelson se portera entre la Sicile et la Barbarie, et restera sur ce passage que Bruix doit inévitablement traverser. En supposant que l'Anglais ne puisse rassem-

ses lettres[1] les dangers auxquels l'armée navale et l'escadre espagnole seraient exposés si l'une et l'autre agissaient isolément, et la force irrésistible qu'elles acquerraient si leur jonction s'opérait, le Directoire sentit « toute la force et la justesse de ces observations », et il fit écrire à l'ambassadeur d'Espagne pour presser Mazarredo de sortir, « sinon avec les 17 vaisseaux qu'il a conduits de Cadix à Carthagène, du moins avec tous ceux qui seront en état de tenir la mer[2] », et de se rendre à Toulon. Le 15 juin, on apprit à Paris, par un courrier expédié par l'ordonnateur Bertin, tout à la fois l'appareillage de Vado, la dérobade heureuse de l'armée, et la décision prise par Bruix de faire route sur Carthagène. « La sagesse et la promptitude de votre détermination, manda aussitôt le ministre à l'amiral, ainsi que l'habileté de vos manœuvres ont reçu l'approbation et les justes éloges du Directoire exécutif »[3]; dès lors, le gouvernement s'employa à assurer la collaboration étroite et intime des deux flottes dont la jonction allait s'opérer[4].

Le Directoire avait fort à faire de ce côté pour dissiper les préventions que sa manière d'agir avait suscitées contre lui en Espagne. Atteinte dans son amour-propre, blessée dans sa fierté par le refus persistant du Directoire de lui communiquer le plan des opérations maritimes, la cour de Madrid paraissait vouloir s'isoler, ou tout au moins ne plus vouloir utiliser ses forces navales qu'à des objectifs qui lui fussent propres. Le ministère espagnol n'avait épargné aucun moyen pour remettre en état la flotte de Mazarredo gravement éprouvée par la tempête : il avait fait passer des fonds

---

bler que 12 vaisseaux dans le premier moment, il est en état de tenir tête aux vaisseaux français que nous aurions réunis après le premier combat.

« Je prie en conséquence le Directoire d'examiner si, en raison des circonstances dans lesquelles nous nous trouvons aujourd'hui, de l'apparition d'un ennemi supérieur que l'on croyait battu par la tempête et de la nullité de nos alliés, il croit devoir modifier les instructions de l'amiral Bruix et remettre à un autre moment l'exécution des projets qu'il avait arrêtés. » (Ce rapport n'est pas daté.)

1. Du 3 et du 5 juin, reçues à Paris le 13.

2. AM, BB 4, 131, le ministre de la Marine à Bruix, 13 juin 1799; Talleyrand à d'Azara, 13 juin 1799.

3. A. M., BB, 4, 131, le ministre de la Marine à Bruix, 15 juin 1799.

4. A. M., BB, 4, 133, le ministre de la Marine à Mazarredo, 15 juin 1799. — Cf. A. E. Espagne, 656, Talleyrand à d'Azara; Talleyrand à Guillemardet, 15 juin 1799.

considérables à Carthagène où l'arsenal travaillait avec activité à réparer les avaries des vaisseaux ; des troupes et des approvisionnements avaient été dirigés sur les différents points de la côte depuis Barcelone jusqu'à Carthagène et Mazarredo avait reçu des instructions particulières à l'effet de tenter un coup de main sur Minorque avec la première portion de l'escadre qui serait réparée, si les Anglais n'avaient pas de très grandes forces maritimes dans les parages de Mahon [1]. D'autre part, et malgré les instances du Directoire, la cour de Madrid persistait à rappeler en Espagne la division espagnole de l'amiral Melgarejo, mouillée à Rochefort.

Le Directoire avait ses vues sur cette dernière. Il voulait la faire venir à Brest, pour la combiner avec les trois vaisseaux qui se trouvaient déjà en rade, et qui sous peu de temps seraient suivis de plusieurs autres. Bientôt une escadre de 15 vaisseaux, rassemblée en ce port, menacerait les Anglais dans l'Océan, les forçant à y retenir des forces considérables, et à suspendre l'envoi de renforts dans la Méditerranée. Pour flatter la vanité castillane, il déclarait qu'une fois arrivé à Brest, Melgarejo prendrait le commandement de toutes les forces navales présentes sur rade [2]. Le ministère espagnol refusant de se rendre à ces raisons, le Directoire résolut d'en appeler directement au Roi d'Espagne :

« M. le chevalier d'Azara, lui écrit-il le 4 juin, vient de transmettre au ministre des Relations extérieures les intentions de Votre Majesté sur le prompt retour de l'escadre commandée par le général Melgarejo.

« Déjà cet ambassadeur avait fait connaître les vues de Votre Majesté sur la destination qu'Elle se proposait de donner à ses bâtiments, mais le Directoire exécutif n'a pas cru devoir jusqu'ici se rendre aux instances réitérées de M. le chevalier d'Azara, bien persuadé que Votre Majesté partagerait son opinion, aussitôt qu'elle serait éclairée sur la convenance et les avantages du plan qu'il a conçu.

« La position des forces navales de France et d'Espagne est telle aujourd'hui qu'elles peuvent être compromises, si les Anglais ne

---

1. A. M., BB, 4, 133, Guillemardet à Talleyrand, 24 mai, 30 mai 1799.
2. A. M., BB, 4, 133, Talleyrand à d'Azara, 28 mai ; à Guillemardet, 1er juin.

sont retenus dans l'Océan par l'appareil d'un armement qui les menace et les inquiète.

« L'armée de la République est réduite à agir seule dans la Méditerranée depuis que la tempête a forcé l'escadre de Votre Majesté à rentrer à Carthagène ; quelque rapide que soit la marche de cette armée, elle aurait bientôt à lutter contre un ennemi supérieur ; le général Mazarredo serait lui-même exposé ou à rester dans une inaction préjudiciable à l'intérêt commun, ou à essayer un combat désavantageux ; enfin les Anglais, après s'être assuré l'empire de la Méditerranée, pourraient encore former le blocus de Cadix et ce serait sans fruit que Votre Majesté a ordonné dans ce port de nouveaux armements.

« Ces craintes, ces dangers disparaissent si l'escadre de Votre Majesté se réunit aux vaisseaux qui sont déjà sur rade de Brest, et dont le nombre va être incessamment augmenté ; les forces combinées s'élèveraient en peu de temps à 15 ou 18 vaisseaux, si Votre Majesté se décidait à donner la même destination à ceux qui viennent d'arriver à Santona [1] ; alors la présence d'une armée navale dans un port voisin des côtes d'Angleterre et celle des troupes espagnoles suffiront pour alarmer le Gouvernement anglais et pour le contraindre à s'entourer en quelque sorte de toute sa marine.

« Une aussi puissante diversion, en menaçant l'Irlande que le Directoire ne perd pas de vue, assure le temps et les moyens d'attaquer avec avantage les ennemis disséminés dans la Méditerranée.

« Dans cet intervalle le général Mazarredo atteint avec sécurité le moment où l'escadre de Votre Majesté est mise en état de sortir ; les forces navales de France et d'Espagne obtiennent en se combinant la supériorité de la mer ; elles peuvent se porter sur Minorque et rendre à Votre Majesté cette précieuse possession.

« Telles sont les principales observations que le Directoire exécutif a fait communiquer à M. le chevalier d'Azara, en l'invitant à les transmettre à Votre Majesté, et il espère qu'Elle révoquera

---

1. 3 vaisseaux espagnols revenant d'Amérique avec un convoi venaient de mouiller dans ce port.

ses derniers ordres pour adopter un projet qui semble dicté par les circonstances, et dont l'exécution intéresse éminemment la République et Votre Majesté.

« ...C'est avec plaisir que le Directoire exécutif saisit cette occasion de promettre personnellement à Votre Majesté que tous les plans d'opérations navales lui seront communiqués et seront concertés avec Elle; il fonde les plus grandes espérances sur la franchise et l'intimité de ces relations [1]. »

Le ton de cette lettre plut au Roi d'Espagne; c'était celui d'un allié et non plus d'un maître. Il répondit le 11 juin :

« Grands et Loyaux Amis,

« Quand j'ai ordonné à mon escadre de retourner de Rochefort à la Corogne, j'ai instruit mon ambassadeur des motifs qui me contraignaient de le faire, et en même temps je lui ai dit de vous assurer en mon nom que vous pouviez compter avec elle quand celle de Brest serait préparée et que vous m'auriez communiqué les plans que vous auriez concertés.

« Ladite escadre avait ordre d'accompagner et de protéger le convoi qui se trouve dans les côtes de Santander, avec des effets et des munitions navales qu'on ne doit pas exposer à la traversée, beaucoup moins dans les circonstances actuelles où nos arsenaux ne sont pas très pourvus, et qu'on a beaucoup dépensé à cause de la tempête que l'escadre de Cadix vient d'expérimenter.

« Vous, mes Grands Amis, vous avez cru que ces considérations ne contrebalançaient pas l'utilité de faire passer ladite escadre à Brest, où vous aviez résolu d'armer vos vaisseaux pour agir avec vous dans l'Océan, ne perdant pas de vue l'Irlande, et en conséquence vous me demandez ladite translation.

« Rien de plus analogue à mes désirs que de vous satisfaire, et ainsi j'expédie les ordres pour l'exécuter. Je laisse à part toutes considérations, étant si forte celle de mon alliance... Il reste seulement qu'après la translation à Brest, vous me communiquiez le plan que vous me proposez de suivre et la manière de l'exécuter.

1. A. M., BB, 4, 131, Le Directoire au roi d'Espagne, 4 juin 1799.

« La conduite que vous m'offrez de tenir à l'avenir prouvera
aux autres nations que mon alliance avec votre République n'est
pas de nom, ou momentanée, mais d'un intérêt réciproque et
solide et qui se conduit par les principes de franchise et de bonne
foi, gages qui ont toujours caractérisé les Cabinets des deux Puissances... Si une telle conduite avait été suivie, moi prévenu
d'avance de la première sortie de l'amiral Bruix, nous aurions concerté la manière de se réunir avec Mazzaredo dans un de mes ports,
et dans le cas de ne pas pouvoir le gagner, la manière de l'exécuter, et peut-être qu'il aurait évité le mal qui lui est arrivé après.

« Il est inutile de parler du passé, Citoyens Directeurs, je me
flatte qu'à tous égards je suis digne de votre amitié et de votre
confiance. Vous m'avez toujours vu prêt à agir de la sorte. Mes
escadres ont été paralysées, et en vous servant comme ça contre
mes intérêts, mes ports ont été bloqués, et tout cela parce que
vous m'avez signifié deux fois qu'il vous convenait. Celle de Cadix
était sortie pour se réunir à la vôtre, et il reste à le vérifier. On
travaille à la radouber à Carthagène avec une activité extraordinaire, et peut-être dans tout le mois courant, elle sera prête. Il
conviendrait que Bruix vînt avec tout ce qu'il y aura à Toulon
pour se réunir avec ladite, et qu'une fois réunies, elles profitassent
du temps pour faire un débarquement à Mahon, dont la conquête
nous intéresse réciproquement pour ôter à l'ennemi cet asile, et
passer après à agir dans la Méditerranée suivant le plan que
nous concertions (*sic*), et que j'espère que vous me communiquiez (*sic*)... [1]. »

Ainsi la crise de l'alliance était conjurée ; le Roi d'Espagne con-
sentait aux demandes du Directoire. Il acceptait aussi que l'amiral
Mazarredo se rangeât sous les ordres de Bruix, à condition que ce
dernier lui donnât « les témoignages les plus intimes de confiance
et de considération [2] ». Les réparations, à Carthagène, marchaient
à souhait, et l'on pensait à Madrid que l'escadre de Mazarredo
serait complètement prête à reprendre la mer vers le 26 juin [3]. Aussi

1. A. M., BB, 4, 131, Le roi d'Espagne au Directoire, 11 juin 1799.
2. A. M., BB, 4, 133, Guillemardet au ministre de la Marine, 6 juin 1799.
3. A. E., Espagne, 656, Guillemardet à Talleyrand, 6 juin 1799.

le Directoire pouvait-il écrire le 21 juin à Bruix, en réponse à la lettre que ce dernier lui avait adressée le 10 par le travers des côtes de Catalogne, que « le cabinet de Madrid a donné les ordres les plus précis non seulement pour que l'escadre du général Mazarredo fût promptement réparée, mais encore pour qu'elle soit portée à 20 vaisseaux [1] ». Cette force, jointe aux 24 vaisseaux qui doivent composer aujourd'hui l'armée navale, vous assure en ce moment la supériorité de la mer, et tout porte à croire que vous serez bien secondé par les Espagnols en cas d'événement [2] ».

Pendant cet échange de notes diplomatiques, Bruix continuait sa route vers Carthagène, mais sa marche était devenue très lente par suite de la fréquence des calmes et de la faiblesse des vents. Le 13, l'armée n'était encore qu'à la hauteur de Barcelone, longeant la terre à 5 lieues, route au S. O. Le 14 le lougre l'*Affronteur* captura le cutter le *Sandwich*. Le 19, l'armée passait devant Alicante. Des avis reçus par des voiles neutres visitées au cours de la traversée, annonçant la présence d'une escadre anglaise de 12 vaisseaux devant Carthagène, l'amiral se prépara à passer avec son état-major sur la frégate la *Cocarde*. Le 20, l'armée arrivait à la hauteur du cap Palos, où des vents soufflant bon frais du S. O., la retardèrent encore. On fit, dans l'après-midi, les préparatifs en vue d'un combat qu'on croyait imminent. Dans la nuit du 21 au 22, « des voiles découvertes ont occasionné des signaux mal conçus, ce qui a donné quelques inquiétudes qui ont été dissipées au jour [3] ». Quelques heures après, l'armée mettait en panne pour recevoir des pilotes de la baie de Carthagène, et, dans l'après-midi du 22, les vaisseaux laissaient successivement tomber l'ancre, à l'ouest de l'entrée du port, entre l'île d'Escombrera et las Alamegas. Bien que lente, la navigation avait en somme été heureuse. Nulle part on n'avait rencontré les Anglais. Qu'étaient-ils donc devenus?

---

1. Au moyen de la *Reyna Luisa*, du *San Juliano,* et éventuellement du *St-Charles* et du *Guerrier*, présents à Carthagène.

2. A. M., BB, 4, 131, Le ministre de la Marine à Bruix, 21 juin.

3. *Journal de bord de l'*Océan.

*
* *

Le 10 juin, au coucher du soleil, l'escadre de Lord Keith, revenant des côtes de Ligurie, aperçut Minorque dans le sud-ouest à 15 lieues environ. Le 12, elle n'était plus qu'à 4 lieues du cap Mola quand elle fut surprise par le calme. Le 13, Lord Keith transféra son pavillon sur le *Queen Charlotte*, tandis que Whitshed passait sur le *Barfleur*. Le 14, l'escadre se rapprocha à moins de trois ou quatre milles de l'entrée de Port-Mahon, et Lord Keith put enfin venir conférer avec son chef.

Malgré l'importance extrême que Saint-Vincent attachait à la défense de Minorque, un changement allait s'opérer dans son esprit, à la suite des nouvelles qui venaient de lui parvenir. Tout d'abord, le 5 juin, il avait appris par le *Triton* que l'Amirauté lui détachait un renfort de 16 vaisseaux et de quelques frégates, commandés par l'amiral Sir Alan Gardner. Puis, le 10 juin, un de ses navires, l'*Heureux*, qui avait parlé à un danois au large de Carthagène, lui annonçait que la flotte espagnole entrée dans ce port avait huit vaisseaux démâtés. Ce même jour, le *Triton* et l'*Espoir* arrivaient avec des dépêches de Lord Keith, et les nouvelles que son lieutenant lui mandait sur la présence de la flotte française dans le golfe de Gênes étaient confirmées, peu après, par la *Success* qui, ayant capturé, le 9 juin, un navire espagnol, la *Bella Aurora*, allant de Gênes à Barcelone, apprenait des prisonniers que la flotte française se trouvait à l'ancre dans la baie de Vado le 6 juin et que cette flotte n'avait pas de troupes à bord. Enfin, la garnison anglaise de l'île de Minorque, déjà renforcée par l'arrivée fort opportune du 8ᵉ régiment venant d'Angleterre, allait l'être davantage encore par l'envoi de nouvelles troupes que le lieutenant général Cuyler, commandant les forces britanniques à Lisbonne, avait reçu l'ordre de faire passer à Mahon [1].

Dans ces conditions, Saint-Vincent, après avoir conféré avec

1 Ad. 1, 1354, Dépêche de l'Amirauté à Saint-Vincent, annonçant que Dundas a envoyé à Cuyler l'ordre de détacher immédiatement le 50ᵉ Régiment et le 2ᵉ bataillon *Royals* à la protection de Minorque, et de se tenir prêt à les faire suivre de tout ou

Keith et Sir James Saint-Clair Erskine [1], reconnut que l'escadre pouvait s'absenter de Minorque pendant environ trois semaines, sans que l'île courût un grand danger. Il y avait des chances pour que la flotte française aperçue au mouillage de Vado continuât sur cette côte, « afin de donner du cœur à leur armée et de supprimer l'esprit de révolte dans le Piémont et le territoire de Gênes [2]. » En faisant diligence, Keith pourrait encore la rejoindre. « Il a été décidé, écrit Saint-Vincent à l'Amirauté, que toute l'escadre se mettrait aussitôt en route pour la rivière de Gênes, et s'efforcerait de combattre l'ennemi, et comme l'escadre a croisé tout hier dans la baie d'Alcudia, et que divers bâtiments sont partis aujourd'hui pour Barcelone, il y a toute raison d'espérer que la côte d'Espagnè sera impressionnée par l'idée que cette île n'est jamais laissée sans protection [3]. » Le lendemain, 16 juin, Saint-Vincent, reconnaissant que le déclin rapide de sa santé « le privait à la fois de toutes les forces du corps et de l'esprit » et que « détenir plus longtemps le commandement dans ces conditions serait nuire au service de Sa Majesté, et se montrer injuste envers Lord Keith », décidait de remettre immédiatement le commandement général à ce dernier [4], et de faire voile sur la frégate l'*Argo* pour Gibraltar, dès que le détachement envoyé par Lord Bridport serait arrivé et aurait reçu des ordres qui assurassent la défense de l'île pendant l'absence de Lord Keith. La *Mermaid* fut également détachée à Lisbonne avec ordre de demander au général Cuyler de hâter l'envoi du 50ᵉ régiment et du 2ᵉ régiment de *Royals*, « car en l'absence de la flotte, les troupes espagnoles de Majorque pourraient tenter le passage qui, entre Alcudia et Ciudadella, n'exige que quelques heures [5] ».

partie du corps d'infanterie étrangère, et même, en cas de besoin, de toutes les troupes présentes au Portugal (23 mai 1799).

1. Commandant la garnison de Minorque.

2. Add. Mss. 31167, St-Vincent à Walpole, 17 juin 1799.

3. Ad. 1, 399, St-Vincent à l'Amirauté, 15 juin 1799.

4. Dans la lettre où il fait part à Lord Spencer de cette décision, Saint-Vincent ajoute : « L'escadre de Brest avait un si beau rôle à jouer à Malte et en Sicile que je tremblai pour le sort de nos navires stationnés là, et pour cette dernière île. Vous en avez mieux jugé en assignant la côte de Gênes aux opérations de l'escadre de Bruix (lettre citée par Brenton, *Life of St-Vincent*, t. II, p. 24).

5. Ad. M. 399, *St-Vincent à l'Amirauté*, 17 juin 1799.

Renforcé de la *Ville de Paris*, Lord Keith se mit donc en route, le 16 juin, pour la côte d'Italie, détachant la *Minerve* en reconnaissance devant Toulon [1], l'*Ethalion* en croisière entre le cap Palos et Carthagène pour surveiller la flotte espagnole, et le *Phœnix* en croisière entre Barcelone et Palma à l'effet de reconnaître les mouvements des Espagnols de ce côté [2]. A 8 heures du soir, il rencontra la *Mermaid* qui lui apprit la présence de Sir Alan Gardner à Gibraltar avec 16 vaisseaux; il vit également la *Caroline* qui convoyait des troupes à Minorque. Tout cela le tranquillisa : « Je considère maintenant l'île comme en parfaite sécurité », écrit-il à Nelson [3].

Ainsi Keith faisait voile vers le cap Sicié, tandis que Bruix, longeant les côtes d'Espagne, se disposait à entrer à Carthagène; les deux flottes se tournaient le dos. Sur sa route, l'escadre anglaise fit une heureuse capture. Le 18 juin, à 20 lieues environ du cap Sicié, elle donna dans une division française composée de trois frégates : la *Junon*, l'*Alceste*, la *Courageuse,* et de deux bricks : l'*Alerte* et le *Salamine*, commandée par le contre-amiral Perrée. Cette division, secondait les opérations de Bonaparte sur les côtes de Syrie, quand elle s'était vue obligée de s'éloigner de la côte pour échapper aux vaisseaux anglais; elle avait alors fait route sur la France, et voici qu'au moment d'y toucher, la malchance voulut qu'elle tombât au plein milieu de l'escadre de Lord Keith. Elle essaya vainement de prendre chasse; les frégates *Bellona, Santa Teresa, Emerald*, appuyées par les vaisseaux le *Centaur* et le *Captain,* eurent bientôt fait de surmonter sa résistance et d'amariner la petite division [4]. Après ce succès, Keith poursuivit sa route vers la rivière de Gênes, et on le vit croiser devant ce port du 24 au 27 juin.

1. Avec ordre de rejoindre au cap delle Mele.
2. Ad. 1, 400, Ordres de Keith, 16 juin 1799.
3. Ad. 1, 400, Keith à Nelson, 17 juin 1799.
4. Le rapport du capitaine Markam, commandant le *Centaur*, place la capture le 19 juin au soir, après une chasse générale ordonnée la veille (Ad. 1, 399). Le rapport du contre-amiral Perrée situe ces événements un jour plus tôt. Le 17, à midi, il est en vue du cap Croisette. Dans l'après-midi, il se trouve en présence de bâtiments suspects; il manœuvre la nuit pour leur échapper. Mais, le 18 au matin, il est rejoint : « A 7 heures, un vaisseau anglais qui était à demi-portée de l'*Alceste*, lui tire plusieurs

Cependant dès le lendemain de son départ de Minorque, le renfort envoyé d'Angleterre avait paru en vue de l'île. Il comprenait **12** vaisseaux : le *Prince*, le *Neptune*, le *Formidable*, le *Glory*, le *St-George*, le *Dragon*, le *Triumph*, le *Canada*, l'*Impétueux*, le *Pompée*, le *Superb*, le *Terrible*, et deux frégates, *Nymph* et *Beaulieu*, placés sous les ordres du contre-amiral Sir Charles Cotton [1].

Lord Saint-Vincent traça aussitôt ses instructions à ce dernier : Cotton irait reconnaître la baie d'Alcudia, contournerait Majorque, examinerait la baie de Palma, interceptant les nombreux envois d'artillerie, de munitions et de vivres partant chaque jour de la côte espagnole, puis il se rendrait devant Carthagène pour s'assurer dans la mesure du possible, de la condition de la flotte de Cadix.

coups de canon : elle amène. A 7 h. 10, le même vaisseau était à un quart de portée de moi par ma hanche; un autre derrière à trois quarts de portée, et deux frégates à portée. Le premier m'a tiré plusieurs coups de canon; me voyant dans l'impossibilité d'échapper à leur poursuite, je ne voulus pas sacrifier des hommes pour une résistance inutile; je donnai l'ordre d'amener le pavillon; j'étais entouré de 6 vaisseaux et 5 frégates formant l'escadre légère de l'armée anglaise composée de 29 voiles, parmi lesquelles sont 17 vaisseaux. » (A. M., BB 4, 138.)

1. Sir Alan Gardner, après s'être ravitaillé dans la baie de Bantry, avait quitté cette baie le 30 mai, en compagnie de Lord Bridport. Le 1er juin, les deux amiraux se séparèrent. Bridport fit voile sur Rochefort avec 10 vaisseaux et 3 frégates, tandis que Gardner avec 16 vaisseaux et 4 frégates faisait voile vers la Méditerranée. Le 4 juin, dans l'après-midi, Gardner arriva devant le cap Finisterre. Ayant ouvert les instructions secrètes de l'Amirauté, en date du 14 et du 21 mai, il envoya les frégates *Beaulieu* et *Mermaid* à Lisbonne aux nouvelles; le même soir il fut rejoint par le *Cormorant*, capitaine Lord Mark Kerr, qui portait en Angleterre des dépêches de Lord St-Vincent et qui le mit au courant de la situation. C'est ainsi qu'il apprit l'entrée successive en Méditerranée de la flotte française, de la flotte espagnole et de la division Whitshed (Ad. 1, 113, Gardner à l'Amirauté, 4 juin). Le 7 juin, il arriva en vue du cap St-Vincent. Conformément aux ordres de l'Amirauté, il forma un détachement de 12 vaisseaux sous le commandement supérieur de Sir Charles Cotton, avec Collingwood en sous-ordre, lui adjoignit trois frégates : *Nymphe*, *Beaulieu*, *Mermaid* et ordonna à Cotton de faire route le 8. Lui-même, avec le *Royal Sovereign*, le *Caesar*, le *Magnificent*, et le *Russel* s'en alla à Lisbonne prendre sous son escorte les vaisseaux capturés à Aboukir (le *Tonnant*, le *Conquérant*, le *Canopus*, le *Spartiate* et l'*Aboukir*). Gardner rallia Cawsand bay, le 13 juillet.

De son côté, Bridport, arrivé devant l'île d'Aix le 5 juin, fit reconnaître l'escadre espagnole de Melgarejo par l'*Anson* et le *Black Joke* soutenus par le *Venerable*. A la suite de cette reconnaissance, il déclara que la destruction de l'escadre lui paraissait impraticable, et qu'il n'était même pas sûr qu'on pût l'empêcher d'appareiller, à moins de la bloquer étroitement avec une escadre spécialement outillée de navires à bombes. Le 8 juin, il laissa l'amiral Berkeley devant Rochefort avec le *Mars*, le *Venerable*, le *Renow*, l'*Ajax*, le *Ramillies* et le *Robust*, et rallia avec les autres navires Cawsand bay, où il arriva le 13 juin.

Il s'étendrait ensuite jusqu'à la côte de Barbarie et reviendrait devant Majorque à l'expiration du délai d'un mois. Mais, le 19 juin, Saint-Vincent ayant appris, par des lettres interceptées, que les réparations de la flotte espagnole se trouvaient beaucoup plus avancées qu'il ne le croyait, et que des troupes espagnoles s'embarquaient en grand nombre sur la côte, retoucha ses instructions. Après avoir passé les Baléares, Cotton devrait rester aussi près que possible de la côte d'Espagne, afin que l'ennemi ne lui filât pas entre les doigts; il ne s'étendrait plus vers la Barbarie. Enfin, le 20 juin, Saint-Vincent rappelait à Cotton que l'objectif principal de son escadre était la défense de Minorque. « Si vous apprenez de source sûre, disait-il, que la flotte espagnole est à la mer avant que vous ayez atteint Carthagène, et si vous ne réussissez pas à provoquer un combat, il sera préférable que vous reveniez devant le cap Formentor, et que vous croisiez entre ce cap et Ciudadella [1]. »

L'escadre de Sir Charles Cotton resta au mouillage devant Mahon pendant les journées du 19, du 20 et du 21, journées dont Bruix profitait pour se glisser le long du cap Palos et entrer à Carthagène. Le 22, enfin, elle mit sous voile. Ainsi Saint-Vincent avait divisé ses forces en deux groupes dont l'un, le plus important [2], sous Lord Keith, recherchait la flotte française dans la rivière de Gênes pour la combattre, et dont l'autre [3] avait pour mission de rester au voisinage de Minorque et de s'opposer à toute tentative de la part de la flotte espagnole, que l'on savait d'ailleurs ne pouvoir prendre la mer au complet avant la fin du mois. Croyant avoir ainsi pourvu au nécessaire, Saint-Vincent allait s'embarquer sur l'*Argo* et faire voile pour Gibraltar, quand un corsaire minorquin vint l'informer, le 23 juin au matin, qu'il avait aperçu neuf jours plus tôt, en allant de Minorque à Barcelone, 10 vaisseaux faisant route à l'ouest. Saint-Vincent conjectura aussitôt que la flotte de Brest avait fait un détachement pour renforcer les Espagnols à Carthagène, et il écrivit à Lord Keith de ne pas prolonger sa

1. Add. Mss. 31162.
2. Il comprenait 19 vaisseaux.
3. Fort de 12 vaisseaux.

croisière au delà des trois semaines prévues : « Votre présence est nécessaire ici, car je m'en vais... Dans tous les cas, la conservation de cette île est considérée en Angleterre comme ayant une valeur si inestimable qu'à mon avis, jusqu'à ce que les régiments attendus de Lisbonne soient arrivés, cette île ne saurait être laissée sans une force navale assez puissante pour repousser toute attaque [1] ». Après quoi l'*Argo* mit à la voile.

La frégate s'était à peine éloignée de Minorque, qu'à 6 heures du soir elle rencontrait la *Caroline*, qui ayant parlé le matin même à la *Mermaid* [2], tenait d'elle et rapportait une nouvelle singulièrement grave : l'avant-veille, à deux heures de l'après-midi, cette frégate avait aperçu une flotte de guerre de 24 bâtiments, dont le cap, d'abord dirigé au S. E., avait ensuite été tourné vers le N. O., les vents étant au S. 1/4 S. O. ; cette flotte comprenait 18 à 19 vaisseaux. Étant donné la position de la *Mermaid* à cet instant [3], Saint-Vincent ne pouvait plus douter que la flotte française tout entière ne se trouvât devant le cap Palos. Il ordonna aussitôt au capitaine Bowen, de la *Caroline,* de faire voile pour Port-Mahon avec des lettres à l'adresse du général Erskine, puis de rejoindre Keith afin de lui annoncer la nouvelle. « J'espère de tout cœur, manda-t-il à ce dernier, que vous arriverez à temps pour rejoindre Sir Charles Cotton et frustrer les desseins des flottes combinées sur Minorque [4] ». Bien qu'il fût à bout de forces, Saint-Vincent, en cette occurrence grave, eut encore l'énergie de faire faire demi-tour à l'*Argo,* et il revint prendre position devant la baie d'Alcudia.

Le 24 juin, au matin, l'amiral Cotton était mis au courant de la situation par la *Caroline* [5]; le même jour il recevait de Saint-Vincent l'ordre de ne pas dépasser la pointe est de Majorque, et, au cas

1. Add. Mss. 31162, St-Vincent à Keith, 23 juin 1799.

2. La *Mermaid* avait quitté Mahon le 17 avec des lettres pour le général Cuyler à Lisbonne.

3. Position de la *Mermaid* : l'île de Formentera à 84 milles dans le N. 1/4 N. O.; le cap Palos à 14 lieues dans l'O. 1/4 N. O. du compas. Cf. Captain's logs, n° 1299, *journal de la* Mermaid, *Ibid.*, n° 1381, *journal de la* Caroline.

4. Add. Mss. 31162, St-Vincent à Keith, 23 juin 1799.

5. Voir Captain's logs, 1283. *Journal de bord du* Prince; le 24 juin, à 6 h. 30 du matin, le capitaine de la *Caroline* vint à bord.

où l'ennemi s'approcherait, de se porter à vingt lieues dans l'est de Minorque pour effectuer sa jonction avec Lord Keith. Ce dernier était encore devant Gênes quand il reçut, le 27, la lettre que Saint-Vincent lui avait écrite avant de quitter Mahon. Ses craintes pour Minorque se ravivèrent aussitôt, et comme l'exploration de la côte ligure ne lui avait rien appris de l'existence de la flotte française, il ordonna à Nelson de diriger aussitôt sur Minorque tous les navires qui ne lui étaient pas indispensables [1]. Le 28 enfin, à 6 heures du soir, il était rejoint par la *Caroline*. Lord Keith fit aussitôt demi-tour [2], forçant de voiles sur la pointe nord de Minorque où il donnait rendez-vous à Cotton [3]. Arriverait-il en temps pour s'opposer aux desseins des Français et des Espagnols?

*
* *

En se portant à Carthagène pour effectuer sa jonction avec les

1. Nelson, au reçu de la lettre du 6 juin où Keith lui annonçait qu'il retournait couvrir Minorque, avait, on l'a vu, suspendu l'opération en cours sur Naples, repris la mer et s'était porté à Marittimo dans l'attente des événements. « Le 17 juin, écrit-il à Lord St-Vincent, l'*Alexander* et le *Goliath* m'ont rejoint, venant de Malte, ayant laissé à la surveillance de l'île trois sloops de guerre. J'avais maintenant 15 vaisseaux à deux ponts anglais, et 3 vaisseaux portugais, ainsi qu'un brûlot et un cutter. Le 20, la corvette portugaise le *Swallow* m'apporta votre dépêche du 17, m'informant de l'approche de l'escadre de Sir Alan Gardner et du départ de Lord Keith à la recherche de la flotte française. N'ayant plus maintenant aucune perspective de me trouver avec des forces assez nombreuses pour aller chercher la flotte ennemie forte d'au moins 25 vaisseaux, et bien que ma ferme intention fût de ne pas la laisser passer sans la combattre et l'abîmer au point de la rendre incapable de s'acquitter d'aucune mission lointaine, je résolus d'offrir mes services à l'effet d'activer les affaires de Naples, sachant que l'intention de la flotte française était de s'y rendre. En conséquence je poussai jusqu'à Palerme, et, le 21 juin, je descendis à terre pendant deux heures. Je vis Leurs Majestés et le général Acton... qui me demandèrent de partir aussitôt pour Naples afin d'y terminer leurs affaires... » (*Corresp. Nelson*, t. III, p. 390, Nelson à St-Vincent, 27 juin 1799.)

Nelson se trouvait donc devant Naples quand la *Success* lui remit, le 13 juillet, l'ordre de Lord Keith, en date du 27 juin, lui prescrivant de couvrir Minorque. On connaît le célèbre refus de Nelson qui répondit à son chef que « la sécurité du royaume de Naples ne lui permettait pas de faire le détachement prescrit ». (*Corresp. Nelson*, t. III, p. 408.)

2. Ad. 1. 400, Keith à Nelson, 28 juin : « Je viens d'être informé que les Français sont devant Carthagène pour se joindre aux Espagnols, et je me hâte vers cet endroit. »

3. Ce même jour, 28 juin, Lord Saint-Vincent, après avoir vainement cherché Cotton autour de Majorque, quittait définitivement ces parages pour Gibraltar, où il arriva le 4 juillet.

Espagnols, Bruix comptait n'y séjourner que le moins de temps possible, et, dans ce dessein, il avait expédié en avant la frégate la *Bravoure* pour avertir Mazarredo de son approche et le prier de faire appareiller son escadre dans le cas où elle aurait achevé ses réparations. La *Bravoure*, entrée à Carthagène le 20, rapportait le 22 au matin à Bruix une lettre de l'amiral espagnol où Mazarredo déclarait que 5 vaisseaux de son escadre étaient encore en réparations, que ces dernières seraient terminées dans sept jours, et que l'ennemi ayant 60 vaisseaux au moins en Méditerranée, il jugeait ne pas devoir appareiller avant d'avoir mis son escadre au grand complet [1]. Force avait donc été à Bruix de mouiller le 22 à l'entrée du port.

L'accueil des Espagnols fut « gracieux [2] ». « Dès son arrivée, rapporte un personnage bien informé, l'amiral Bruix est immédiatement descendu à terre pour s'aboucher avec l'amiral espagnol, qui se répand en félicitations sur la satisfaction que lui a causée cette première entrevue, tant à cause des qualités personnelles de l'amiral français, que de ses procédés et de sa manière de traiter

---

1. A. M., BB, 4, 131. Mazarredo à Bruix, 20 juin 1799.

2. A. E., Carton Carthagène. Le consul de France au ministre des Relations extérieures, 24 juin 1799. Le journal de bord de l'*Océan* porte que pendant le séjour à Carthagène, « on a reçu et fait des visites de corps aux Espagnols ». Dès le jour de son arrivée, Bruix avait adressé à la flotte la proclamation suivante :

« Républicains français,

« Réunis enfin à nos fidèles alliés, nous allons bientôt punir la perfide Angleterre et venger l'Europe entière assassinée par elle; quelque convaincu que je sois des sentiments que vous avez voués à nos braves amis, je crois devoir vous inviter à leur prouver, par tous les moyens qui sont en vous, toute la sincérité de ces sentiments. Songez qu'il est de l'intérêt de votre Patrie, qu'il est de votre honneur de donner à une Nation qui nous estime la plus haute opinion de nous; ce mot doit suffire à des Français. N'oubliez pas surtout que vous venez chez un peuple loyal, généreux et notre plus fidèle Allié. Respectez ses mœurs, ses usages, sa religion, que tout, enfin, soit sacré pour vous; songez que vous écarter en la moindre chose de ce que je vous prescris dans ce moment serait un crime aux yeux de la République Française, et je suis ici pour les punir; j'aime à croire que vous me procurerez, au contraire, la douce satisfaction de n'avoir que des éloges à donner à votre conduite, et soyez persuadés que ce sera là ma plus douce récompense? »

Mazarredo, ne voulant pas rester en frais avec son collègue, répondit par une proclamation datée du 24 juin, où il déclare notamment « qu'un puissant motif prescrit de combiner les forces maritimes du Roi notre maître avec celles de la République Française. Cette alliance est le seul frein qui puisse empêcher l'Angleterre d'asservir les mers... La fraternité et l'estime réciproque régneront entre les Espagnols et les Français, comme on l'a éprouvé spécialement dans la guerre de 1779 à 1783... »

les affaires[1]. Cette première conversation roula naturellement
« tant sur le mode de combinaison des deux escadres, que sur le
but de leur sortie ». Mazarredo montra les ordres de son gouvernement : ils portaient en substance que la flotte combinée s'occuperait d'abord de l'opération de Minorque[2], et irait immédiatement après secourir Malte[3]. Toutefois, déclara-t-il, au moment
où la cour de Madrid traçait ces instructions, elle ignorait la force
véritable des Anglais dans la Méditerranée. Or celle-ci ne se monte
pas à moins de 60 vaisseaux, à savoir : 26 vaisseaux partis le 23 mai
de Port-Mahon, où 2 vaisseaux sont restés en réparations ; 5 vaisseaux entrés le 13 mai en Méditerranée, 12 autres vaisseaux passés
à Gibraltar le 12 juin, 1 vaisseau passé le 11 juin devant le Roc,
14 vaisseaux avec Nelson, et cette énumération laissait en dehors
les forces alliées : Portugais, Turcs et Russes[4]. Ainsi donc l'ennemi
avait 20 vaisseaux de plus que la flotte combinée ; dans ces conditions, déclarait Mazarredo, il était impossible d'entreprendre
avec succès les opérations prescrites, et le seul parti qui restait à
prendre, selon lui, était de rentrer dans l'Océan.

Bruix, qui ignorait, avant d'arriver à Carthagène, les renforts
anglais entrés en Méditerranée, fut fort impressionné par les chiffres que lui citait Mazarredo, ne pouvant les contester, pas plus
que le principe « qu'une armée inférieure, dans cette mer surtout, ne
peut entreprendre aucune opération semblable à celles qui étaient
ordonnées[5] » ; il convint qu'il fallait avant toute chose employer

---

1. A. E., Espagne, Supplément 26, le baron de Forell au comte de Loss, 27 juin 1799.

2. Cf. la correspondance du baron de Forell au comte de Loss, 20 juin. « ...8.000
hommes de troupes ont été dirigés de Barcelone sur Alicante. La frégate le *Solidad*
est entrée dans le port d'Alicante pour embarquer le général marquis de la Romana,
qui doit commander l'expédition de Mahon. Le capitaine a dit que l'escadre de Carthagène se trouverait incessamment en état de sortir, et qu'on présumait qu'elle se rendrait
à Alicante pour y embarquer 9.000 hommes et passer à Mahon. »

3. Malte était le point extrême que le cabinet de Madrid se montrait disposé à secourir. Il ne voulait pas que son escadre s'étendît jusqu'en Égypte « pour ne pas indis-
poser les Turcs contre nous et nous attirer la guerre, qui déjà nous menace des puissances barbaresques, et exposer notre envoyé à Constantinople à être chassé. » (AE,
Espagne, 656, Azara à Talleyrand, 25 juin.)

4. Il est à peine besoin de faire ressortir l'exagération de ces chiffres ; Keith avait
19 vaisseaux, Cotton 12, Nelson 15 et 3 portugais. Au total : 46 vaisseaux anglais et
3 portugais.

5. A. F., III, 604, Bruix au Directoire, 24 juin 1799.

tous les moyens dont disposaient les Alliés pour s'élever au niveau de la force ennemie, car autrement ce serait, ainsi que le disait Mazarredo, « conduire les restes de la Marine française et de la Marine espagnole à leur perte », ce qui n'était ni dans les intentions du Directoire exécutif, ni dans celles de Sa Majesté Catholique. Toutefois, à la réflexion, il lui parut qu'un autre parti que celui de rentrer dans l'Océan était possible, qui cadrerait davantage avec les vues du Directoire, et le lendemain 23 juin, il en fit part à son collègue dans une lettre où il résumait l'argumentation de la veille :

« D'après les détails contenus dans votre dépêche du 20 juin, que j'ai reçue hier matin à la mer, je vois que les Anglais ont actuellement dans la Méditerranée 60 vaisseaux, plus que moins, sans compter ceux de leurs alliés, à opposer aux forces de S. M. C. et de la République française.

« Les lettres que j'ai reçues du contre-amiral Lacrosse[1] viennent à l'appui des renseignements que vous me transmettez; elles m'annoncent que depuis mon entrée dans la Méditerranée, 35 vaisseaux anglais, dont 11 à trois ponts, y sont entrés successivement.

« Dans cet état de choses, Monsieur le Général, il est constant (et c'est ce que vous m'avez clairement démontré hier, dans la conversation dont vous m'avez honoré), que l'ennemi est à peu près d'un tiers plus fort que nos deux flottes combinées, et qu'ainsi nous ne pouvons entreprendre aucune opération de quelque importance avant de nous être élevés au niveau de la force de l'ennemi, soit par l'accroissement de la flotte combinée, soit par la division de la sienne.

« Nous sommes absolument d'accord sur ce point, et je pense comme vous que si nous ne pouvons combattre l'ennemi qu'avec des forces inférieures aux siennes, ce serait aller contre les intentions de nos Gouvernements respectifs que de faire sortir la flotte

---

1. Lacrosse, en annonçant à Bruix l'entrée d'une escadre anglaise de 12 vaisseaux en Méditerranée le 12 juin, ajoutait : « Keith est devant Toulon, Nelson dans le canal de Malte. On peut donc juger que les Anglais sont divisés actuellement en trois grands corps d'armée, dont le dernier, d'après mes conjectures, va renforcer celui qui occupe le centre de la Méditerranée (A. M. BB 4. 133. Lacrosse à Bruix, 14 juin 1799).

combinée à ce seul effet; car quelque glorieux que pût être un tel combat pour les pavillons espagnol et français, il n'en reste pas moins démontré que l'armée combinée serait forcée de se réfugier dans le premier port qu'elle pourrait gagner, pour n'en plus sortir de cette année.

« D'un autre côté, il est bien reconnu (et nous sommes encore d'accord sur ce point) que la flotte combinée ne doit rester que le moins de temps possible à Carthagène, qui d'ailleurs ne peut la recevoir en totalité[1] et dont l'appareillage extrêmement difficile, pourrait engager l'ennemi à en entreprendre le blocus.

« D'après ces données positives, la première idée qui se présente naturellement sur la meilleure direction à donner à l'armée, est celle que vous m'avez communiquée, et à laquelle je me suis rangé en principe, n'ayant rien de raisonnable à opposer aux arguments lumineux dont vous avez étayé votre opinion, qui serait de sortir immédiatement de la Méditerranée et de nous rendre à Cadix, où nos forces pourraient recevoir l'accroissement dont les rendent susceptibles les ressources maritimes qui restent aux deux nations alliées dans leurs ports respectifs de l'Océan.

« Cependant, Monsieur le Général, comme ni vous ni moi ne voulons négliger aucun moyen qui pourrait nous offrir quelque probabilité d'arriver au but qui a déterminé Sa Majesté Catholique et le Directoire exécutif à faire entrer les deux escadres dans la Méditerranée, je crois qu'il nous reste encore une entreprise à tenter, un dernier effort à faire, avant de nous déterminer à sortir de cette mer; et je vais avoir l'honneur de vous soumettre mon avis à cet égard.

« Aussitôt que l'armée de Sa Majesté Catholique serait en état de prendre la mer, nous ferions route à l'est, en rangeant les îles et prolongeant notre bordée jusque sur les côtes de Toscane; nous détacherions le plus grand nombre possible de frégates et corvettes pour nous procurer des renseignements sur la position de l'ennemi. Pour en avoir de plus positifs, une frégate se présenterait devant Toulon, une autre devant Gênes, une troisième

----

1. La place était si réduite qu'en évitant, l'*Océan* avait failli aborder l'avant du *Prince des Asturies*.

devant Livourne, une quatrième sur les côtes septentrionales de la Sicile.

« Si, par ces dispositions, nous apprenions que Jervis n'eût pas complètement opéré sa jonction avec Thompson[1] et que l'un ou l'autre occupât une station qui nous permît de l'atteindre isolément, nous nous porterions brusquement sur lui pour le combattre et le détruire. Si nous parvenons à ce premier point, notre situation sera totalement changée, et vous concevez aussi bien que moi que la conséquence qui en résulterait serait au moins l'expulsion des Anglais de la Méditerranée.

« Si au contraire, nous apprenions que Jervis et Thompson réunis ont 44 vaisseaux à nous opposer, sans compter sur la réserve que leur offrent ceux de Nelson, alors il est évident que ni vous, ni moi, ne pouvons remplir les missions que nous ont données nos Gouvernements respectifs, et qu'il ne nous reste plus d'autre parti à prendre qu'à sortir de la Méditerranée, pour prendre dans l'Océan l'attitude qui sera la plus convenable aux intérêts des deux puissances alliées[2]. »

1. Bruix fait erreur. On a vu que c' est l'amiral Sir Charles Cotton qui commandait le renfort amené d'Angleterre.

2. A. M., BB, 4, 131. Bruix à Mazarredo, 23 juin 1799. Le même jour, Bruix écrit à Guillemardet pour lui demander d'appuyer par ses démarches le plan qu'il a proposé. Enfin, il est probable que c'est ce jour-là que Bruix écrivit à Bonaparte la lettre suivante :

« Le Directoire exécutif m'a ordonné d'opérer ma jonction avec l'escadre espagnole, d'attaquer ensuite l'ennemi, et, après l'avoir battu, d'aller en Égypte, pour y prendre et porter en France l'armée que vous commandez.

« Déjà ma jonction est faite, et l'armée combinée est forte de 42 vaisseaux de ligne; mais cette force ne nous donne pas encore la supériorité sur les Anglais . Ils ont 60 vaisseaux dans la Méditerranée. Néanmoins, par des manœuvres bien concertées, on peut les battre avant qu'ils soient réunis en un seul corps d'armée. C'est ce que j'espère faire, si mes démarches instantes auprès de l'amiral espagnol et de la cour de Madrid réussissent.

« Ce succès obtenu, je vous préviens, Citoyen Général, que je ne perdrai pas un seul instant pour me porter sur Alexandrie immédiatement après le combat. Faites donc vos dispositions pour retenir le moins de temps possible la flotte sur les côtes d'Égypte.

« Vous devez compter, Général, sur tous les efforts dont je suis capable pour renverser tous les obstacles, et me rendre aussi promptement que je le pourrai auprès de vous. Néanmoins, il m'est impossible de vous préciser l'époque de mon arrivée. Et, comme il n'y a rien de moins certain que le résultat d'un combat naval, ni même que je réussisse à attaquer l'ennemi avant sa réunion complète, que je dois vous engager, Citoyen Général, à ne prendre les dernières mesures pour l'embarquement de votre

A cette lettre Mazarredo, répondit le jour même : « Il est réellement presque impossible, comme vous l'avez dit vous-même, qu'au moyen d'une croisière de frégates énoncées et réparties d'ici aux côtes de la Toscane, nous connaissions d'avance la jonction ou la division des forces ennemies pour manœuvrer en conséquence. Nous sommes convenus que l'entrée des Français dans la Méditerranée a dicté à l'Angleterre d'augmenter ses forces d'après la supposition seule de notre jonction. Ce principe posé, notre avis commun est que l'armée combinée ne peut plus rien entreprendre dans cette mer. Nous y serions cherchés, votre avis étant que nous pourrions l'être jusque dans ce port-ci dont le blocus serait d'autant plus dangereux que l'appareillage en serait difficile. Le combat dût-il nous couvrir de gloire, la ruine de la marine des deux nations n'en résulterait pas moins. Le désir naturel de l'Angleterre est de sacrifier, s'il le faut, 50 vaisseaux pour en inutiliser 40 de la France et de l'Espagne. Leur supériorité en prendrait un grand accroissement par la raison que s'il y a un rapport entre le beaucoup et le peu, il n'y en a pas entre quelque chose et rien... » Mazarredo concluait qu'il n'y avait rien à tenter, et que s'il était possible de faire quelque chose, c'est encore au transport et à l'appui de l'expédition contre Minorque que la flotte combinée devrait de préférence s'employer, « car, enfin, affirmait-il, ce serait faire une grande chose [1] ».

Cette réponse embarrassa Bruix à l'extrême. « D'après cela, écrit-il le 24 juin au Directoire, ma position est extrêmement difficile, car, d'un côté, si je reste réuni aux Espagnols je sors de la Méditerranée et les vues du Directoire ne sont pas remplies ; de l'autre, si je me sépare de nos alliés pour revenir sur mes pas, je vais me trouver infailliblement enveloppé par des forces triples des miennes, et alors encore, non seulement les vues du Directoire

armée, que lorsque vous serez prévenu, par des frégates que je dois détacher sitôt après l'événement, de l'arrivée prochaine de l'armée navale... » (Cf. Méneval, dans le *Spectateur militaire*, t. 29, p. 125, et de la Jonquière, *l'Expédition d'Égypte*, t. V, p. 174.)

1. A. M., BB, 4, 131, Mazarredo à Bruix, 23 juin 1799. Cf. A. H. N. leg° 4.039 Lettre de Mazarredo au ministre de la Marine à Madrid, où il présente les avantages que produirait la concentration à Cadix des forces franco-espagnoles comptant 40 voiles (24 juin 1799.)

exécutif ne peuvent être remplies, mais même les dernières forces navales de la République sont anéanties [1] ».

Son imagination lui suggéra alors un plan, pour le cas où il serait contraint de suivre Mazarredo dans l'Océan, et il en développa les grandes lignes au Directoire. Il se refuserait à la relâche de Cadix ; il exigerait que la flotte combinée allât croiser au large : « Les Anglais nous sachant sortis du détroit, et informés que nous ne sommes pas rentrés à Cadix, supposeront nécessairement que nous nous dirigeons vers Brest. Ils voudront y balancer au moins nos forces, et ils ne le pourront qu'en retirant promptement de la Méditerranée tous les vaisseaux qui viennent d'y entrer, car il n'ignorent pas que la flotte combinée peut être renforcée d'une douzaine de vaisseaux à son arrivée devant Brest.

« Nous serons avertis de leur passage par Cadix, et alors nous levons notre croisière et nous rentrons en Méditerranée, renforcés de tout ce qui aura pu s'armer à Cadix, pour y entreprendre nos opérations respectives. Si Mazarredo hésite, moi je m'en sépare et je vais directement au but que m'a marqué le Directoire exécutif, avec d'autant plus de sécurité que j'aurai assez longtemps la supériorité pour terminer mes diverses opérations.

« Voilà, Citoyen Président, après avoir mûrement réfléchi sur ma position actuelle, après avoir pour ainsi dire élancé mon imagination au delà des bornes du possible pour accomplir le vœu du Directoire exécutif, le seul parti auquel la force des choses et des circonstances m'ait permis de m'arrêter. Si j'entrevoyais quelque apparence de succès par quelque autre combinaison, quelque audacieuse qu'elle pût être, je n'hésiterais pas à l'adopter, et mon cœur serait aussi joyeux qu'il est maintenant contristé.

« Mais l'audace n'est pas le désespoir, et je dois avoir le courage de déclarer au Directoire exécutif que le désespoir seul pouvait me conseiller l'entreprise immédiate de la mission qui m'est confiée. Jusques ici l'armée de la République n'a été ni oisive, ni cachée ; elle a vaincu l'ennemi en combinaisons de routes et en célérité de manœuvres, et peut-être ce ne sera pas vainement que

____

1. A. F. III, 604. Bruix au Président du Directoire exécutif, 24 juin 1799.

le génie de la liberté l'aura si bien dirigée jusqu'à ce moment [1]. »

Cependant les courriers allaient et venaient sans cesse entre Carthagène et le Sitio d'Aranjuez où se trouvait la cour, et Bruix pouvait se flatter que celle-ci enverrait enfin à Mazarredo des instructions conformes à ses vues. Elles arrivèrent, ces instructions, le 26 juin, et Mazarredo en fit part aussitôt à Bruix :

« Par un courrier extraordinaire arrivé cet après-midi, j'ai reçu du Ministre de la Marine la réponse à la lettre que je lui ai expédiée le 23 courant. Sa lettre, datée du 24, m'annonce que le Roi, mon maître, sachant que les préparatifs faits pour l'expédition de Mahon se trouvent entièrement prêts, et que les forces ennemies sont très dispersées dans cette mer, conséquemment peu disposées à s'opposer à nos deux escadres combinées, Sa Majesté a décidé qu'elles se dirigeront immédiatement sur Mahon pour y effectuer le débarquement projeté et ce comme un coup de main. Qu'après avoir mis les troupes à terre (d'après les dispositions faites, les naturels du pays doivent nous être d'une grande utilité à cet effet), les deux escadres feront route pour Brest afin de se réunir avec les forces que chaque nation alliée a dans ces parages, et opérer une descente en Irlande, comme étant le point le plus important, et dont la perte doit entièrement humilier l'Angleterre. Le Ministre m'annonce aussi que si, Mahon pris, il nous paraissait plus convenable d'aller en droiture en Irlande afin d'empêcher que nous ne soyons bloqués dans Brest, il fera connaître aux bâtiments qui s'y trouvent le parage d'Irlande sur lequel ils doivent se diriger [2]. »

<hr>

1. A. F. III, 604. Lettre du 24 juin 1799.

2. A. M. BB, 4. 131. Mazarredo à Bruix, 26 juin 1799. Une copie des instructions du roi d'Espagne existe dans les archives de la Marine — BB 4. 133. En voici le texte :

« On expédiera un extraordinaire à Mazarredo en toute diligence pour lui dire qu'attendu que les Anglais sont dispersés dans le moment et que l'expédition de Mahon est la plus importante pour leur ôter cette ressource, les deux escadres doivent partir immédiatement pour faire ce coup de main. Le débarquement fait, qu'ils partent pour Brest pour se réunir au reste des vaisseaux des deux nations qui sont dans l'Océan, et qu'après ils fassent l'expédition d'Irlande, parce que c'est le point le plus important et le plus propre pour humilier l'Angleterre.

« Que s'ils croient plus convenable d'entrer à Brest, ils le fassent. On écrira à Azara pour qu'il donne les ordres au Commandant de l'escadre qui est à Rochefort pour que tout soit prêt. On pourra dire à Mazarredo que si Bruix est d'avis après avoir

. Ce fut alors au tour de Bruix de retourner contre Mazarredo l'argumentation dont ce dernier avait fait usage pour repousser l'opération qu'il lui avait proposée en Méditerranée :

« Nous sommes déjà convenus, vous et moi, d'un principe incontestable : c'est qu'une armée inférieure ne devait et ne pouvait entreprendre une opération de quelque importance avant de s'être élevée au niveau de la force des ennemis par un moyen quelconque.

« Il est bien prouvé par les renseignements que vous avez eu la bonté de me transmettre, que les Anglais ont 60 vaisseaux à opposer aux 42 qui composent l'armée combinée[1], et qu'ainsi celle-ci est à peu près d'un tiers inférieure à l'escadre anglaise.

« C'est d'après cette conviction et conséquemment au principe sur lequel nous sommes d'accord, que je vous proposai par ma lettre du 23 juin d'aller au-devant de l'ennemi, de tâcher de le rencontrer avant qu'il se fût réuni en seul corps d'armée, de le combattre et de commencer ensuite les opérations ordonnées par nos gouvernements respectifs.

« La situation des ennemis, ni la nôtre, n'ayant pas changé depuis cette époque, je ne puis que me référer à son contenu et persévérer dans ma manière de voir à cet égard.....

« Il ne m'est donc pas possible d'acquiescer à une opération qui, sous quelque couleur qu'on la considérât, mettrait l'armée combinée dans une position telle que l'ennemi, restant maître de l'attaque, aurait nécessairement le choix du lieu, du moment et de la circonstance. Vous être trop éclairé pour ne pas prévoir comme moi les funestes conséquences qui pourraient résulter d'un tel avantage offert par nous à l'ennemi, avant de l'avoir mis dans l'impossibilité d'en faire usage.

« Mais, Monsieur le Général, pour aller plus sûrement au but que vous indique Sa Majesté Catholique, et en même temps pour

---

été à Mahon d'aller droit en Irlande, qu'il le fasse, et qu'il prenne toutes les dispositions pour le reste des vaisseaux qui sont à Brest et ailleurs.

1. 18 vaisseaux espagnols et 24 français. Les vaisseaux le *Batave* et le *Fougueux* et la frégate la *Fidèle* partis de Toulon le 11 juin, et passés devant Barcelone le 18, avaient rallié Carthagène le 25 juin.

me conformer aux instructions que j'ai reçues du Directoire exécutif, je vous offre, comme je l'ai déja fait, d'aller à la rencontre de l'ennemi. S'il est dispersé, comme le dit votre Ministre, nous l'attaquerons avec d'autant plus d'avantage, et nous le mettrons dans l'impossibilité de se rallier (ce que nous ne pourrions empêcher, si nous nous occupions du débarquement). Si, au contraire, il est réuni en un seul corps d'armée, nous agirons selon la circonstance pour la gloire et l'intérêt des deux puissances alliées; et, dans ce cas même, nous aurons prouvé, comme dans le premier, que nous ne pouvions aller d'abord à Minorque, sans compromettre évidemment et la flotte combinée et l'expédition même qui fait l'objet des vœux de Sa Majesté Catholique[1]. »

Ainsi les deux amiraux n'arrivaient point à se mettre d'accord sur un plan d'opérations, Bruix voulant profiter de sa réunion aux Espagnols pour accabler un des corps de l'armée anglaise qu'il devinait dispersée, Mazarredo, plus prudent, s'en tenant au coup de main sur Mahon, quitte, aussitôt l'opération faite, à sortir au plus vite de la Méditerranée où il lui paraissait y avoir plus de coups à recevoir qu'à porter. Cet échange de notes aurait pu durer longtemps, au plus grand profit de la flotte anglaise, si, le 28 juin, les réparations de l'escadre espagnole étant à peu près achevées, Mazarredo n'avait fait savoir verbalement à Bruix que les ordres de sa cour enjoignaient à l'armée combinée d'appareiller le plus tôt possible pour Cadix, où l'on s'occuperait d'augmenter, par tous les moyens maritimes qui restaient aux deux puissances alliées, la force des escadres combinées[2].

Devant ce parti nettement arrêté et l'impuissance où il se trouvait de combiner avec son collègue, dans l'état actuel des forces, aucune opération avantageuse en Méditerranée, Bruix se rejeta sur le projet de croisière dans l'Océan, qu'il avait exposé au Directoire, et il le présenta à Mazarredo en ces termes :

---

1. A. M. BB, 4, 131. Bruix à Mazarredo — 26 juin 1799.

2. A. H. N. leg° 4039. Le ministre d'Etat à Mazarredo, 26 juin 1799. Il faut sortir immédiatement de Carthagène, faire un débarquement à Mahon si l'on peut éviter le combat avec l'ensemble des forces anglaises, rejoindre Cadix dans le cas contraire.

« Il est certain que le vœu de Sa Majesté Catholique, comme celui du Directoire exécutif, est de chasser les Anglais d'une mer qui est le domaine naturel de la France et de l'Espagne.

« Il est certain encore qu'en faisant entrer la flotte de Cadix dans la Méditerranée, la première volonté de Sa Majesté Catholique était de reprendre Mahon, comme celle du Directoire, en m'envoyant ici, était de secourir Malte.

« Il n'est pas moins constant que le cabinet de Madrid ne s'est décidé à ordonner la retraite sur Cadix que par la conviction où il est qu'avec la supériorité actuelle des ennemis, nous ne pouvons ni les chasser de cette mer, ni entreprendre les opérations de Mahon et de Malte, sans compromettre évidemment les restes des deux marines espagnole et française ; mais que les vœux des deux Gouvernements sont toujours les mêmes, et qu'ainsi ce serait nous y conformer rigoureusement si, par quelque manœuvre qui n'exposerait pas l'armée à un combat inégal, nous pouvions donner le change à l'ennemi, l'attirer dans les ports de l'Océan, et, par sa retraite de la Méditerranée, y acquérir une supériorité momentanée, et telle qu'elle nous permit : à vous, d'opérer le débarquement des troupes destinées à reprendre Mahon, et à moi, le ravitaillement de Malte. C'est dans cette vue et dans la ferme persuasion où je suis que vous ne désirez pas moins que moi de réaliser les espérances de nos Gouvernements respectifs, que j'ai l'honneur de vous proposer formellement le projet ci-après :

« L'armée combinée, au lieu d'aller à Cadix, prendrait immédiatement une croisière dans l'Océan dans le parage qui serait convenu entre nous.

« Elle emploierait tous les moyens d'usage pour que sa station fût ignorée, et qu'aucun bâtiment passant dans son horizon, ne pût en donner connaissance.

« Le cabinet de Madrid et le Directoire exécutif, seuls, seraient informés du point de croisière que nous aurions choisi.

« Les Anglais, bientôt avertis de notre entrée dans l'Océan, et apprenant en même temps que nous ne sommes pas à Cadix, supposeraient nécessairement que l'armée combinée s'est dirigée vers Brest pour s'y renforcer des vaisseaux espagnols et français qui s'y trouvent, et pour entreprendre quelque expédition importante en Irlande, ou même dans la Manche.

« D'après cette supposition, la seule qu'ils puissent raisonnablement faire, tous les vaisseaux qui sont entrés dans la Méditerranée depuis l'époque où j'ai passé le détroit seraient forcés de se diriger vers la Manche, pour y renforcer la faible escadre qui y reste disponible, et tâcher de remettre au moins les choses en équilibre, sur les côtes d'Angleterre, où le ministère de Londres ne peut se dispenser d'entretenir des forces maritimes supérieures aux nôtres.

« Dès que les Anglais auraient passé le détroit, des frégates seraient expédiées de Cadix pour nous en aviser. Alors nous rentrerions immédiatement dans la Méditerranée pour y effectuer, ensemble ou séparément, nos opérations selon le nombre de vaisseaux anglais qui seraient restés dans cette mer.

« Vous sentez que ce plan est susceptible d'un plus grand développement, et que les détails dans lesquels on pourrait entrer pour l'appuyer prouveraient incontestablement sa solidité [1]. »

Mais le prudent Mazarredo ne manqua pas de soulever force objections à ce nouveau plan :

« J'avoue, Citoyen Général, répondit-il le jour même, que je regarde comme très possible la donnée que l'escadre anglaise, confiante en sa plus grande force, allant nous chercher à Cadix et ne nous y trouvant pas, se dirige vers le nord, mais il est possible que le contraire arrive et nous devons même le craindre beaucoup davantage. Les Anglais savent que dans l'état actuel des choses, la France ne peut nullement tenter une expédition de débarquement contre l'Irlande. Si l'escadre anglaise n'a pas aujourd'hui cette connaissance, elle l'acquerra devant Lisbonne où nécessairement elle prendra langue ; elle en déduira une conséquence infaillible, que, n'ayant pas des moyens pour l'expédition d'Irlande, il ne restait à l'armée combinée qu'à aller à Brest et que, plus probablement, elle aurait fait la manœuvre de ruse que

<hr>

1. A. M., BB, 4, 131. Bruix à Mazarredo, 28 juin. Même jour, lettre de Bruix à Guillemardet pour lui demander d'appuyer ce plan près du Cabinet de Madrid.

vous m'indiquez. Il est, en outre, évident, que quand même l'armée combinée, dans sa route à la croisière d'attente, ou dans son point de croisière même, retiendrait 95 embarcations neutres ou ennemies qui passeraient à sa vue, il pourrait s'en échapper six, quatre ou une, ce qui serait suffisant pour donner connaissance à l'ennemi de notre position. Il résulterait de là, comme sans cela, qu'il nous attendrait devant Cadix ou reviendrait à ce poste dès qu'il aurait pris langue à Lisbonne. Il suit de la contrariété des données que si, d'un côté, nous pouvons croire facile d'entreprendre de reconquérir Mahon et de secourir Malte, nous devons aussi beaucoup craindre d'avoir l'engagement que nous jugeons actuellement si nécessaire d'éviter ; car, quel que fût en effet le résultat d'un combat, nous resterions toujours dans l'impossibilité d'effectuer pour le moment ces opérations ; nous ne devons pas non plus perdre de vue que notre retour de la croisière au détroit de Gibraltar emporterait toujours trente ou quarante jours à compter du moment où nous serions entrés dans l'Océan. Les frégates ne devraient nous apporter la nouvelle définitive que l'escadre ennemie suivit sa route au nord jusqu'à ce qu'elles s'en fussent assurées par les avis de Lisbonne. Il faudrait alors rentrer à Cadix, y remplacer les vivres et l'eau, et continuer ensuite sa route pour entreprendre l'expédition de Minorque ; ces différents intervalles réunis laisseraient du temps de reste à l'ennemi pour revenir dans ces mers, supposé même qu'il eût fait route au nord.

« Vu la possibilité de ces deux données, vous comprendrez bien que nous pourrions être blâmés de nous être écartés du chemin le plus prudent en prenant sur nous de tenter une manœuvre qui nous exposât à un combat désastreux ou inutile...

« Mais pour vous satisfaire autant qu'il est en mon pouvoir, je rendrai compte au Roi, mon maître, de votre proposition, et en nous dirigeant vers Cadix, j'attendrai à vue la décision de Sa Majesté ; nous serons alors, vous et moi, à l'abri des reproches de n'avoir pas rempli nos devoirs, ou s'il nous paraissait plus convenable, nous mouillerions à Rota, hors de la baie, observant les signaux de la côte qui seraient très exacts, sur la vue, la route et les forces de l'escadre ennemie, pour manœuvrer en conséquence [1]. »

Bruix dut se contenter de cette mince espérance ; il n'était plus le maître des événements. « Il n'a pas dépendu de moi, écrivait-il quelques jours plus tard au Directoire, de tirer de notre réunion tout le parti que réclamaient la gloire du pavillon et l'intérêt de la République. Je n'ai rien négligé pour atteindre ce double but, mais le fait même de ma jonction ne m'a plus laissé le maître de la direction de mes forces ; et, au moment où je devais espérer, par ce premier résultat de mes efforts, de frapper enfin quelques coups décisifs, je me suis vu dans la pénible alternative ou de compromettre les forces qui me sont confiées en m'isolant des Espagnols, ou de sacrifier ma gloire personnelle et celle de mes compagnons d'armes, en suivant ces mêmes Espagnols. Je n'ai pas longtemps hésité : je les ai suivis [2]. »

La flotte combinée commença de s'ébranler le 29 juin. Elle était composée de 42 vaisseaux, dont 24 français et 18 espagnols, 10 frégates, 2 corvettes, 4 brigantins, 2 lougres, 2 cutters, 2 goélettes et un chébek de guerre, soit 65 voiles en tout. Le soir, elle était tout entière hors du port, et faisait voile vers le détroit.

1. A. M. BB, 4, 131. Mazarredo à Bruix, 28 juin 1799. On jugera de la façon dont Mazarredo devait recommander à sa cour le projet de croisière dans l'Atlantique présenté par Bruix, quand on saura que dans une lettre au ministre de la Marine, Mazarredo qualifie purement et simplement ce projet d' « absurde ».

2. A. M. BB, 4, 131. Bruix au ministre de la Marine, 12 juillet 1799.

CHAPITRE VIII

Le retour à Brest.

Au moment où Bruix se désolait d'avoir dû, sous la pression de son allié, abandonner la Méditerranée, et renoncer au plan que lui avait tracé le Directoire exécutif, le gouvernement français modifiait ses vues et voici qu'il désirait, qu'il approuvait même la rentrée de la flotte dans l'Océan.

Une crise s'était produite dans le personnel gouvernemental. Le 16 juin, le Conseil des Anciens déclarait inconstitutionnelle la nomination de Treilhard à la place de membre du Directoire exécutif et le remplaçait par Gohier. Merlin et Larévellière-Lepeaux suivaient Treilhard dans sa retraite; ils étaient à leur tour remplacés par Ducos et Moulin. Comme Sieyès avait déjà succédé à Rewbell le 8 juin, Barras restait le seul représentant du gouvernement qui, six mois plus tôt, avait ordonné l'armement et l'expédition de la flotte de Brest.

Un changement se faisait sentir aussitôt dans les instructions données à l'amiral Bruix. Au début de juin, on le poussait à l'action; on lui rappelait que « c'est à l'audace que la République a dû la plus grande partie de ses succès [1] »; au lendemain du coup d'État, le ton change : « Comme vous avez sous vos ordres, lui écrit-on le 21 juin, la presque totalité des vaisseaux de la République, et qu'un échec serait désormais irréparable, le Directoire exécutif vous recommande d'apporter la plus grande circonspection dans l'emploi de vos forces; son intention est même que vous vous

1. Talleyrand à Bruix, 1er juin 1799.

borniez à remplir la partie de vos instructions que vous jugerez conciliables avec la sûreté de l'armée navale, plutôt que de vous exposer à des chances trop hasardeuses. Le Directoire vous saura autant de gré de ce que par prudence vous n'aurez pas tenté, que de ce que par hardiesse vous auriez entrepris [1]. » Le ministre qui, dans ce langage balancé, traçait, à quelques jours d'intervalle, des instructions aussi contradictoires, n'allait pas tarder lui-même à résigner ses fonctions. Le 2 juillet, le Directoire décidait de pourvoir au poste vacant de ministre de la Marine, dont Talleyrand avait jusque-là exercé l'interim, et son choix se portait sur le citoyen Bourdon de Vatry [2].

C'est par l'entremise de l'ambassadeur d'Espagne que le Directoire fut averti de l'entrée de l'armée navale de Bruix à Carthagène et des premières délibérations qui avaient eu lieu entre les deux amiraux. D'Azara assurait qu'ils étaient d'accord pour quitter la Méditerranée et rentrer dans l'Océan, Mazarredo afin de pouvoir, de Cadix, « bloquer en quelque sorte le détroit », Bruix afin de « revenir sur les côtes de l'Ouest et, après avoir rassemblé les vaisseaux disséminés dans les divers ports des deux Puissances, intercepté les divisions ennemies stationnées dans le golfe et à l'ouvert de la Manche, terminer la campagne par un débarquement à Torbay ou en Irlande [3] ».

Ces propositions, auxquelles Bruix n'avait jamais songé, et qui constituaient un travestissement audacieux de la vérité, reçurent cependant la pleine approbation du Directoire. « Le Directoire, écrit le ministre à l'amiral, a reconnu la sagesse et les avantages des mesures que vous avez proposées et il me charge de vous marquer qu'il les approuve en tous points. » Combattant, par suite, le projet d'attaque sur Minorque auquel songeait le cabinet de Madrid, aussi bien que l'idée de baser les flottes alliées sur

1. Talleyrand à Bruix, 21 juin 1799. Cette lettre est écrite en réponse à celle du 10 juin, où Bruix manifestait l'intention de « brusquer l'opération » et de combattre l'ennemi dès qu'il aurait opéré sa jonction avec Mazarredo.

2. A. F., III, 246. Arrêté du 2 juillet : « Le citoyen Bourdon, Commissaire de la Marine à Anvers, est nommé ministre de la Marine, en remplacement du citoyen Bruix, actuellement commandant la flotte française. »

3. A. M., BB, 4, 131, Ministre de la Marine à Bruix, 1er juillet 1799.

Cadix, propre à Mazarredo [1], le Directoire confirmait Bruix dans son plan de campagne supposé. « Si vous franchissez promptement le détroit, vous pouvez porter des coups funestes à l'ennemi dans l'Océan. Supérieurs à toutes les forces qui s'y trouvent, vous aurez les moyens d'intercepter les renforts qu'ils font passer à Lord Saint-Vicent, et les divisions stationnées sur les côtes. Je dois vous prévenir, à cette occasion, que dans ce moment les Anglais ont abandonné leur croisière devant Brest et Lorient, mais que les 5 vaisseaux commandés par le général Melgarejo sont bloqués à l'île d'Aix par une escadre de 8 à 9 vaisseaux. Il est probable que cette escadre ne pourrait vous échapper si vous vous présentiez inopinément dans le golfe, et, en même temps, il vous serait facile de rallier la division espagnole à l'armée combinée. Enfin la suite de votre plan doit causer aux Anglais de vives alarmes, peut-être même des pertes considérables, et après avoir secouru efficacement l'armée d'Italie, après avoir contraint l'ennemi à des mouvements dispendieux, il sera glorieux à la fin de votre campagne, de prendre une attitude offensive et de faire craindre l'ennemi pour ses propres foyers [2] ». Ces instructions furent confirmées à Bruix le 4 juillet, quand on eut reçu à Paris la lettre de l'amiral datée de Carthagène, 24 juin : « Le Directoire exécutif désire que vous ne tentiez aucune entreprise qui ne vous offrirait pas la certitude du succès, et c'est par suite de cette opinion qu'il avait adopté l'idée que vous avez eue, de porter les forces combinées dans l'Océan... Le Directoire a trop de confiance dans vos talents et votre expérience pour vous tracer un nouveau plan d'opérations qui, d'ailleurs, deviendrait impraticable par l'effet des circonstances [3]... »

*
* *

Par un calcul tout inverse, le gouvernement britannique ne désirait en aucune façon voir les flottes combinées rentrer dans

---

1. Cf. A. M. BB, 4, 133, Le ministre de la Marine à d'Azara, 4 juillet 1799.
2. A. M. BB, 4, 131, Le ministre de la Marine à Bruix, 1er juillet 1799.
3. A M. BB, 4, 131, Le ministre de la Marine à Bruix, 4 juillet 1799.

l'Océan. Tant qu'elles resteraient éloignées en Méditerranée, le cabinet de Londres n'aurait rien à craindre pour le point le plus important pour lui, « qui est naturellement l'Irlande [1] ». Il demeurait néanmoins toujours sur le qui-vive, et d'Auvergne ayant annoncé quelque activité dans le port de Brest [2], l'Amirauté détachait aussitôt un vaisseau, le *Saturn*, et deux frégates, l'*Amelia* et la *Magnanime*, pour croiser devant ce port [3]. Quant à la division espagnole de Rochefort, ce fut à l'amiral Pole, nommé au lieu et place de Bridport [4], que l'Amirauté confia le soin de régler son sort; il apppareilla le 27 juin, avec les bombardes *Explosion*, *Sulphur* et *Volcano*, pour rejoindre l'escadre de Berkeley devant l'île d'Aix [5]. Mais surtout l'absence des flottes alliées

1. Dropmore, Mss., t. V, p. 79, Lord Grenville à Thomas Grenville, 3 juin 1799.

2. Renseignements transmis par d'Auvergne le 3 juin et reçus le 8 : on prépare à Brest une escadre de 13 vaisseaux dont les 6 Espagnols de Rochefort attendus incessamment à Brest. Le 31 mai, étaient en rade de Brest : le *Dugommier*, le *Berwick* et le *Mucius* de 74; dans le port sont le *Patriote* et l'*Eole;* on travaille aussi à l'*Indivisible* pour en faire un vaisseau de 130 canons. Il y a en outre un vaisseau de 74 à Rochefort, qui est attendu avec les Espagnols.

3. Young à Spencer. 11 juin 1799 (*The Spencer papers*), L'Amirauté à Bridport, 20 juin 1799 (Ad. 1, 113).

4. Lord Bridport, rentré à Cawsand bay le 13 juin, avait reçu l'ordre d'aller relever Berkeley devant l'île d'Aix; il manifesta de l'étonnement qu'on l'envoyât relever un simple contre-amiral, et qu'on le laissât seul avec 6 vaisseaux sans un officier général en sous-ordre. En conséquence l'Amirauté lui « accorda » le congé qu'il sollicitait et le remplaça par Pole, le 24 juin.

5. L'attaque fut tentée le 2 juillet et se termina par un échec. « Après avoir confié au capitaine Keats de la *Boadicea*, écrit-il dans son rapport, le soin de placer les bombardes, je fis voile le 2 au jour pour le pertuis d'Antioche, et mouillai avec l'escadre en rade des Basques à 11 heures du matin.

« A 1 heure du soir les bombardes placées aussi bien que possible, mais à portée de canon des batteries ennemies et des navires en surveillance, commencèrent à tirer, et à 3 heures et demie, après avoir lancé trente bombes qui tombèrent à un quart de mille en deçà des navires espagnols, le calme se fit, et je dus soustraire les bombardes à l'attaque de nombreux mortiers et canonnières.

« L'opinion de l'officier en charge de l'opération est que les navires à bombes ne peuvent approcher d'assez près pour obliger les navires espagnols à changer de mouillage, et je ne me suis pas cru autorisé à faire une tentative avec l'escadre » (Ad. 1, 113. Rapport de Pole, 4 juillet).

Le vice-amiral Martin, commandant des armes à Rochefort, adressa au ministre de la Marine le rapport suivant sur cette affaire :

« Aujourd'hui à 10 heures, les vigies de la côte signalèrent l'ennemi entrant dans les pertuis au nombre de 11 bâtiments de guerre. Quelques instants après, il nous fut signalé que l'ennemi mouillait dans la rade de la Rochelle. A 11 heures, nous entendîmes de Rochefort une forte canonnade et l'on distinguait de la vigie du port que l'escadre anglaise combattait les vaisseaux espagnols au mouillage de l'île d'Aix. J'avais

permettait de préparer et de réaliser, en toute sécurité, une importante expédition qui ne visait à rien de moins qu'à soustraire la Hollande au joug des Français. Le 22 juin, l'Angleterre signait un traité avec la Russie, par lequel celle-ci s'engageait à fournir 17.000 hommes de troupes que paierait le gouvernement britannique. Des transports partaient aussitôt pour Riga chercher des soldats russes [1]; des camps de rassemblement se formaient à Southampton et dans le comté de Kent; l'amiral Duncan était invité à rejoindre sans délai son escadre devant le Texel et à entrer en communication avec le capitaine Van Braam, de l'escadre batave qui manifestait des signes de défection [2]. Tous les préparatifs allaient grand train quand le Cabinet fut soudain tiré de sa quiétude par une nouvelle parue le 21 juin dans le *Publiciste*, journal parisien, qui disait que des ordres avaient été donnés à l'escadre espagnole de Carthagène à l'effet de rentrer à Cadix. L'Amirauté écrivit aussitôt à Saint-Vincent pour attirer son attention sur ce fait, « le retour des forces ennemies dans l'Atlantique, tandis que Gardner (*sic*) est dans la Méditerranée, pouvant être gros de conséquence ». Et le même jour, elle écrivait à Gibraltar pour

---

promis au général espagnol que dans le cas où il fût attaqué, je me rendrais en rade afin de partager avec lui l'honneur de faire échouer les Anglais dans leur entreprise. Je partis de Rochefort à 1 heure, et à 5 heures, j'étais réuni au général Melgarejo.

« L'escadre anglaise était composée de 6 vaisseaux dont 1 à trois ponts, 4 frégates, 3 bricks, 3 bombardes et plusieurs autres petits bâtiments; le nombre total des bâtiments de cette escadre était de 22. Les 3 bombardes, protégées par 3 frégates, vinrent se mouiller à portée de canon de 36 de l'escadre espagnole et là s'embossèrent. La bombarde le *Sphinx*, par sa position, commença le feu de ses canons de 36 et envoya plusieurs bombes aux bâtiments mouillés. Les bombardes anglaises ripostèrent, et alors le combat s'engagea vigoureusement. Le général espagnol expédia les chaloupes de ses vaisseaux armées chacune d'un canon de 36 ou de 24. Dans moins d'une demi-heure, ces chaloupes firent cesser le feu des bombardes ennemies et les obligèrent d'appareiller en filant leurs câbles par le bout. Le fort de l'île d'Aix faisait un feu bien nourri sur les frégates ennemies qui protégeaient les bombardes et les obligea de prendre le large... Les vaisseaux ennemis n'ont pas tiré un seul coup de canon pendant l'engagement et se sont tenus hors de portée des bombes du *Sphinx* et de l'île d'Aix » (A. N., Marine, BB, 4, 134, Rapport du 2 juillet 1799.)

1. Ad. 2, 1355. 2 juillet. L'Amirauté fait partir pour Riga l'*Inflexible*, avec les navires *Wassenaer*, *Dictator*, *Experiment*, *Diadem*, *Expedition*, *Braakel*, *Hebe*, aménagés en transports de troupes, avec ordre de se mettre à la dispositions de Sir Charles Whitworth et de Sir Home Popham, en vue de l'embarquement des troupes russes.

2. Ad. 2, 1355, L'Amirauté à Duncan, 26 juin 1799.

qu'on lui signalât immédiatement tout passage de la flotte française ou espagnole de la Méditerranée dans l'Atlantique [1]. Neutraliser l'une ou l'autre de ces flottes, ou même les deux flottes ensemble, soit en les bloquant dans un port, soit en les provoquant au combat, c'était l'affaire de Lord Keith. Mais ce dernier réussirait-il à les joindre avant qu'elles ne sortissent de la Méditerranée et ne commissent dans l'Océan des dégâts peut-être irréparables?

*
* *

Le 28 juin au soir, Lord Keith avait fait demi-tour. Il se trouvait alors très enfoncé dans le golfe de Gênes; le 29, à midi, il était encore à 10 milles environ de l'île Gorgona, voisine de Livourne. Le 1er et le 2 juillet, il passait en vue de la pointe Revellata (voisine de Calvi); le 4 il était à 6 ou 7 lieues de l'île du Levant; le 6, il se trouvait encore à 13 ou 14 lieues du mont Toro, retardé par les calmes. Ce jour-là, à 9 heures du soir, il fut rejoint par Sir Charles Cotton. Le 7 juillet, à 10 heures du matin, la *Queen Charlotte* mouillait enfin à Port-Mahon.

Sans autres nouvelles des flottes ennemies que des informations reçues de Barcelone, le 2 juillet, laissant croire que les Français prendraient le chemin du détroit, à moins qu'ils ne rentrassent à Toulon[2], Keith expédia dans la journée du 7 des frégates en reconnaissance de divers côtés : la *Minerve*, la *Santa Teresa*, le *Petterell*, et le *Vincejo* devant Gênes; le *Triton*, l'*Ethalion* et l'*Emerald* devant le cap Palos, pour surveiller les Espagnols à Carthagène. Le 8, il reçut toute une série de renseignements : le capitaine Toung de l'*Ethalion* lui rendit compte qu'il avait reconnu le port de Carthagène le 28 juin, et qu'il avait aperçu 10 vaisseaux français en rade extérieure et un grand nombre de vaisseaux très serrés dans le port[3]; le même jour, Sir James Saint-

---

1. Ad. 2, 1353, L'Amirauté à Saint-Vincent, 29 juin 1799.

2. Ad. 1, 4007, Keith à Saint-Vincent, 6 juillet 1799.

3. Cf. le journal de bord de l'*Océan*. « Le 28 juin au soir, une frégate qui paraissait ennemie, a paru devant l'entrée et a repris le bord de l'est quand elle nous a découverts... »

Clair Erskine lui transmettait des nouvelles de Barcelone annonçant que le 29 juin, la flotte franco-espagnole, forte de 43 vaisseaux de ligne et 12 frégates, avait quitté Carthagène, faisant route à l'ouest[1] et qu'à Barcelone même des préparatifs très menaçants pour Minorque étaient achevés[2]. Ces nouvelles laissèrent Keith fort perplexe. « Il est difficile de savoir que croire et comment agir, écrit-il le 8 à Saint-Vincent. Si l'ennemi va dans l'Océan, toutes les dépenses de l'Espagne sont faites en pure perte... J'ai donc décidé d'aller devant Palma et d'y attendre les renseignements de mes frégates, sur lesquelles seules je puis compter[3]. » Il envoyait en conséquence à Duckworth, commandant le détachement sans doute fait par Nelson, l'ordre de le rejoindre devant Cabrera ou entre cette île et la pointe Dragonera. Le 9, enfin, il ordonnait à Nelson de quitter la Sicile avec toutes ses forces, ou tout au moins avec la majeure partie d'entre elles, afin de couvrir Mahon qu'il serait peut-être amené à quitter temporairement pour suivre la flotte française dans l'Océan[4].

La flotte anglaise resta immobile au mouillage de Mahon pen-

1. Cette nouvelle avait été reçue à Barcelone, le 5 juillet.

2. Ad. 1, 400. A Barcelone, disait l'informateur, il y a 10 canonnières prêtes, 34 grands transports chargés d'artillerie et de munitions, en tout 200 pièces de canon, 6 grands transports avec de la poudre, 17 grands transports avec des bagages, des vivres et des provisions, 12 ponts flottants pour débarquer l'artillerie, 8.000 hommes de troupes dont 4.000 embarqués et 4.000 prêts à l'être. En outre 4.000 hommes étaient partis pour Alicante.

3. Ad. 1, 400, Keith à Saint-Vincent, 8 juillet 1799.

4. Ad. 1, 400, Keith à Nelson, 9 juillet. Nelson répondit le 19 juillet par un refus. Voici sa lettre : « Je viens de recevoir votre ordre du 9, m'enjoignant de détacher de la Sicile tout ou partie de la force qui ne serait pas nécessaire à la conservation de cette île. Au moment où vous avez envoyé cet ordre, vous n'étiez pas averti du changement survenu dans les affaires du royaume de Naples ni du fait que nos soldats de marine ainsi qu'un détachement de matelots se trouvaient débarqués à l'effet de chasser ces coquins de Français hors du royaume, opération qui, avec la grâce de Dieu, sera bientôt accomplie. Alors, une partie de cette escadre sera aussitôt envoyée à Minorque, mais tant que les Français ne seront pas au moins chassés de Capoue, je ne crois pas devoir exécuter l'ordre que vous m'avez donné de détacher à Minorque une partie de mon escadre. Je connais parfaitement les conséquences de mon refus d'obéir à un ordre de mon commandant en chef, mais comme je crois que la sûreté du royaume de Naples dépend en ce moment du maintien de l'escadre sur cette côte, je n'ai aucun scrupule à décider qu'il vaut mieux sauver le royaume de Naples et risquer Minorque, que de risquer Naples et sauver Minorque. J'espère que vous voudrez bien approuver ma décision. » (Ad. 1, 400, Nelson à Keith, 19 juillet 1799.)

dant les journées du 8, du 9, du 10, du 11 juillet, occupée à faire de l'eau, bien qu'elle en consommât davantage, assurent certains témoins, qu'elle n'en embarquait. Inaction épuisante qui tendit dans l'armée les nerfs à l'extrême : « Je vais aussi bien que possible, écrit le 11 juillet le contre-amiral Collingwood, qui avait son pavillon sur le *Triumph,* mais le moral n'est pas très haut. La santé de Lord Saint-Vincent est très atteinte et il est incapable de tenir la mer, si bien qu'il vit à terre à Gibraltar, envoyant des ordres pour la conduite de la flotte. Pendant ce temps, les Français vont où il leur plaît et nous gardons Minorque. Ils sont maintenant avec les Espagnols à Carthagène, et si vous apprenez leur arrivée à Brest, n'en soyez pas surpris[1]... » A l'échelon au-dessous, parmi les officiers, c'était une indignation qui ne se contenait plus[2]. Enfin le 12 juillet, Lord Keith se décida à mettre sous voile[3]. Il ne savait où aller. Si l'ennemi avait quitté Carthagène, ce pouvait être, pensait-il, une feinte destinée à l'égarer sur une fausse piste, et tandis

1. *Memoirs and correspondance of Collingwood,* t. I, p. 104. Collingwood à Blackett, 11 juillet 1799.

2. Il est resté une preuve de cet état d'esprit dans les papiers de Lord Spencer, sous forme d'une lettre signée « a patriot », que nous reproduisons ci-dessous dans le texte original. La lettre est datée de Naples, 27 juillet 1799.

    « Earl Spencer,

My Lord, the brave men under Lord Nelson continue to deserve well of their country. The man who has lost the best opportunities of putting an end to the war by the destruction of the French Fleet deserves to be shot, call forth opinion of the fine Fleet so improperly intrusted to his command, and you will find that there is but one sentiment : the man has not courage, he has not vigor of mind for his situation ; with an opportunity of destroying 10 sail of the line at anchor in Genoa bay, he pursued like a lion until he came in sight of them and than discovered that he was exceeding his orders? Would Nelson have boggled at orders in such a situation? — Again, when informed by the *Ethalion* that the combined fleets were ready to sail, instead of flying with the promptitude of a Boscawen (who cut his cables without a sail to the yards, and some ships with only their ground tier of water in) to follow the enemy, he went into Port Mahon and lost 5 *days consuming* more water then he took in. My Lord, you are an honest man and have popularity. Take care you are not windled out of it by Dundas. — If you let such shamefulconduct pass unnoticed, the discipline of the Navy isgone, for every man in that Fleet is convinced that they have been led by a traitor or a coward. If (which God avert) he should be sent back to command us, I am sure there, will be a general resignation or mutiny. »

3. Avant de quitter Minorque, il prescrivit d'armer les prises françaises, *Junon, Alceste, Courageuse, Alerte* et *Salamine* et de les employer à la défense de l'île contre l'attaque des frégates et des canonnières ennemies.

qu'il irait chercher la flotte combinée vers le sud, celle-ci ferait demi-tour et accourrait sur Minorque. Mais l'ennemi avait-il bien quitté Carthagène à la date qu'on indiquait? Keith en doutait encore[1]. Pour sortir d'incertitude, il se mit à la recherche de ses frégates, *Beaulieu, Nymphe, Ethalion, Triton, Emerald,* qui ne lui avaient encore apporté aucune nouvelle. « Je suis en ce moment tout à fait irrésolu, écrit-il le 13 juillet à Saint-Vincent; l'information qui me vient d'Espagne et qui montre que les préparatifs se continuent à Barcelone, est contredite par la nouvelle que les flottes alliées font route vers l'ouest. Aussi ne puis-je faire que des conjectures[2]. » Pour comble de malheur, il ne parvint pas à retrouver ses frégates, ni à rencontrer un seul neutre qui lui fournît une indication[3]. Enfin le 14 juillet, alors qu'il était près de l'île Formentera, faisant route sur Carthagène afin de s'assurer par lui-même si l'ennemi avait bien quitté le port, Keith vit venir à lui un petit corsaire à rames, monté par le capitaine Todd qui lui déclara avoir quitté Gibraltar le 7 courant, sur l'ordre de Saint-Vincent, les flottes alliées étant alors à la vue du Roc; Todd avait traversé ces flottes le 8 à 2 heures du matin, encalminées à 40 milles environ à l'est de Gibraltar. Keith fit voile aussitôt sur le détroit, écrivant encore à deux reprises en cours de route à Nelson pour lui intimer l'ordre de se rendre à Minorque et lui confier la défense de l'île qu'il pensait devoir être attaquée par les navires laissés à Carthagène et à Toulon[4].

Ainsi, une fois de plus, le vieux Lord Saint-Vincent avait tiré son lieutenant d'embarras. Il était arrivé le 4 juillet à Gibraltar et se disposait à partir pour Lisbonne, afin de se concerter avec le gé-

---

1. *The Spencer papers*, lettre de Keith à Spencer, 11 juillet 1799.
2. Ad. 1, 400, Keith à St-Vincent, 13 juillet 1799.
3. C'était là le fruit de la prévoyance de Bruix qui avait pris soin de remorquer pendant dix jours tous les bâtiments marchands entrés dans le cercle de son horizon.
4. Ces lettres sont du 14 et du 15 juillet. Nelson finit par répondre à ces appels répétés en détachant Duckworth, le 23 juillet à minuit avec le *Leviathan*, le *Powerful*, le *Majestic* et le *Vanguard*, pour défendre Minorque. — Notons que Saint-Vincent écrivait le 16 juillet à Keith : « Dans tous les cas, il semble que Lord Nelson ait plus de forces avec lui qu'on ne peut lui en laisser alors que le sort de l'Irlande et de l'Angleterre est en jeu ». (Ad. 1, 400.)

néral Cuyler sur les renforts à envoyer à Minorque, quand la flotte
alliée fit son apparition le 6 juillet, à 4 heures du soir, forte de
56 voiles, et s'efforçant de passer le détroit. Saint-Vincent donna
aussitôt l'ordre au *Haerlem* de se tenir prêt à partir pour l'Angleterre ; le lendemain il dépêchait Todd à Lord Keith et envoyait M. Jackson sur un corsaire à Faro, avec mission de gagner
Lisbonne par voie de terre, et de prendre sur-le-champ le paquebot à destination d'Angleterre. Le 7, dans la journée, le vent
restant contraire, les flottes alliées ne réussirent pas à franchir
le détroit ; le cutter *Penelope*, envoyé en reconnaissance, se fit
capturer. Le 8 juillet Saint-Vincent entendit de 2 heures à 7 heures
une canonnade ininterrompue, qui redoubla de violence entre
7 heures et 9 heures et demie du soir ; à 10 heures, elle avait cessé.
Ce jour-là, la brise s'étant mise à souffler de l'est, le *Haerlem*
appareilla en droiture pour l'Angleterre, et le transport *William
and Ann* pour Lisbonne. Le même vent poussa la flotte combinée
à travers le détroit qu'elle franchit le 9. Saint-Vincent compta
65 voiles : « Je ne puis former aucun jugement sur la destination
de cette force formidable, manda-t-il à Keith, leur conduite ayant
déjoué tous mes calculs. Si j'ose hasarder une conjecture, c'est
qu'ils iront au nord et qu'ils n'ont jamais perdu de vue l'invasion
projetée de l'Irlande [1]. » Il donna l'ordre au schooner *Earl of
Saint-Vincent* de tenir le contact de l'ennemi et si, après l'avoir
accompagné jusqu'au cap Saint-Vincent, il le voyait se diriger au
nord, d'aller tout aussitôt porter la nouvelle à Lisbonne et en
Angleterre. Le lendemain, l'*Argo* reçut la même mission ; quatre
jours après, le 14 juillet, le capitaine Bowen, commandant ce
navire, annonçait à Saint-Vincent que la flotte combinée avait
mouillé à Cadix.

*
* *

La traversée de la flotte franco-espagnole s'était en effet heureusement effectuée [2], sans autre rencontre que celle d'une cor-

---

1. Add. Mss. 31162, Saint-Vincent à Keith, 9 juillet 1799.
2. Au cours de cette traversée, la flotte française et la flotte espagnole naviguèrent

vette algérienne de 24 canons qu'une partie de l'escadre française canonna et dut raser de tous ses mâts avant qu'elle consentît à amener [1]. Le 9 juillet, à 4 heures 30 du soir, l'armée navale alliée fut aperçue de Cadix ; le vaisseau le *Neptune* se détacha de l'escadre espagnole et mouilla le soir même dans le port. Le lendemain, les deux escadres firent leur entrée à Cadix ; l'escadre française laissa tomber l'ancre en rade, l'escadre espagnole s'enfonça plus profondément dans le port. Bruix s'occupa aussitôt de remplacer l'eau des vaisseaux et de compléter dans la mesure du possible ses vivres de campagne. Il manquait d'argent pour solder sa dépense ; le citoyen Roquesante imagina de venir à son aide en invitant tous les négociants français de la factorerie de Cadix à lui consentir un prêt temporaire. Une demi-douzaine d'entre eux seulement répondirent à l'appel, et encore n'offrirent-ils qu'une somme modique ; les autres s'y refusèrent [2]. Mais ce n'était là que le moindre souci ; celui que la conduite de Mazarredo inspirait à Bruix était autrement grave. D'abord Mazarredo n'avait reçu, ou affectait de n'avoir reçu aucun ordre de sa Cour lui enjoignant de se ranger sous le pavillon de l'amiral français : « Le général espagnol commande son escadre, et moi la mienne, rapporte Bruix. Il s'en faut bien qu'une telle disposition soit convenable et que deux escadres ainsi combinées aient la force qu'elles auraient sous un seul chef [3]. » Ensuite, bien que Mazarredo eût reçu de sa Cour « l'auto-

à la part, l'armée française formée en trois colonnes, l'armée espagnole à une lieue de distance et naviguant le plus souvent sans ordre. Les Espagnols passèrent le détroit les premiers, le 8 juillet au soir, les Français les suivirent le 9 au matin. (Cf. *Journal de bord de l'*Océan.)

1. A 6 heures du matin, le 8 juillet, le *Batave* et la corvette l'*Éole* chassaient un brick ; ils étaient dans l'O. S. O. et couraient à l'E. N. E. ; ces bâtiments tiraient dessus et il ripostait. Ce brick a passé près de l'*Indomptable* qui lui a tiré plusieurs coups de canon et s'est mis ainsi que le *Tyrannicide* au même bord que lui. Ces trois vaisseaux ont tiré sur le brick pendant plus d'une heure sans pouvoir le démâter. Le *Fougueux*, qui était de l'arrière, l'a rencontré et l'a engagé de très près, lui a coupé son grand mât et son petit mât d'hune, alors on s'en est emparé après avoir tiré à petite portée plus de 1200 coups de canon de tout calibre. Ce brick était algérien et avait un très grand nombre d'hommes à bord dont la plupart ont été tués ou blessés. (Cf. *Journal de bord de l'*Océan.)

2. A. E., Espagne, 656, Roquesante à Talleyrand, 19 juillet 1799. Relatant l'insuccès de son emprunt, Roquesante concluait : « Voyez, Citoyen Ministre, à quel point les Français ont ici fâcheusement dégénéré. »

3. A. M., BB, 4, 131, Bruix au ministre de la Marine, 12 juillet 1799.

risation formelle d'entreprendre toute espèce d'opérations sur lesquelles nous serions d'accord, et cela sans qu'il soit besoin de l'en prévenir ni d'en attendre de nouveaux ordres, Sa Majesté Catholique approuvant d'avance tout ce qu'il fera de concert avec moi », Mazarredo ne prenait aucune décision, et Bruix constatait avec amertume qu'il dépendait absolument de ce général « d'utiliser ou de paralyser une des plus belles flottes que l'on ait vues ».

Convaincu que le plan de son collègue était de rester à Cadix, et qu'il ne sortirait jamais de ce port, si le gouvernement espagnol ne lui en donnait l'ordre formel, Bruix dépêcha secrètement à Madrid un de ses adjoints, le citoyen Baudin, « avec des instructions suffisantes pour mettre notre ambassadeur en mesure d'obtenir l'ordre sans lequel il est certain que Mazarredo ne quittera pas Cadix... Si d'ici à huit jours, déclarait Bruix au ministre, l'ordre de sortir nous arrive, je crois pouvoir vous assurer qu'avant la fin d'août, je serai rentré dans la Méditerranée, et qu'avant la fin de septembre, j'aurai la satisfaction d'annoncer au Directoire que Malte est secouru [1] ».

En attendant le retour de son courrier, Bruix s'occupa d'achever l'armement du *Saint-Sébastien*, que le Roi d'Espagne avait cédé à la République en remplacement du *Censeur*. L'approvisionnement de l'armée marchait avec rapidité, malgré le manque de fonds et la disette des vivres, et Bruix se disposait à compléter à cinq mois les vivres de ses vaisseaux, quand, le 16 juillet au soir, Mazarredo, qu'il était allé voir à la Isla, lui remit les dépêches, en date du 4 juillet, dans lesquelles le Directoire approuvait de tous points le projet de porter les forces combinées dans le Golfe. Bruix entretint aussitôt son collègue du nouveau plan d'opérations et signala l'importance de mettre le temps à profit. Mais Mazarredo n'avait nulle envie de quitter Cadix. Il admettait bien que la flotte combinée pourrait débloquer les cinq vaisseaux espagnols de Rochefort et l'escadre hollandaise du Texel, qu'elle pourrait aussi joindre à elle les vaisseaux qu'on aurait armés à Brest et en d'autres ports, ce qui porterait à 54 vaisseaux de ligne la force de l'armée alliée, mais les Anglais, disait-il, ne perdraient

1. A. M., BB, 4, 131, Bruix au ministre de la Marine, 12 juillet 1799.

pas un instant à effectuer leur concentration, et ce serait 80 vaisseaux qu'ils opposeraient aux Alliés dans la mer du Nord. La flotte combinée serait obligée d'entrer à Brest : dès lors ne valait-il pas mieux qu'elle restât à Cadix, où il serait plus difficile aux Anglais de la bloquer, et d'où elle menacerait également la Méditerranée, l'Océan, l'Amérique et l'Inde [1]? D'ailleurs il ne pouvait pas, lui Mazarredo, appareiller avant une huitaine de jours; il avait les troupes de marine à habiller; l'*Asis* et le *San Telmo* n'avaient pas encore leur mât d'artimon, et puis son escadre n'était pas encore au courant des signaux de jour de l'escadre française; « ne serait-il pas malheureux concluait l'amiral, de sortir sans connaître les moyens d'obéir ? »

Mais Bruix était décidé à ne pas céder. Il rentra à son bord, et le lendemain (17 juillet), il écrivit à Mazarredo qu'après avoir mûrement réfléchi sur la situation, son « opinion est que nous devons profiter du premier souffle de vent d'est pour appareiller, nonobstant toutes les dispositions de détail qui pourraient être commencées ou ordonnées, et dont l'achèvement ne serait pas d'une indispensable nécessité à la sûreté des deux escadres. Un jour, une marée de retard, peut faire échouer tous les projets conçus par Sa Majesté Catholique et le Directoire Exécutif ». En conséquence, il donnait à ses capitaines l'ordre de suspendre toutes les opérations précédemment ordonnées et de se mettre en état d'appareiller, et il en prévenait son collègue afin qu'il pût, s'il le jugeait convenable, donner de son côté des ordres semblables [2].

Mazarredo ergota, fit valoir de nouveau les obstacles qui s'opposaient à un appareillage rapide : Bruix demeura inébranlable. Dans la nuit, il fit signal à ses capitaines de désaffourcher, quoique les vents fussent contraires, et ordonna que tous ceux qui pourraient doubler les passes appareillassent sans attendre de nouveaux ordres. Le lendemain, 18, il adressa à Mazarredo une dernière lettre pour lui notifier sa résolution :

---

1. A. E., Espagne, 656, Azara à Talleyrand, 27 juillet 1799.
2. A. M., BB, 4, 131, Bruix à Mazarredo, 17 juillet 1799.

« A peine ma lettre d'hier fut-elle acheminée pour la Isla, que le gouverneur de Cadix me fit part qu'on lui annonçait de Malaga que les Anglais avaient été vus de ce point, et que l'on avait compté jusqu'à 36 vaisseaux de ligne.

« Persuadé, d'après cet avis, que nous n'avions pas un moment à perdre pour faire route, je donnai aussitôt l'ordre à mes capitaines d'appareiller avec tout vent qui le permettrait, et toutes les dispositions ont été prises en conséquence. Ce matin, j'ai confirmé cet ordre par le signal d'appareiller sans autre signal, et j'espère que si, demain matin, toute l'escadre française n'est pas sous voiles, il y en aura du moins une grande partie, et qu'ainsi l'appareillage des vaisseaux les plus enfoncés dans la baie, tant français qu'espagnols, en sera plus prompt et plus facile.

« Mon intention est de vous attendre devant la baie de Cadix, jusqu'à ce que vos vaisseaux soient prêts à prendre la mer. Cependant, si des nouvelles d'Algésiras ou d'ailleurs m'apprenaient l'arrivée prochaine des Anglais, je me déterminerais à faire route sur-le-champ pour remplir ma mission, parce que je dois éviter également d'être attaqué par des forces supérieures, ou d'être bloqué dans le port de Cadix [1]. »

Tandis que Mazarredo lisait cette lettre, il avait sous les yeux le spectacle de 6 vaisseaux français déjà sortis de la baie. Ne pouvant plus douter de la résolution de son collègue, l'amiral espagnol prit son parti. Les instructions qu'il avait reçues de sa Cour lui ordonnaient de suivre Bruix dans l'Océan [2]. Il donna en conséquence l'ordre de travailler toute la nuit pour remettre en état les navires que l'on avait déjà dégréés partiellement, et le lendemain, 19 juillet, les vaisseaux espagnols commencèrent à se mettre en mouvement. « L'escadre espagnole, écrit Roquesante, ayant enfin cessé de délibérer éternellement, s'est aussi ébranlée à l'exemple de la nôtre et déterminée à la suivre. » A 10 heures du matin,

1. A. M., BB, 4, 131, Bruix à Mazarredo, 18 juillet 1799.
2. A. H. N., leg° 4039, le Ministre d'État à Mazarredo, 12 juillet 1799. Si Bruix sort de la Méditerranée, il faut l'accompagner. Les forces combinées essaieront de débloquer l'escadre espagnole qui est à Rochefort et l'escadre hollandaise qui est au Texel. Les escadres franco-espagnoles iront ensuite faire une expédition en Irlande ou ailleurs, conformément à ce que décideront les puissances alliées.

15 vaisseaux français avaient réussi à sortir en louvoyant, sans autre incident que celui de la *Révolution* que son pilote espagnol échoua à la pointe Saint-Philippe [1] ; ils mouillèrent devant la Rota pour y attendre les Espagnols. Le *Saint-Sébastien* se trouvait encore à la Carraque : Bruix le fit venir en rade à la touée [2]. Le 20, il ne restait plus en rade, de l'escadre française, que le *Saint-Sébastien*, une frégate et un chebek. A 3 heures un quart de l'après-midi, le vaisseau la *Concepcion*, battant pavillon de l'amiral Mazarredo, mettait à la voile, et les autres navires espagnols, avec lenteur, l'imitaient [3]. Enfin, le 21 juillet, l'armée combinée tout entière était sortie de Cadix, les Français comptant 25 vaisseaux, les Espagnols 17 [4] ; le soir même, elle se trouvait à trois lieues en mer.

* *
*

La nouvelle de l'entrée des flottes alliées dans l'Océan parvint à Londres le 19 juillet. Le gouvernement anglais s'adonnait alors tout entier aux préparatifs de l'expédition batave. A Chatham, à Sheerness, à Spithead, à Plymouth, dans tous les ports de la côte, on s'employait à équiper les navires en transports de troupes. Des frégates partaient en Irlande chercher les 29e et 92e régiments d'infanterie pour les conduire aux Dunes, point choisi

1. La *Révolution* fut déséchouée après avoir passé une marée entière sur ce banc de sable vaseux (Cf. *Journal de bord de l'*Océan).

2. Ce navire n'était guère en meilleur état que le *Censeur* qu'il remplaçait. Il avait fallu changer en entier ses bas-mâts et une partie de son vaigrage, qui était pourri. De plus, il ne pouvait utiliser les canons de 36 du *Censeur*, ses sabords étant trop petits et sa batterie en dedans n'ayant point assez d'élévation ; on dut se contenter du 24 espagnol, « qui n'est pas des meilleurs, les canons ayant tous un grain de cuivre ». (Rapports du Chef de division Faye au ministre de la Marine : 1er, 27 juin 1799, A. M., BB, 4, 132.)

3. Cf. *Journal de bord de l'*Océan, 21 juillet : « L'amiral espagnol a tiré un grand nombre de coups de canon pour faire apercevoir le signal de mettre sous voiles, qu'il faisait particulièrement à ceux de ses vaisseaux qui étaient encore dans la baie de Cadix et qui ne paraissaient pas mettre beaucoup d'activité dans leur appareillage. »

4. Le *Conde de Regla* avait été désarmé pendant le séjour à Cadix. Cf *Journal de bord de l'*Océan : « Le vaisseau de 112 espagnol *Comte de Regla* a entré dans le port ayant une voie d'eau réelle ou supposée ».

pour le rassemblement des troupes britanniques; d'autres frégates faisaient voile pour Revel à l'effet d'embarquer des troupes russes et de les ramener à Yarmouth, où elles se concentreraient. Dundas, le ministre de la guerre était la cheville ouvrière de l'expédition. Quand la nouvelle de l'équipée des flottes alliées lui parvint, il se raidit : « Je n'ai pas l'intention de changer quoi que ce soit maintenant aux dispositions prises, écrit-il à Spencer, que la nouvelle soit vraie ou fausse, car aucun plan n'est mieux calculé que le nôtre pour faire face à toutes les éventualités[1] ». Qu'on en juge ! Si les Français vont en Irlande, nous pourrons, disait-il, jeter bien vite dans l'île, grâce à l'armement que nous avons préparé, une force adéquate pour repousser toute tentative d'invasion. S'ils vont à Brest, pourquoi les forces anglaises, jointes aux troupes russes, n'attaqueraient-elles pas ce port de guerre ? « Je pense qu'une armée de 40.000 hommes ferait l'affaire. » Plus prudemment, Lord Spencer s'occupait de rassembler sur mer une nouvelle escadre qu'il pût opposer à l'envahisseur. Il expédiait à l'amiral Pole l'ordre de rallier Torbay ; mais déjà cet amiral, informé de la présence de la flotte ennemie dans l'Océan, avait pris sur lui de lever sa croisière devant l'île d'Aix, et de faire route sur le cap Lizard[2]. Le même jour, 20 juillet, l'Amirauté écrivait à Duncan de ne garder que 7 vaisseaux avec lui et de renvoyer le reste à Yarmouth, en vue d'un autre service. L'ordre lui était confirmé quelques jours après : « L'Amirauté, étant informée que les flottes française et espagnole ont quitté la Méditerranée pour l'Atlantique, désire réunir une flotte aussi forte que possible pour résister à l'ennemi au cas où il viendrait dans le Nord » ; Duncan devra donc renvoyer aux Dunes tous les navires que la surveillance de la force ennemie du Texel ne rend pas nécessaires[3]. Le 29, l'Ami-

---

1. *The Spencer Papers*, Dundas à Spencer, 19 juillet 1799.

2. Ad. 1, 113, Pole à l'Amirauté, 29 juillet 1799. Pole terminait sa lettre par ces mots : « Si mon jugement m'a trompé, je dois implorer la clémence de Leurs Seigneuries ».

3. Ad. 2, 1355, l'Amirauté à Duncan, 24 juillet 1799. De son côté l'amiral Makaroff recevait l'ordre de rejoindre Duncan avec les navires russes présents à la Nore, et les navires du vice-amiral Jate présents à Yarmouth.

rauté complétait ces mesures en ordonnant au contre-amiral Sir John Borlase Warren de réunir sous son commandement à Cawsand bay, le *Temeraire*, le *Royal Sovereign*, l'*Achilles*, le *Ramillies*, le *Cæsar*, le *Russell*, l'*Ajax*, et de rallier l'amiral Pole qui allait arriver à Torbay. Ce dernier y mouillait en effet le 2 août, ramenant le *Royal George*, le *Sans Pareil*, le *Venerable*, le *Renown*, le *Robust* et deux frégates.

Telles étaient les mesures de précaution prises par le gouvernement britannique quand, le 5 août, à 2 heures du matin, on apprit à Londres que la flotte combinée avait quitté Cadix le 21 juillet, et qu'elle avait été vue le lendemain par le *Triton*, près du cap Saint-Vincent, faisant route au nord. Des ordres partaient aussitôt, dans le cours même de la nuit, pour achever la concentration de toutes les forces à Torbay ; l'amiral Waldegrave recevait l'ordre de s'y rendre avec l'*Agincourt;* l'amiral Sir Roger Curtis avec le *Lancaster ;* le *Saturn* et l'*Atlas*, présents sur cette rade, se rangeraient sous les ordres de Pole, le *Juste* et le *Vengeance* rallieraient Torbay ; le *Nassau*, le *Raisonable*, le *Director* et le *Windsor Castle* recevraient le 8 août l'ordre de rallier également Torbay. Enfin, pour commander cette nouvelle flotte, que le *Monarch*, le *Magnificent*, l'*Agamemnon* et quelques autres navires ramassés dans les différents ports de la métropole, allaient porter au chiffre de 27 ou 28 vaisseaux, l'Amirauté fit encore une fois appel à Lord Bridport, bien qu'elle se rendît compte que son énergie et ses autres qualités se fussent presque entièrement dissipées [1] ; le 6 août, le vieil amiral recevait à sa résidence de Criket Logde l'ordre de se rendre immédiatement à Torbay et de hisser son pavillon de commandant en chef sur le *Royal George*.

Bien qu'on considérât comme très probable l'apparition à brève échéance des flottes combinées soit dans la Manche, soit sur la côte d'Irlande [2], le cabinet de Londres ne changea cependant rien à son plan de débarquement en Hollande. Le vice-amiral Andrew Mitchell avait reçu des instructions de l'amirauté,

---

1. *The Spencer papers*, Spencer à Pitt, 5 août 1799.
2. *Spencer à Pitt*, 5 août, Lord Grenville à Thomas Grenville, 6 août 1799.

en date du 1ᵉʳ août, lui prescrivant d'agir de concert avec le lieutenant général Sir Ralph Abercromby, en vue de s'emparer de Goree et Over Flackee, ainsi que des îles de Rosenberg et de Voorn [1] ; l'embarquement des troupes se poursuivait activement [2]. Lord Spencer songea bien un instant à réunir la flotte de la mer du Nord à celle de la Manche, pour présenter un front plus redoutable, puis il se ravisa [3] ; la flotte dont la réunion était prescrite en Manche serait, pensait-il, assez forte pour faire bonne contenance, et puis il n'avait pas perdu tout espoir en Lord Keith. On était, il est vrai, sans nouvelles de lui depuis le 8 juillet ; certains, Lord Grenville était du nombre, craignaient qu'il ne fût encore à chercher l'ennemi autour de Mahon [4], quand, le 12 août, on apprit qu'il avait passé Gibraltar le 30 juillet avec 31 vaisseaux, faisant voile sur l'Irlande.

Keith, en effet, n'avait plus perdu un instant dès qu'il eut été touché par l'avis du capitaine Todd. Tandis qu'il faisait route sur le détroit, il apprit, le 17 juillet, par Sir Edward Pellew, que la flotte ennemie avait passé Gibraltar le 9. Mais irait-elle à Cadix? Embarquerait-elle des troupes? Était-elle destinée au Portugal, ou rentrerait-elle en Méditerranée, ou bien encore son objectif était-il l'Irlande? Keith posait toutes ces questions à Saint-Vincent [5], qui répondait n'en rien savoir, mais ne pas douter que

1. Voir ces instructions dans Ad. 2. 1356.

2. La première division du corps expéditionnaire fut prête à partir le 13 août ; elle mit à la voile ce jour-là.

3. *The Spencer papers*, Spencer à Pitt, 5 août 1799. « Je me suis ravisé parce qu'en rappelant la flotte de la mer du Nord, nous aurions non seulement exposé aux déprédations de la flotte batave notre commerce, très actif et très riche en cette région à cette époque de l'année, mais entièrement détruit la possibilité même de notre expédition dont tant de choses dépendent. Cette expédition n'aurait pu être entreprise avec prudence, si on eût risqué de voir la flotte du Texel s'avancer sur l'escadre de couverture pendant qu'elle serait sur la côte. En conséquence, nous avons tendu tous nos nerfs pour constituer une flotte respectable, sans être obligés de lever le blocus du Texel ; et quoique cette flotte doive être composée en majorité de vaisseaux de 64 et de navires ayant besoin de réparations, je pense que nous réussirons à la porter à un niveau suffisant pour faire bonne contenance si le pire se produit. »

4. Dropmore, Mss., t. V, 247. « Sa conduite semble parfaitement inexplicable, écrit Lord Grenville à son frère, mais qu'il ait bien ou mal agi, peu importe : le mal est fait.»

5. Ad. I, 400, Keith à Saint-Vincent, 17 juillet 1799.

l'Irlande ne fût son objectif définitif[1]. Le 19, Keith apprit que la flotte combinée était entrée à Cadix. La brise le poussait à moins de 4 lieues de Gibraltar, le 21, quand tout à coup le calme se fit, suivi de forts vents d'ouest qui le repoussèrent de l'entrée du détroit. Le 23, la flotte anglaise dut aller s'abriter en rade de Tetouan ; elle y resta immobilisée jusqu'au 28.

Pendant ces journées où le vent demeura si obstinément contraire, Keith eut de fréquentes nouvelles de la flotte combinée. Il apprit, le 22, son départ de Cadix, port devant lequel Lord Saint-Vincent avait expédié la *Caroline*, pour épier les mouvements de l'ennemi. Le 23, le schooner *Earl of St-Vincent* revenait à Gibraltar avec la nouvelle que les flottes alliées avaient été aperçues par le *Triton* près du cap Saint-Vincent, faisant route au nord ; Keith en était informé le jour même. Le 24, il fit appareiller l'escadre, mais le 25, il dut mouiller de nouveau à Ceuta, la tempête soufflant toujours de l'ouest. Le 26 ramena le calme. Le 27, le vent souffla de nouveau avec violence. Le 28, malgré le vent d'ouest, l'escadre tira une bordée, jusqu'à Gibraltar où elle mouilla. Le 29, le vent sauta au sud-ouest, et, le 30, il se mit enfin à l'est. Trois jours plus tôt, le 27 au soir, les flottes combinées avaient été rencontrées par un américain, sur la latitude du cap Saint-Vincent et à 30 lieues au large de ce cap, paraissant faire route au nord-est. Il résultait de cette nouvelle que l'armée alliée avait en somme fait assez peu de chemin depuis le 21 ; aussi Lord Keith n'avait-il pas perdu tout espoir de la rejoindre quand, le 30 juillet, profitant du vent qui soufflait frais de l'est, il embouqua le détroit.

*
 * *

L'armée combinée avait quitté Cadix le 21, avec des vents, du sud-est. Mais ces vents, favorables pour doubler le cap Saint-Vincent, ne furent pas de longue durée : dès le soir elle rencontra des

---

1. Add. Mss. 31162, Saint-Vincent à Keith, 21 juillet 1799.

vents contraires, qui durèrent sans interruption jusqu'au 3 août.

« Le lendemain de notre appareillage de Rota, écrit Bruix dans son rapport au ministre de la marine, le général Mazarredo me fit prévenir que le vaisseau le *Santa Anna* de 118 canons s'était échoué à la côte de Rota et qu'il se croyait hors d'état de rallier l'armée. Je fus d'autant plus surpris de cet événement que j'avais vu ce vaisseau sortir des passes avec un vent favorable, que le temps était doux, le ciel clair et qu'aucun écueil ne s'étend à plus d'une portée de fusil au large de Rota. Les Espagnols ayant déjà désarmé à Cadix le *Comte de Regla* de 118 qui faisait partie des dix-huit vaisseaux que nous avions ralliés à Carthagène, l'armée combinée se trouvait déjà affaiblie de deux de ses plus beaux vaisseaux à trois ponts. Peu de jours après, nous en perdîmes un troisième de 80 canons qui, ayant démâté de ses deux mâts de hune, au point du jour, par un vent très modéré et une belle mer, fit le signal qu'il ne pouvait se réparer à la mer. Nous étions alors à la hauteur du cap Saint-Vincent, à 30 lieues au large, les vents au nord-est, et le général Mazarredo ordonna à ce vaisseau de rentrer à Cadix. Un autre vaisseau espagnol avait démâté la veille d'un mât de hune et du mât de perroquet de fougue ; mais celui-ci travaillait à les remplacer. Néanmoins la contrariété des vents dans le parage où nous étions me donnait de vives alarmes. Puisque ces vaisseaux espagnols éprouvaient de semblables avaries avec de petits vents, je devais en prévoir de plus considérables si le vent devenait plus fort, et conséquemment je devais craindre que l'escadre espagnole tout entière, se trouvant successivement désemparée et pour ainsi dire à la porte de Cadix, ne fût bientôt dans la nécessité d'y rentrer.

« Le 28 juillet, la frégate la *Fraternité* que j'avais laissée à Cadix avec l'ordre d'en sortir 48 heures après l'armée [1], pour m'apporter les renseignements qu'elle pourrait se procurer sur la marche de la flotte anglaise, me rallia et m'apprit que cette flotte, forte seulement de 30 vaisseaux, avait été signalée à Algésiras, venant de l'est et faisant route à l'ouest, et qu'un des sept vaisseaux tant

---

1. Roquesante signale en effet son départ le 23, à 6 heures du matin.

anglais que russes qui se trouvaient à Gibraltar, avait appareillé pour aller au-devant d'elle [1]. Nous pensâmes, le général Mazarredo et moi, que les Anglais auraient pu gagner Gibraltar le 23 juillet et passer le détroit le 24, parce que ces deux jours-là, nous avions eu ici des vents de nord au nord-est, qui annonçaient des vents d'est au détroit. Le capitaine de la *Fraternité* m'apprit aussi que le vaisseau la *Santa-Anna* n'avait pu se relever de Rota et qu'il restait peu d'espoir de le sauver.

« Le 3 août, à force de bordées et à la faveur aussi de quelques petits souffles de vents favorables, nous avions doublé la latitude des Berlingues, lorsque les vents passant au sud-ouest nous portèrent est et ouest des îles Bayonna (*sic*). Cependant le soir même, les vents revinrent encore de la partie du nord et nous firent prendre connaissance des terres du Finisterre. Enfin, dans la nuit, le coup de vent de sud-ouest annoncé par l'extrême agitation de la mer, se prononça violemment. Néanmoins, comme j'espérais que dans la saison actuelle, cette bourrasque ne serait pas de longue durée, je fis la route la plus directe pour me porter sur Rochefort, en atterrant à l'île d'Yeu.

« Le vent continuant de souffler avec violence et l'armée s'approchant rapidement du fond, le 4 août, le général espagnol me fit signal qu'il convenait de gouverner au N. E., c'est-à-dire, en d'autres termes, de nous élever du point où nous étions pour nous mettre en mesure de gagner le mouillage de Brest si les vents continuaient à nous charger.

« Conservant encore l'espoir d'un changement de temps et d'ailleurs voulant reconnaître les deux points où je croyais trouver les frégates que je vous avais demandées [2], je répondis par un

1. C'était l'*Impétueux*, qui rejoignit Keith, le 22 juillet

2. Avant de quitter Cadix, Bruix avait en effet écrit au ministre de la Marine pour demander que 2 frégates fussent expédiées de Brest pour atteindre l'armée; l'une à 30 lieues dans l'ouest corrigé de Belle-Ile, et l'autre à une égale distance dans l'ouest corrigé de l'île d'Yeu... « Ces bâtiments seraient informés de la situation de nos côtes et des mouvements de l'ennemi, avant leur départ, afin de m'en donner connaissance. » (Bruix au Ministre, 18 juillet.)

Le ministre donna en conséquence au commandant des armes du port de Brest l'ordre de détacher 1 frégate et 1 aviso sur chacun des points précités (31 juillet). Le même jour, il prévenait l'amiral Martin, commandant des armes à Rochefort, que la division espagnole eût à se tenir prête à prendre la mer à l'apparition de la flotte.

signal négatif à celui que m'avait fait Mazarredo. Mais le lendemain, vers midi, n'étant plus qu'à vingt-cinq lieues dans l'ouest
de l'île d'Yeu par mon point, celui des Espagnols et la sonde me
mettant encore plus près de terre, ayant vainement étendu mes
frégates dans l'est, et l'escadre légère sur la gauche pour découvrir les croiseurs dont j'attendais des renseignements, ne voyant
pas la moindre probabilité que la division anglaise que je savais
être en croisière devant Rochefort depuis cinquante jours y fût
encore ; réfléchissant au contraire que si l'armée combinée, avec
les vents actuels, se trouvait affalée sur cette côte qui ne lui offre
aucun mouillage, elle y serait dans la plus extrême détresse et
que cependant avec les mêmes vents et ceux N. O. qui leur succè-
dent ordinairement, les cinq vaisseaux de l'île d'Aix ne pourraient
pas en appareiller pour la rallier, je me déterminai au parti
qu'eût pris comme moi tout homme de métier, celui de sauver
l'armée combinée en m'élevant au nord pendant qu'il en était
temps encore, et certes il n'y avait pas un moment à perdre. L'entrée à Brest était devenue plus difficile du point où ma persévérance à tenter l'atterrage de Rochefort avait mis l'armée. La
manœuvre que je fis pour la mettre à l'abri le 8 août, au mouillage de Brest, a obtenu le suffrage des Français comme des Espagnols, et la tempête qui a soufflé dans la nuit suivante, a fait
sentir aux uns et aux autres que j'avais quelques droits à leur
reconnaissance. Quant à moi, je crois en avoir acquis à l'approbation du Gouvernement, et ce témoignage de ma conscience est
le seul soulagement aux maux physiques que cette campagne a
accumulés sur mon individu...

« En supposant que les Anglais soient encore dans les parages de Rochefort, je vous observe que l'armée est ici plus en
mesure d'aller les chercher que si elle eût resté sous voiles, car,
je le répète, elle ne pouvait aller reconnaître cette côte dangereuse avec les vents qui régnaient et qui règnent encore. Avec
ceux de N. O., qui doivent leur succéder, elle se serait peut-être
trouvée sous le vent du pertuis ; des avaries considérables auraient
sans doute été le résultat de la cape qu'elle aurait été forcée de
tenir depuis quatre jours, et, dans cet état, ne pouvant remonter

que lentement et difficilement à Brest, elle aurait pu trouver à ce dernier atterrage l'escadre de Jervis renforcée des divisions de la Manche et peut-être même de celle qui a croisé devant Rochefort [1]. »

Bruix ne se trompait pas : s'il avait pris quelques jours de retard, l'escadre anglaise l'eût rejoint. Parti avec neuf jours de retard, Keith, en cours de route, eut à plusieurs reprises connaissance de la marche de l'armée combinée : d'abord par un brick suédois qui l'avait rencontrée le 1er août [2], puis par une galiote qui avait été arraisonnée par une frégate française, le 4 août, au large du cap Finisterre [3], enfin par le *Stag* qui avait traversé la flotte alliée le 5 août dans la nuit [4]. Au moment où il reçut ce dernier rapport [5], Keith se trouvait au large du Ferrol; il mit aussitôt le cap sur Brest et arriva le 14 août à 9 ou 10 lieues d'Ouessant, où Sir Edward Pellew, qu'il avait détaché en avant pour reconnaître Brest, le rejoignit et lui annnonça que 45 à 50 grands navires se trouvaient en rade. La flotte combinée lui avait échappé : Keith fit route sur l'Angleterre et mouilla le 16 août à Torbay [6].

*
* *

Le 9 août au matin, on apprit à Paris, par le télégraphe, que l'armée navale combinée était entrée en rade de Brest la veille au soir à 6 heures [7]. L'homme de bureau prit aussitôt sa revanche sur l'homme d'action. « Pourquoi donc n'êtes-vous pas entré dans le Golfe ? télégraphia le ministre à Bruix. Pourquoi n'avez-vous pas débloqué les vaisseaux espagnols, battu et pris les vais-

---

1. **A. M.**, BB. 4, 131, Bruix au ministre de la Marine, 10 août 1799.
2. Rapport du *Centaur* qui interrogea le brick, le 9 août.
3. Rapport du vaisseau le *Formidable*.
4. Le *Stag* se trouvait, au moment de la rencontre, à 13 lieues dans le N. O. 1/4 N. du cap **Turreaux** (?).
5. C'était le 10 août, à 8 heures du soir.
6. Ad. 1, 400.
7. Forte de 25 vaisseaux français, 15 espagnols et 22 frégates et bâtiments inférieurs.

seaux anglais qui les bloquent ? Pourquoi n'avez-vous amené que 15 vaisseaux espagnols ? Que comptez-vous faire ? Avez-vous quelques projets pour la fin de cette campagne ? Indiquez-les-moi. Que pensez-vous d'une expédition sur l'Irlande ? Vous croyez-vous assez fort pour l'entreprendre? Combien vous faudrait-il de troupes de débarquement ? Que manque-t-il à l'armée que vous commandez ? Préféreriez-vous à une expédition sur l'Irlande l'honneur d'aller débloquer le Texel et l'espérance de ramener dans nos ports de l'Océan l'escadre des Bataves [1] ? »

A ce flot de questions, Bruix se contenta de répondre :

« Un vent violent et l'incertitude où j'étais sur l'état des côtes, m'ont empêché d'aller à Rochefort et m'ont forcé d'entrer à Brest.

« Je ne puis répondre d'une manière positive aux questions que vous me faites : il serait nécessaire, pour cet objet, que je connusse les forces de l'ennemi et vos plans sur l'Irlande et le Texel.

« Un vaisseau espagnol est resté à Cadix : deux autres y sont rentrés pour cause d'avarie.

« La faiblesse de ma santé me détermine à demander au Directoire mon remplacement en le priant de me donner un emploi subalterne dans l'armée navale [2]. »

Quelques jours après, le ministre, entré en possession du rapport de Bruix en date du 10, exposait au Directoire la situation en ces termes :

« Si notre situation maritime était moins précaire, si nous pouvions réparer une perte éventuelle, si surtout l'armée navale n'était pas formée de deux marines, on pourrait tenter un combat dont l'issue serait très probablement en faveur de la République, puisque nous opposerions 45 vaisseaux à 30 ; mais il faut observer qu'une action quelconque désemparerait ce qui nous reste de bâtiments, qu'elle nous priverait d'un grand nombre de marins, que nos magasins dépourvus ne pourraient remplacer les munitions et les approvisionnements que le feu de l'ennemi détruirait;

1. A. M., BB, 4, 131, télégrammes du 9 et du 11 août 1799.
2. A. M., BB, 4, 131, télégrammes du 9 et du 11 août 1799.

de manière qu'une victoire même nous serait funeste en ce qu'elle paralyserait presque indéfiniment nos forces navales...

« L'armée ne peut dans ce moment recevoir de destination vraiment utile [1]. »

Ainsi la campagne maritime de 1799, qui avait coûté tant de millions à la France et éveillé de si vastes espérances, se terminait par un aveu d'impuissance.

1. A. M., BB, 4, 131, Rapport du ministre au Directoire, 16 août 1799.

CONCLUSIONS

La campagne maritime de l'amiral Bruix a souvent été citée comme un modèle d'habileté manœuvrière ; cet éloge est mérité, mais il ne doit pas nous inciter à fermer les yeux sur les véritables résultats de cette campagne.

En décidant d'armer la flotte de Brest, le Directoire s'était tout d'abord proposé de débloquer Malte et Corfou, et de porter secours à l'armée d'Égypte ; puis, à mesure que les revers s'accumulèrent sur le continent, il changea de résolution, il décida que sa flotte irait au secours de l'armée d'Italie et se rendrait ensuite en Égypte pour en ramener Bonaparte et son armée ; enfin, abandonnant sous la pression des forces anglaises ce plan purement méditerranéen, le Directoire ouvrit une troisième phase en rappelant l'armée navale dans l'Océan, dans l'espoir d'en imposer à l'Angleterre, de bouleverser les plans de Pitt et de ruiner ses projets d'expédition continentale. Mais aucun des objets qu'il se proposa ainsi successivement ne fut atteint, si bien que cette campagne, stérile en résultats, scella définitivement le sort de la garnison de Malte et de l'armée d'Egypte.

Les raisons de cet échec doivent être recherchées dans la conception, la préparation et l'exécution même de la campagne.

La conception.

L'idée de porter brusquement dans la Méditerranée toutes les forces navales de l'Océan était heureuse et marquée au meilleur coin de la stratégie. La preuve en est qu'il fallut plus de trois semaines au Cabinet de Londres pour s'y reconnaître, et environ deux de plus pour que commençassent à jouer les éléments de la riposte ; il y eut donc surprise totale, et la surprise est une des plus grandes ressources de la stratégie.

Mais là s'arrête l'originalité du plan de campagne tracé par le Directoire dans ses instructions du 15 mars à l'amiral Bruix. La rédaction de ce document ne saurait ici faire illusion ; s'il y est dit, en effet, que « le but de sa mission est de pénétrer dans la Méditerranée et d'y détruire, ou du moins d'en chasser les forces navales ennemies qui peuvent s'y trouver », l'idée fondamentale qui ressort d'une lecture attentive est que Bruix peut atteindre les objectifs qui lui sont ensuite tracés sans combattre, parce qu'il possède l'avantage du nombre, et que devant cette supériorité numérique ses adversaires s'évanouiront. Croyons-en, pour une fois, Barras, l'auteur de ces instructions, quand il rappelle dans ses Mémoires [1] que Bruix « a ordre d'éviter tout combat et de porter des secours à Malte, à Corfou, de verser quelques troupes en Égypte ainsi que des provisions ». C'était bien là la véritable pensée du Directoire ; elle reposait sur ce postulat que l'apparition inopinée d'une force navale sur un théâtre d'opérations oblige toutes les forces inférieures en nombre à se réfugier dans les ports et à lui laisser le champ libre. Mais ce postulat n'a qu'une valeur relative ; vrai peut-être si l'on se bat contre les Espagnols, assuré ment faux si on lutte contre les Anglais. Le plan de campagne n'était donc pas fondé en psychologie.

Pouvait-on d'ailleurs s'imaginer que pendant que la flotte de Bruix s'en irait sur les côtes d'Italie embarquer trois ou quatre mille hommes de troupes, prendre sous son escorte les bâti- ments nécessaires à l'approvisionnement de Corfou, de Malte et d'Alexandrie, charger même sur ses propres vaisseaux une partie de ces approvisionnements, opérations pour lesquelles rien d'ailleurs n'avait été prévu ni ordonné et dont la réalisation eût certainement entraîné des délais et des lenteurs, l'ennemi reste- rait inerte, passif, spectateur oisif de nos mouvements, et qu'il ne chercherait pas à unir ses forces en vue de s'opposer à nos

1. T. III, p. 326.

desseins? Or le plan de campagne n'escomptait aucune de ces réactions; il admettait, par prétérition, que l'ennemi demeurerait frappé de stupeur : deuxième postulat, qui le viciait radicalement.

On ne s'expliquerait pas davantage, s'il en était autrement, que le Directoire eût prescrit à Bruix d'étendre le champ de ses opérations jusqu'en Égypte? Car si, en été, les vents portent rapidement une escadre des rivages de la Sicile à ceux du Nil, ils opposeront un sérieux obstacle à son retour, et les lenteurs inséparables d'une pareille navigation eussent amplement fourni à l'ennemi les délais nécessaires pour concerter et mûrir sa riposte.

Ainsi l'erreur capitale du Directoire, que Bruix semble d'ailleurs avoir partagée avec lui, est d'avoir cru que la maîtrise de la mer (celle qui donne la faculté d'user à sa guise des routes maritimes pendant un laps de temps plus ou moins long), pouvait s'enlever par un coup de surprise, que l'ennemi s'avouerait vaincu par tant de finesse et sans qu'il fût nécessaire de le combattre. Les auteurs du plan de campagne ne se rendaient pas compte que le bénéfice principal de la surprise est de permettre d'attaquer l'ennemi du fort au faible, afin de lui porter un coup vigoureux et rapide qui détruise l'équilibre initial des forces, et qu'à cette première phase doit nécessairement succéder une guerre méthodique qui achève de ruiner ou de paralyser ses forces constituées. Alors seulement vient la période d'exploitation, qui permet d'atteindre les objectifs qu'on s'est tracé. Le Directoire ignorait évidemment toutes ces choses. Il en résulte qu'en prescrivant à Bruix de courir droit à son but, il voulait la fin sans vouloir les moyens et qu'il traçait à son amiral des instructions partiellement inexécutables.

La préparation.

La préparation matérielle de la campagne offre prise à l'éloge et à la critique.

C'était un gros effort que faisait le gouvernement en armant une flotte si nombreuse, dans l'état de pénurie où se trouvaient alors nos arsenaux. Pour faire marcher d'accord tous les services, vaincre les lenteurs administratives, réduire les frictions, supprimer les résistances passives, il fallait une énergie peu commune : Bruix en était doué. Mais il ne crut pas pouvoir assumer cette tâche si on ne lui donnait pleins pouvoirs, et le Directoire, confiant en lui, les lui accorda. « L'expérience du passé, écrivit Bruix au retour de sa campagne, alors que le Directoire lui proposait d'en diriger une nouvelle, ne peut me permettre d'espérer que l'action morcelée de l'administration, tant à Paris que dans les ports, la lenteur de ses formes et la division actuelle des pouvoirs de tous les agents qui doivent de loin ou de près concourir à cette grande opération, puissent en assurer le succès...

« Lorsque le Directoire exécutif donna l'ordre d'armer la flotte qui vient de faire campagne, j'étais tellement convaincu de l'impuissance des moyens ordinaires que je n'osai garantir cette opération au Directoire exécutif qu'après qu'il m'eut permis de m'absenter de Paris et d'aller dans les ports avec le caractère et l'autorité de ministre. Il n'y a pas un administrateur, pas un officier de marine, pas un homme de bonne foi à Brest, qui ne convienne avec moi que si j'y étais allé autrement, l'escadre ne serait pas sortie. Cette vérité était si bien sentie par moi... que je fus obligé de conserver mon caractère ministériel jusqu'au moment où l'armée presque entière fut hors de la rade de Brest [1] ».

Il y a là une précieuse indication à retenir. La guerre exige une concentration de pouvoirs bien plus intense que la marche normale d'une administration ne le laisse soupçonner en temps de paix. Et si nos institutions n'ont pas une élasticité suffisante pour se prêter, le moment venu, à une telle concentration, on peut affirmer que toute conception neuve et originale sur la façon de conduire la guerre rencontrera devant elle tant de résistances passives qu'elle est vouée à la faillite.

La manière dont Bruix sut tromper l'adversaire et le tenir jusqu'au bout dans l'ignorance de ses desseins ne mérite également que des éloges. Son habileté sous ce rapport, et celle qu'il déploya

---

1. A. M., BB, 4, 131, Bruix au Ministre, 7 octobre 1799.

pour dérober sa sortie à Bridport en quittant Brest, sont les faits qui, dans cette campagne, lui font le plus d'honneur.

Mais la préparation diplomatique auprès de la Cour d'Espagne appelle les plus sévères critiques. Quel appui, quel concours pouvait-on espérer d'un gouvernement que l'on traitait avec un pareil mépris? Là où il eût fallu toute l'habileté, toute la souplesse d'un Talleyrand pour persuader, on envoya un médicastre sans talent qui devint la risée du corps diplomatique. Ne pouvant ni séduire, ni convaincre, le Directoire ne vit d'autre moyen d'action que la force; il abusa de son autorité; il marcha à coups de réquisitions; il commanda... et ne fut point obéi.

Sans doute il avait des raisons de se méfier de l'Espagne. Il pouvait craindre qu'en dévoilant ses plans au Cabinet espagnol, ils ne fussent communiqués à son adversaire par le parti anglophile. Peut-être même ces plans eussent-ils été repoussés partiellement par son allié qui voulait ménager tout au moins l'une des puissances en guerre; mais croire qu'il pourrait enlever par la ruse ce que la discussion courtoise ne donnerait pas, croire qu'il pourrait jusqu'au bout user de son allié et l'exploiter, c'était commettre une erreur grossière et chercher un résultat que ni les relations antérieures du Directoire avec la cour de Madrid, ni la fierté ombrageuse du caractère espagnol n'autorisaient à escompter. Erreur capitale, qui pesa lourdement sur la campagne, et fit que quand les deux amiraux se joignirent, ils se paralysèrent.

L'exécution.

Ce qui étonne le plus quand on étudie jour par jour les événements de cette campagne, et qu'on s'efforce de saisir les idées directrices des chefs au moment même de leur apparition dans la conscience, c'est l'incertitude qui règne presque continuellement dans l'esprit de ceux qui dirigent et qui commandent les flottes. Ils marchent à tâtons; ils se débattent dans les ténèbres; forcés d'agir, et ne sachant comment, ils manœuvrent alors selon un plan préconçu.

Bruix fait perdre ses traces à la sortie de Brest, et Bridport, dans l'incertitude de sa destination, manœuvre selon une idée préconçue : il va couvrir l'Irlande.

Saint-Vincent voit passer à Gibraltar les 24 vaisseaux de la flotte française; incertain de leur destination, il agit également selon une idée préconçue : il va couvrir Minorque.

Nelson apprend l'entrée de la flotte française en Méditerranée; ne sachant rien de sa destination, il agit lui aussi selon une idée préconçue : il court à Marittimo couvrir la Sicile.

L'Amirauté de Londres, qui dispose des réserves et dont l'action devient ainsi décisive, après avoir tergiversé, supputé les chances, finit par agir selon une idée préconçue et envoie Gardner renforcer Bridport sur les côtes d'Irlande.

Bruix lui-même et Mazarredo ne savent à peu près rien des escadres anglaises. Ils ignorent leurs mouvements; ils surestiment leur force; ils prêtent à l'adversaire des plans, des intentions qu'il n'a pas, et à l'incertitude qui les assiège, ils ne voient d'autre issue qu'une fuite précipitée et assurément peu glorieuse.

Ainsi l'incertitude est la loi de la guerre. Chez les hommes irrésolus, elle engendre l'impuissance; chez ceux qui sont doués pour commander, elle se transforme en un calcul des combinaisons et des chances. L'étude *a posteriori* d'une campagne comme celle-ci, où l'on vise à présenter des faits reliés entre eux, serait bien trompeuse si elle laissait à l'esprit l'impression que la guerre obéit, pour les acteurs, à un déterminisme rigoureux. Il n'en est rien; dans ces journées pleines d'événements qui souvent décident du sort d'une campagne, le présent se modifie sans cesse, la psychologie du chef, sur qui pèse la responsabilité suprême, est en voie de continuelle évolution.

Mais cette évolution se fait selon certaines lignes. Sous elle, il y a l'armature, le tempérament propre, le fonds natif sur lequel est venue se déposer la couche des acquisitions, plus ou moins riche, elle, selon que l'esprit d'observation est plus aigu, la réflexion plus profonde, le travail d'assimilation plus efficace. Chez Saint-Vincent, par exemple, qui a plus de principes que d'imagination, la stratégie revêt une allure circonspecte, un peu trop compassée peut-être, mais ferme, nette, droite. S'il porte ses forces entre Minorque et le cap de Creus, c'est pour prendre entre les Français et les Espagnols une position centrale qui doit, dans l'ordre naturel des choses, lui donner le plus de chances de déjouer leurs tentatives de jonction ou les efforts qu'ils pourraient tenter isolément sur Mahon. Keith, lui, accuse, amplifie la tendance de son chef. Artiste malhabile, il outre les effets. Sa prudence devient de la faiblesse, sa circonspection tourne à l'indécision. Il apprend la présence de l'escadre française au nord du cap delle Mele, et il ne saisit pas sur-le-champ, d'intuition, que le combat qui se trouve à sa portée règle tout à la fois la question de Minorque et celle de la jonction. Il ne réussit ainsi qu'à se rendre la risée de son escadre. Ah! si Nelson eût été là. Il eût adopté, certes, la même stratégie que Saint-Vincent, mais il l'eût colorée des feux de son imagination, il lui eût donné des ailes. Appréciant les Espagnols, les *Dons,* comme il les appelle, à leur vraie valeur, il aurait deviné que le péril était moins immédiat de leur côté ; il aurait couru sur Toulon, suivi Bruix à la piste jusqu'au fond du golfe de Gênes et, plaçant ses vaisseaux bord à bord avec ceux des Français, protégé Minorque, couvert la Sicile, ruiné les plans du Directoire et porté à l'alliance franco-espagnole un coup dont elle ne serait pas relevée.

Chez Bruix, l'imagination l'emporte sur les principes. L'homme cède à l'impression du moment. Deux navires se heurtent dans son escadre, et voilà tout son plan modifié, sans raison valable puisqu'il se trouve en face d'un port ami où il lui eût été facile de mettre en sûreté les navires avariés. « L'escadre de Brest avait un si beau rôle à jouer à Malte et en Sicile, s'écrie Saint-Vincent, que je tremblais pour le sort de nos vaisseaux stationnés là et pour cette dernière île. » Que Bruix tienne ferme à son plan, et il cueille en effet devant Malte, devant Palerme, devant Naples, toute l'escadre de Nelson en ordre dispersé. Qui l'eût ensuite empêché de faire sa jonction avec les Espagnols, en un point convenu d'avance, à Carthagène par exemple, et de frapper avec l'escadre combinée un coup sur Minorque? Il eût ainsi mené cette guerre méthodique, sans laquelle il n'est pas de résultats durables, qui seule pouvait conserver Malte et peut-être l'Égypte à la France. Mais non, au moment de frapper, son bras se détourne; sa volonté faiblit. On ne trouve pas chez lui cette fixité du vouloir que l'on rencontre à un degré éminent chez Nelson. L'esprit est plus léger, plus mobile, construit davantage en finesse qu'en force. Il apprécie une manœuvre habile à l'égal d'une victoire, et ce n'est qu'après coup qu'il s'aperçoit que l'habileté ne résoud rien. Il manque de netteté; Bruix apprécie rarement, au premier coup d'œil, le meilleur parti à prendre. Il rêve d'entreprises qui resteront chimériques, tandis que le réel lui glisse et fuit entre ses doigts. Et il s'épuise en marches et contre-marches, gâchant une des plus admirables surprises stratégiques que l'histoire maritime ait enregistrées, pour accomplir une opération qu'une simple division de frégates aurait suffi à mener à bien.

Et pourtant cet homme avait de grandes qualités : une vivacité de conception qu'on rencontre rarement chez ses égaux, de l'énergie, de l'autorité, un sens élevé et profond du devoir, de l'abnégation, un dévouement sans bornes à son pays. Marin habile, il sut galvaniser une escadre qui, près de deux ans, était restée dans une complète inaction, et il la conduisit, avec un rare bonheur, dans des circonstances de mer parfois difficiles. Son autorité s'était imposée à tous; il était véritablement devenu le chef. Que lui manqua-t-il donc pour réussir? Un rien, une étincelle de ce feu divin qui s'appelle le génie.

TYPOGRAPHIE FIRMIN-DIDOT ET Cie. — MESNIL (EURE).